U0819715

企业制度嵌入、管理层权力与财务决策

罗珊梅 著

中国财经出版传媒集团
中国财政经济出版社

图书在版编目（CIP）数据

企业制度嵌入、管理层权力与财务决策 / 罗珊梅著.
--北京：中国财政经济出版社，2022.12

ISBN 978-7-5223-1802-8

Ⅰ.①企… Ⅱ.①罗… Ⅲ.①企业管理-研究-中国
Ⅳ.①F279.23

中国版本图书馆CIP数据核字（2022）第239159号

责任编辑：牛婧丽　董小烨　　　责任校对：徐艳丽
封面设计：孙俪铭　　　　　　　责任印制：张　健

中国财政经济出版社 出版

URL：http：//www.cfeph.cn

E-mail：cfeph@cfeph.cn

社址：北京市海淀区阜成路甲28号　邮政编码：100142

营销中心电话：010-88191522

天猫网店：中国财政经济出版社旗舰店

网址：https：//zgczjjcbs.tmall.com

北京财经印刷厂印刷　各地新华书店经销

成品尺寸：170mm×240mm　16开　14.75印张　242000字

2022年12月第1版　2022年12月北京第1次印刷

定价：59.00元

ISBN 978-7-5223-1802-8

（图书出现印装问题，本社负责调换，电话：010-88190548）

本社质量投诉电话：010-88190744

打击盗版举报热线：010-88191661　QQ：2242791300

前　言

20世纪90年代，我国国有企业“放权让利”改革举措的实施一定程度上调动了管理层工作的积极性，提高了工作效率。但管理层权力不断增大、管理层地位逐渐提高，也导致了较为严重的内部人控制问题，公司权力被集中到管理层手中，产生了国有企业管理层权力过大的现象。而就非国有企业而言，非国有企业家族化组织形式的特点，可能导致非国有企业的管理层同时兼任董事长或总经理等职位，产生管理层权力过大的严重问题。从本质上来说，权力是一种控制力、支配力和强制力的展示，具有正效应和负效应，无论是作为国家政治治理的强制力量，还是作为企业发展的职权支配力量，都是如此。从企业权力的正面效应来看，适度的权力配置可以缓解委托代理双方的利益冲突，激发掌权者管理的积极性，推进社会经济、政治和文化的发展。权力运行的合理规范，能够实现科学化的规则管理，进而实现公益与私利、公平与效率的协调发展。从企业权力的负面效应来看，权力过大可能产生掌权者利用权力追求个人利益，产生权力滥用现象，从而造成社会大量资源的浪费，阻碍经济发展。

当前，我国的经理人市场发展还不成熟，法律制度还不够完善，外部监管机制难以对高管进行有效的制约。在内外监督机制缺失的情况下，上市公司管理层权力过大，可能会产生管理层利用权力自定薪酬、获取更多的在职消费，或者为了谋求更多的控制权收益，构建自己的“企业帝国”，甚至做出操纵财务信息蒙蔽投资者等以牺牲股东利益和公司价值为代价的逐利行为。高管谋取私利行为既是私欲使然，也是公司制度本身存在的问题。滥用公司权力固然与当权者的思想品质有密切联系，但也是企业制度在设计和运行中存在许多缺陷、漏洞和问题所致，更加深层次的原因是企业权力结构和领导体制的不合理、权力配置的不科学和运行的不规范，缺乏对权力的有效制约。企业权力结构所产生的权力滥用需要从权力结构上去解决，才能从根本上抑制权力滥用现象。

制度嵌入是人类不断追求政治文明的重要环节，其目的在于规范企业各权力部门的权力运行，提高制度嵌入主体对各种资源的有效安排与分配，实现治理主体和多方利益群体的利益协调。制度被认为是企业需要遵守的系列准则和规范，是影响管理层行为的重要宏观环境。异质性的制度环境会产生差异化的企业行为，特定的制度嵌入情境是影响管理层行为的关键要素。中国的经济体制改革是党中央领导下的改革，政府在社会经济的发展中发挥着重要作用。因此，国家各项制度嵌入对企业的发展具有重要影响。党的十八大以来，党中央制定和实施了一系列旨在监督和约束权力的制度，这些举措强调要加强权力制约和监督，科学配置各项权力，并将权力范围明晰化，要求监督主体受制于监督客体，每个当权者既要受到上级和同级的监督和约束，也要受到下级权力的制约监督。各级权力机关之间既相互连接，又相互制衡和独立，形成自上而下且平衡配置的权力监督系统。权力监督系统以限定权力的行使范围、确保当权者各司其职和各负其责为监督目的，要求各部门行政人员将办理政务的程序和结果按规定公之于众，接受批评、建议、申诉、控告和检举，以防范权力缺乏监督而滋生腐败。通过制度约束和监督权力的行使范围，实现对权力具体内容的限制和对权力行使过程的全方位监督，减少权力运行的信息不对称问题，防止掌权者滥用权力。这一系列制度和规范嵌入企业经营过程、战略及行为结果中，为公司经营活动和分配激励机制提供合法性、合理性保障。中国正处于经济转型期，权力约束的制度嵌入是否会对上市公司产生影响，是否有助于抑制上市公司管理层权力过大而产生损害公司利益的行为，从而发挥外部治理的作用？制度嵌入通过何种方式影响管理层行为，影响机制是什么？在国有企业和非国有企业是否存在区别？这些都是有待进一步探讨的问题。具体而言，本书将以党的十八大以来一系列权力约束的制度的出台作为自然实验，从过度投资、盈余管理、在职消费和企业违规行为等角度考察权力约束的制度嵌入是否对上市公司管理层权力过大所导致的公司负面行为起到了抑制作用，从而发挥外部治理机制的功能。

本书的研究结论可概括为以下几点：

第一，制度嵌入对公司管理层权力与过度投资之间关系的影响。考察了公司管理层权力与过度投资的关系，发现管理层权力与过度投资存在显著正相关关系。这说明了管理层权力越大，越可能进行更多的过度投资行为。在此基础上进一步检验了制度嵌入对管理层权力与过度投资之间关系的影响，结果发现，制度嵌入抑制了管理层权力过大所引发的过度投资行为，且这一监督效应在非国有企业更加明显。

第二，制度嵌入对公司管理层权力与盈余管理之间关系的影响。研究结论发现，公司管理层权力越大，应计盈余管理程度越高，真实活动盈余管理程度越低。进一步检验发现，制度嵌入抑制了公司管理层权力所引发的应计盈余管理行为。并且这一抑制效应在国有企业更加明显，但对真实活动盈余管理的抑制效应在国有企业和非国有企业均不太明显。

第三，制度嵌入对公司管理层权力与在职消费之间关系的影响。研究结论发现，公司管理层权力越大，在职消费现象越严重。进一步检验发现，制度嵌入可以抑制公司管理层权力所引发的在职消费行为，且这种现象在国有企业更加明显。

第四，制度嵌入对公司管理层权力与企业违规关系的影响。研究结论发现，公司管理层权力越大，企业违规现象越严重。进一步检验发现，制度嵌入可以抑制公司管理层权力所引发的企业违规行为，且在企业存在政治关联关系时，治理效应有所不同。

本书突破以往从公司治理的角度研究公司管理层行为的研究范式，考察了党中央提出的监督和约束权力的制度嵌入对公司管理层权力与其所产生对公司不利的行为之间关系的影响。研究结果表明，公司管理层权力越大，损害公司利益的不良行为越严重。而约束权力的制度嵌入一方面直接约束了国有企业高管权力，另一方面间接减少了官员的权力寻租行为，提高资源分配效率，减少企业的不公平竞争，进而提高外部市场监督机制的监督功能，从而减少了上市公司权力滥用的负面行为。本书的研究表明，在我国特殊的制度背景下，外部制度嵌入可以起到一定的限制和纠正上市公司管理层不当行为的作用，在公司内部治理效果不理想的情况下，适当通过外部制度层面约束管理层也是一种有效的公司治理方法。本书立足于我国特有的政治制度，将制度嵌入引入公司治理中，丰富了公司治理理论，为正确理解外部政治环境对上市公司的影响提供了新的视角。

本书是在博士学位论文基础上修改完成，是浙江省自然科学基金项目“国有企业的政治治理效应研究——基于纪委监督的视角”（LY19G020017）的阶段性成果。

目　　录

第 1 章

绪　　论

1.1 问题的提出

自我国实施国有企业“放权让利”改革措施以来，政府放松了对国有企业的管制，给予管理者充分的自主经营权，并对管理者进行激励，从一定程度上调动了管理者的积极性。但改革未能对高管权力形成完善的监督约束机制，导致了管理层权力的过度扩张（权小锋等，2010）。从本质上看，尽管国有企业已经采用公司化的法人治理结构，但由于产权归属不明晰，存在“所有者缺位”问题，导致国有企业股东未能有效行使监督管理层的职责，管理层权力滥用情况无法得到有效约束。“放权让利”改革举措给予了国有企业管理层更多的权力，无疑加剧了管理层权力的膨胀，从而使国有企业普遍存在管理层权力过大的现象（方军雄，2009）。就非国有企业（民营企业）而言，管理层权力过大的问题同样严重。非国有企业有着特殊的组织形式，组织形式表现为合作制度和家族化的特点。非国有企业这种特殊的组织形式容易造成管理层形成一个利益关系团体，这种利益关系的组织可能导致管理层具有先天的权力欲望，产生管理层同时兼任董事长或总经理等职位的情况，从而导致非国有企业存在管理层权力过大的严重问题（卢锐，2008）。因此，我国上市公司无论是国有企业还是非国有企业都存在管理层权力过大的现象。根据管理层权力理论，随着管理层权力形成并不断提升，管理层拥有的“话语权”不断增强，他们能够运用权力影响董事会，甚至左右公司战略决策的制定和实施（王茂林等，2014）。当管理层权力超越董事会权力时，公司治理机制很难发挥监督作用，加之股东和管理层之间目标效应函数存在不一致，管理层可能会利用其拥有的权力谋求私利，甚至不惜牺牲公司的长远利益。

有效防范和约束管理层权力滥用已经成为资本市场亟待解决的重要问题。上市公司管理层能否滥用权力以攫取公司财富，会受到内外环境的影响。目前，大量关于抑制管理层权力滥用的研究多侧重于董事会、审计委员会等内部治理机制以及市场竞争、证券监管等外部治理机制。已有文献发现，这些内外治理机制并不能完全有效地约束或抑制管理层行为。例如，有学者发现，我国上市公司中的独立董事缺乏独立性，并未真正发挥公司治理的实质性作用，未能完全有效抑制或缓解盈余管理问题，也未能在制约过度投资和超额在职消费中发挥应有的监督作用（支晓强和童盼，2005；唐雪松等，2007；孙世敏等，2016）。旨在增加财务报告质量可靠性的审计师，也未能完全有效揭示出上市公司的财务舞弊行为（夏立军和杨海斌，2002）。

要制约上市公司权力滥用现象，就必须以权力制约权力。那么，国家政治权力的强制监督是否能有效约束和监督上市公司管理层权力滥用，从而减少管理层损害公司利益的负面行为呢？其影响机理又是什么？这些都是有待探讨的问题。从现有文献来看，虽然管理层权力滥用现象备受学者关注，但却较少有研究将政治因素引入公司治理中，从制度嵌入的角度分析和探讨其对企业微观行为的影响。事实上，在我国这样一个政府主导的经济体制下，政治制度和企业微观行为之间存在重要的天然联系。党的十八大以来的制度嵌入形成了决策权、执行权和监督权相互制约和协调的权力制约体系，通过政治制度约束官员权力，制度嵌入无疑影响到上市公司管理层行为。

基于上述现实背景，本书从制度嵌入的角度分析党的十八大以来关于权力约束的政策是否能对上市公司管理层权力进行限制和约束，从而有效抑制管理层权力滥用所引发的公司负面行为。具体而言，本书将在对管理层权力与过度投资、盈余管理以及在职消费的关系进行检验的基础上，进一步考察党的十八大以来一系列旨在加强权力约束的制度对上市公司管理层权力与对公司不利的行为之间关系的影响。

1.2 研究意义及创新点

1.2.1　理论意义

本书的理论意义主要体现在以下两个方面：

第一，本书的研究结论提供了政策制度对公司治理起作用的经验证据，丰富了相关公司治理理论。本书立足于我国特有的政治制度，基于大样本考察制度嵌入对管理层权力滥用产生对公司不利的行为的治理效应，得出了制度嵌入抑制了管理层权力滥用的应计盈余管理、过度投资和在职消费行为的研究结论。本书的研究发现，制度嵌入对管理层权力滥用起到了一定的遏制作用，发挥了较好的外部监督功能，有助于学术界进一步了解制度嵌入对上市公司管理层行为的影响，丰富了公司治理理论。

第二，本书部分探讨了管理层权力滥用所引发的负面行为，虽然尚未形成最终定论，但丰富了管理层权力与公司行为的相关研究。本书的研究增加了上市公司管理层权力理论在中国的佐证。尽管有研究探讨了管理层权力滥用所引发的负面行为，但尚未形成定论。一部分研究提出了“经济人”假说的观点。该观点认为，由于管理层与股东之间存在较大的代理冲突，在管理层拥有更多权力的情况下，其行为会更多地表现出个人主义倾向，从而产生管理层利用权力攫取公司财富的现象。另一部分研究则提出了“管家婆”假说的观点。该观点认为，管理层与股东目标利益一致，是一种合作关系。管理层行为具有集体主义倾向，其拥有的权力越大，越可能利用权力提高生产经营效率。本书的研究得出了管理层权力越大，过度投资、盈余管理和在职消费越严重的结论，进一步支持了管理层拥有的权力越大，越可能扮演着“经济人”角色的结论。本书的研究丰富了管理层权力的相关文献，为学术界管理层权力及其经济后果的相关研究提供了增量贡献。

1.2.2 实践意义

本书的实践意义主要包括以下几个方面：

第一，为优化上市公司的公司治理机制提供了有益参考。公司内部制度设计和实施的固有缺陷导致管理层滥用权力谋取个人利益，这成为困扰上市公司治理层的痼疾，而较少有文献从权力约束的角度展开公司治理的研究。本书得出了制度嵌入有助于约束上市公司管理层权力，在上市公司中扮演着公司治理角色的研究结论。这就意味着制度嵌入是降低管理层权力滥用、提高公司治理水平的有效途径。这一研究结论为上市公司提供了从外部环境的角度寻求降低管理层权力滥用的方法，对上市公司管理层更好地理解公司内部权力配置的经济后果具有重要价值。

第二，为公正看待执政党政策在经济发展中的作用，正确理解制度嵌入对上市公司的影响提供支持。本书的研究支持了权力约束的政治制度改革具有积极效果的结论，为制度嵌入有利于促进经济发展的论断提供一个更加直观的证据。本书的研究表明，权力约束的制度嵌入政策通过对权力运行范围进行限制和约束，不但可以带来全国上下风清气正的良好环境，有利于企业和政府间形成良性的互动关系，而且有利于约束上市公司的管理层权力滥用行为。这一研究结果为党中央进一步提升行政管理效率、完善权力监督制度和防止权力滥用提供参考建议。本书的研究对国家进一步推进权力约束与监督政策的政治体制改革具有一定的启示作用，为进一步理解权力约束与监督的必要性和重要性提供参考建议。

第三，为上市公司治理层正确合理地配置权力提供借鉴和参考。本书的研究结论表明了上市公司管理层权力是一把“双刃剑”，适度的管理层权力可能有利于公司的生产经营，过度的权力膨胀难免滋生权力滥用问题。这一研究结论有助于上市公司认清权力配置结构存在的问题，为上市公司正确引导管理层权力的合理运用提供参考。

1.2.3 本书的创新点

本书的主要创新在于：一是在研究上市公司管理层权力与过度投资、盈余管理与在职消费之间关系的基础上，考察了党的十八大以来的制度嵌入对上市公司管理层权力滥用所引发的负面行为的影响，从而进一步提供了管理层权力及其约束机制效果的经验证据；二是以往关于公司治理的研究，多是侧重于董事会、审计委员会等内部治理机构以及市场竞争、行业监管等外部治理机制，较少从执政党相关制度的角度来研究其对上市公司管理层权力的影响，本书立足我国特有的政治制度，以党的十八大以来的制度嵌入为切入点，考察党的十八大以来加强对权力的约束对于管理层权力滥用所产生的影响，可以提供政策对公司治理作用的经验证据；三是阐述了制度嵌入对上市公司管理层行为的影响路径，分析了制度嵌入对上市公司管理层权力滥用引发对公司不利的行为的治理功能，从权力约束的制度嵌入对国有和非国有企业的不同影响方式入手，探讨了制度嵌入对上市公司管理层权力的作用路径。同时，本书将政治关联引入作用路径，提供了政治关联影响制度嵌入效果和管理层权力滥用的经验证据。

1.3 研究框架与研究方法

1.3.1 研究目标

本书的总体目标为研究党的十八大以来权力约束的制度嵌入对上市公司管理层权力经济后果的影响，探讨这一制度嵌入在公司治理机制中所扮演的角色。本书主要考察权力约束政策是否影响了上市公司管理层权力，从而影响了管理层权力滥用所引发的负面行为。

具体而言，本书的预期目标有以下几个方面：

（1）建立制度嵌入影响管理层权力滥用产生对公司不利的行为的理论分析框架

分析制度嵌入对管理层权力滥用行为及其后果的影响机理，探寻权力约束政策对不同产权性质的上市公司管理层权力滥用行为的作用路径；考察制度嵌入对管理层权力滥用产生对公司不利的行为的影响，形成一个完整的制度嵌入影响管理层权力滥用行为的理论分析框架。

（2）检验制度嵌入与管理层权力滥用产生对公司不利的行为之间的关系

本书检验了制度嵌入是否能通过用制度规范权力从而抑制上市公司管理层权力滥用行为，通过实证检验权力约束政策是否限制了权力的使用范围，从而减少上市公司管理层权力滥用产生的过度投资、盈余管理和在职消费行为。

1.3.2 研究框架

本书将立足于我国特有的政治制度背景，以制度嵌入对管理层权力的影响为主线，以党的十八大以来权力约束的制度嵌入为契机，从盈余管理、过度投资、在职消费三个角度，考察制度嵌入对管理层权力与公司负面行为之间关系的影响。首先，本书分析了我国上市公司管理层权力不断膨胀的原因，阐述了我国权力约束与监督思想的发展历程及存在的不足之处，总结了党的十八大以来权力制约与监督的制度嵌入的核心思想，提出了制度嵌入影响上市公司管理层权力滥用行为的研究问题。其次，本书分析了制度嵌入对管理层权力滥用行为及其后果的影响机理，考察了权力约束制度实施前后管理层权力滥用所产生的过度投资、盈余管理和在职消费行为的差异，从而探讨制度嵌入在上市公司的公司治理机制中所发挥的作用。最后，通过引入政治关联变量检验了制度嵌入对管理层权力滥用行为的作用路径。由于我国上市公司普遍存在与政府具有政治联系的现象，权力约束的制度嵌入可能通过影响国家的行政权力配置从而影响上市公司的政企关系，进而影响上市公司管理层权力滥用所产生的负面行为。总之，本书从政治关联的路径分析了制度嵌入影响管理层权力滥用行为及其后果的作用路径，检验了权力约束制度对制度嵌入的影响，得出了制度嵌入也是影响公司治理效应的一个重要因素的结论。

管理层权力滥用所引发的个人利益最大化的行为表现在多个方面。本书所指的管理层权力滥用行为主要是管理层为了个人私利违背责任，以牺牲投资者利益为代价而获取私有利益的行为。这种谋取私利的行为在某种程度上已经逾越了基本的道德约束的界限，属于需要规范、约束和治理的行为范畴。书中所涉及的管理层权力滥用主要包括过度投资、盈余管理和在职消费三种违背委托代理基本精神的行为。管理层权力滥用行为的表现形式“丰富多样”，以上三种形式是公司实践中普遍存在且比较严重的负面行为，被认为是高级管理人员（以下简称高管）谋取个人私利的常用手段。有学者认为，由于公司所有权和控制权的分离，产生了管理层与股东之间的代理冲突，管理层可能会基于自身利益，产生过度投资行为（Jensen 和 Meckling，1976）。郝颖和刘星（2009）认为，我国上市公司普遍存在管理层利用控制权进行非效率投资，以攫取控制权收益的现象。除了为追求更多的控制权收益进行无效投资现象外，利用权力调整公司会计利润，从而实现个人效用最大化的盈余管理行为同样是受上市公司高管青睐的一种手段（傅欣等，2013；罗宏等，2016）。有学者发现，中国上市公司大量存在管理层获得超额佣金，以及管理层为建立网络关系设定“账外账”的现象（Hung，2008）。上述学者的研究表明了过度投资、盈余管理和在职消费已经成为高管获取个人利益的重要手段，同时也是公司治理实践需要重点解决的问题。

过度投资不仅降低了企业的发展速度和未来业绩，而且浪费了社会总体财富。盈余管理行为严重扭曲了企业对外提供的盈余信息，降低了会计信息质量，不仅误导了外部投资者对公司未来发展前景的判断，甚至影响了公司内部投资决策，降低了公司未来的投资效率（McNichols 和 Stubben，2008），导致了公司出现较大的业绩滑坡（陆正飞和魏涛，2006），给公司带来了更高的权益资本成本（Kim 等，2013）。较高的在职消费程度影响公司绩效，损害了公司价值（罗宏和黄文华，2008；卢锐，2008），削弱了薪酬激励效应（傅欣和汪祥耀，2013）。根据上述分析，本书选取过度投资、盈余管理和在职消费三个问题进行研究。

本书的逻辑思路可以简要地概括为：党的十八大以来，党中央出台了一系列权力约束政策，对权力运行机制进行全面监督，以约束权力滥用行为。就国有企业而言，由于国有企业高管具有“政治人”身份，这一制度嵌入可以通过约束国有企业高管拥有的自由裁量权，减少管理层权力滥用产生的不利后果。对于非国有企业来说，由于非国有企业普遍存在政治联系，权力约束政策可能会通过政治关联关系影响非国有企业管理层拥有的自由裁量权，从而影响非国有企业管理层权力滥用所导致的不利后果。本书的研究框架如图 1-1 所示。

1.3.3 研究方法

本书采用规范研究与实证研究相结合的方法。在规范研究方面，本书

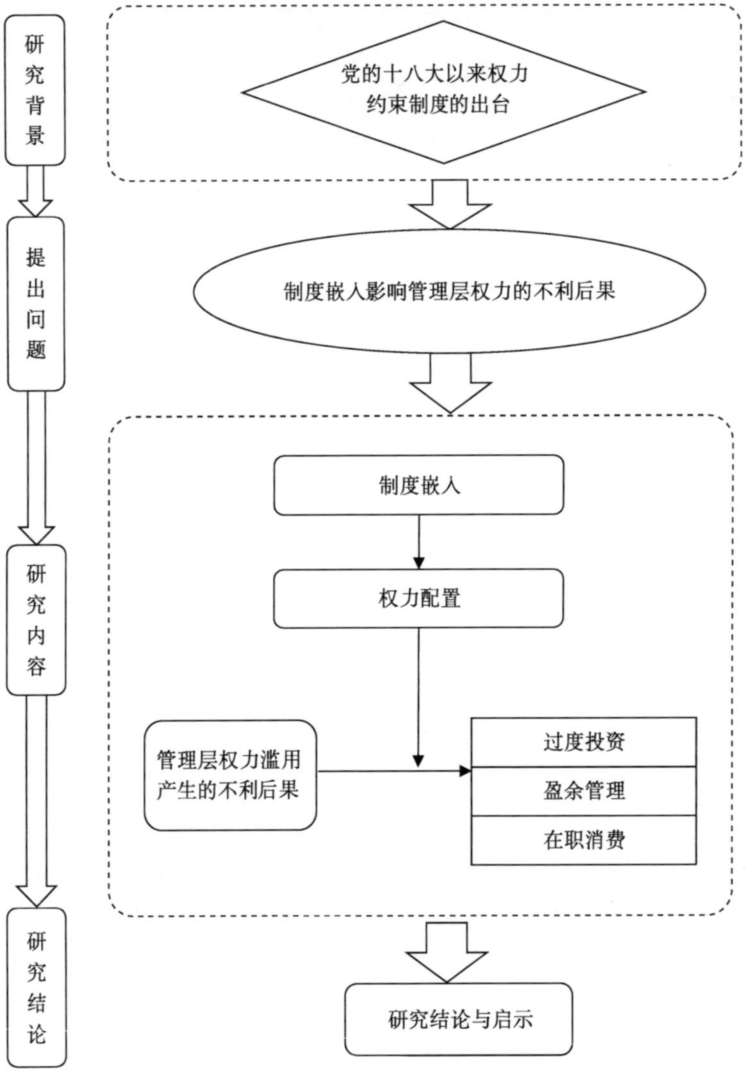

图 1-1 研究框架

在对相关文献进行回顾与梳理的基础上，分析了管理层权力产生的原因，基于委托代理理论和管理层权力理论分析了管理层权力过大对过度投资、盈余管理及在职消费的影响，并进一步分析了党的十八大以来制度嵌入相关的制度变革对管理层权力滥用所引发的公司负面行为的影响机理。

在实证研究方面，本书使用了主成分分析法、普通最小二乘法、赫克曼二阶段法和双重差分模型（DID）等多种计量方法展开相关研究。具体通过主成分分析法度量管理层权力，利用查理德森（2006）的残差模型计算过度投资，采用琼斯修正模型和 Roychowdhury（2006）的方法度量应计和真实活动盈余管理，利用由经济因素决定的高管预期与正常的在职消费之间的差额刻画超额在职消费。在检验过程中，采用双重差分模型检验制度嵌入效应，采用赫克曼二阶段法处理内生性问题，采用条件性和非条件性检验管理层权力与过度投资的关系，利用控制年份固定效应来消除时间变量对结果的偏误。

1.4 研究内容与结构安排

除本章绪论外，其余章节安排如下：

第 2 章为文献回顾。对国内外管理层权力与过度投资、盈余管理及在职消费的相关文献进行了回顾，梳理了制度嵌入对上市公司管理层权力及企业行为的影响，进而指出本书与现有文献相比的边际贡献。

第 3 章为概念界定与理论基础。对管理层权力及制度嵌入的概念进行了界定，在此基础上，分析了管理层权力对过度投资、盈余管理及在职消费的影响，并分析了制度嵌入影响管理层权力所引发的过度投资、盈余管理及在职消费的逻辑机理，从而构建起全书的理论框架。

第 4 章为制度背景。分析了转轨经济中上市公司管理层权力过大产生的制度原因，介绍了我国权力制约思想的发展，阐述了党的十八大以来实施的一系列权力约束政策。

第 5 章为企业制度嵌入、管理层权力与过度投资，对其之间关系影响进行实证分析。首先，本章分析了管理层权力与过度投资之间的内在联系，检验管理层权力对过度投资的影响。其次，通过理论推导分析了制度嵌入对国有企业和非国有企业管理层权力滥用与其产生的过度投资之间关系影响的不同路径，并检验了制度嵌入对管理层与过度投资之间关系的影响。实证结果表明，制度嵌入抑制了上市公司管理层权力与过度投资的正相关关系，且这种现象在非国有企业更加明显。

第 6 章为企业制度嵌入、管理层权力与盈余管理，对其之间的关系影响进行实证分析。首先，分析了管理层权力对盈余管理的影响，并进行了实证检验。其次，分析了制度嵌入对管理层权力与盈余管理的影响机理，检验制度嵌入对管理层权力与盈余管理之间关系的影响。在实证检验过程中，将样本分为国有和非国有企业考察制度嵌入对上市公司管理层权力与过度投资之间关系的影响。研究结论表明，制度嵌入抑制了管理层权力与应计盈余管理的正相关关系，且这一现象在国有企业更加明显。

第 7 章为企业制度嵌入、管理层权力与在职消费，对其之间关系影响进行实证分析。检验了管理层权力与在职消费的关系，并在此基础上检验了制度嵌入对管理层权力与在职消费之间关系的影响。在具体检验过程中，将样本分为国有和非国有企业检验制度嵌入对管理层权力与在职消费的影响。结果发现制度嵌入减少了管理层权力滥用产生的在职消费行为，且这一现象在国有企业更加明显。

第 8 章为企业制度嵌入、管理层权力与违规行为。检验了管理层权力对企业违规行为的影响，结果发现，管理层权力越大，违规行为越严重。并在此基础上检验了制度嵌入对管理层权力与违规行为的影响，在解决存在的内生问题后，仍然发现制度嵌入能够抑制管理层权力与企业违规的负相关关系。

第 9 章为结论与启示。总结全书的研究结论，指出本书的研究局限性和进一步的研究方向。

第 2 章

文献回顾

管理层权力滥用所产生的负面行为已经成为上市公司的普遍现象，如何抑制管理层权力滥用一直是公司治理领域难以解决的问题。本章从管理层权力与投资效率、盈余管理、在职消费以及公司薪酬等方面回顾了管理层权力滥用产生的负面行为，回顾了制度嵌入对管理层权力、企业行为的影响，并进行了总结，指出本书与现有文献相比的边际贡献。

2.1 管理层权力与财务决策相关文献回顾

2.1.1 管理层权力与投资效率

由于经营权和所有权的分离，管理层和股东之间存在着代理冲突，管理层比外部投资者拥有更多关于投资项目的私有信息，股东无法有效监督管理层的全部行为，双方利益目标函数不一致导致管理层存在进行非效率投资谋取个人私利的动机（Jensen 和 Meckling，1976）。从委托代理角度分析，当管理层权力过大时，管理层有可能通过权力影响投资，获取私人收益，因此，管理层权力过大会扭曲公司投资行为。

（1）管理层权力与过度投资

管理层出于获取控制权私人收益和巩固职业地位等动机，容易产生利用权力进行过度投资的行为。Shleifer 和 Vishny（1988）认为，经理倾向于实施有利于增加自己专用人力资本的长期投资项目，构建企业帝国以延长自己的在位时间，巩固自己的职业地位。Balmaceda（2009）认为，CEO 会通过影响董事会意见来影响公司并购决策，并获得并购收益。Bergstresser 和 Philippon（2006）发现，管理层会利用权力提高企业投资规模，以获得更高薪酬。Kang 等（2006）发现，管理层薪酬、管理层持股水平与企业投资水平存在正相关关系，表明管理层权力越大，越容易出现管理层利用权力增加投资规模，从而造成过度投资的现象。我国学者得出的研究结果和国外学者相同，张丽平等（2013）从管理层激励角度考察管理层权力与过度投资的关系，结果发现高管权力削弱了管理层激励对过度投资的抑制作用。卢馨等（2013）发现，管理层权力强度持续性与投资水平存在正相关的关系，且这种现象在非国有企业更加明显。张洽等（2013）发现，管理层权力强度推动了并购行为，并且管理层在并购过程中获得了更高的寻租收益。谭庆美等（2014）发现，管理层权力越大，管理层过度投资的寻租能力更强。

（2）管理层权力与投资不足

关于管理层权力与过度投资的相关研究，零散见于其他研究中。Stulz（1990）提出了投资不足的定义，认为上市公司出现主动或被动放弃净现值大于零的项目为投资不足。投资不足行为会导致企业资源不能得到有效利用，大量研究解释了企业投资不足的原因。Ross（1977）发现，在公司出现经营状况不佳时，管理层为了避免被追究责任，往往会大量减少企业各项目的投资，降低风险的分担成本，但造成了投资不足现象。Narayanan（1985）认为，当企业的投资项目给管理层带来较高的私人成本时，管理层可能放弃一些较好的投资机会，从而产生投资不足现象。Holmstrom 等（1986）发现，管理层产生风险厌恶或出于风险规避动机，会放弃投资风险较高的项目。Aggarwal 和 Samwick（2006）发现，管理层为了规避风险，考虑自己的职业安全，不愿意投资新的项目或者风险较高的项目，产生投资不足。除了风险规避动机外，企业外源融资困难也会使管理层放弃预期收益较高的投资项目（Genter, 1992）。而公司本身存在投资不足的情况下，内部董事会规模越大，摩擦冲突越严重，越可能加剧投资不足现象（徐晓东和张天西，2009）。姜付秀（2009）研究了管理层特征与投资行为的关系，结果发现管理层年龄越大，投资理念会越保守，越可能会放弃净现值为正的项目；而管理层年龄是管理层权力的影响因素之一，表明了管理层拥有较大的权力时，可能会出现投资不足现象。王菁和程博（2014）发现，当经理人感知到外部盈利压力较大时，为了规避风险，会延迟或取消投资计划，增加企业投资不足现象。

2.1.2 管理层权力与盈余管理

权力较高的管理者掌握着公司更多的资源信息，拥有更多公司财务报告的盈余信息，并有权决定是否对外提供真实的盈余信息，而管理层往往是自利的，在自利动机的驱使下，管理层存在利用权力控制财务报告盈余信息的动机。

（1）管理层权力与应计盈余管理

Dechow 等（1995）发现，当管理层拥有的控制权不断增大时，有权自行选择公司的会计政策，从事更多的应计盈余管理活动以谋取个人私利。林芳和冯丽丽（2012）发现，当管理者拥有较大的权力时会选择最符合自己利益的会计政策，同时采用应计盈余管理和真实活动盈余管理调控公司盈余。张鹏等（2015）考察了管理层权力对可操控应计利润的影响，发现首席执行官权力越大，应计盈余管理程度越高，并且管理层越有可能实施向上的盈余操控以掩盖企业不良经营状况。但也有学者发现，管理层权力过大，并不一定会导致较高的应计盈余管理活动。如王克敏和王志超（2007）发现，高管拥有的控制权越大，越可能降低应计盈余管理的程度。吕长江和赵宇恒（2008）发现，管理层拥有较大的权力，并不需要从事应计盈余管理活动来迎合契约要求，解释其原因可能是权力较大的管理者可以通过设计薪酬激励制度，实现较高的货币补偿。

（2）管理层权力与真实活动盈余管理

关于管理层权力与真实活动盈余管理的研究，存在两种不同的结论。一种观点认为，管理层权力与真实活动盈余管理是正相关的关系。例如，林芳和冯丽丽（2013）发现，管理层权力越大时，应计和真实活动盈余管理均比较严重，管理层会同时采用两种盈余管理手段。林永坚等

(2013) 发现，总经理在新上任的当年会实施更多的应计盈余管理，不存在利用真实活动盈余获取利益现象，而在后续年度会同时实施应计和真实活动盈余管理。另一观点认为，管理层权力对真实活动盈余的影响可能不太明显。例如，顾鸣润等（2012）研究了影响管理层权力因素之一的董事会规模对真实活动盈余管理的影响，结果发现我国国有上市公司董事会规模对真实盈余管理的影响并不显著。随着会计准则的日益完善，应计盈余管理的方法受到限制，促使企业转向采用真实活动的盈余管理手段，大量研究开始考察管理层对真实活动盈余管理的选择问题。Cohen 等(2008) 发现，在萨班斯法案颁布后，管理层减少了应计盈余管理行为，实施了更多的真实活动盈余管理。Zang（2012）发现，管理层会根据真实盈余管理和应计盈余管理之间的相对成本来权衡，进而来选择盈余管理方式，两种盈余管理方式直接呈现替代关系。李彬等（2007）发现，会计弹性会影响真实活动盈余管理的选择，会计弹性越小的公司真实活动盈余管理越严格。刘启亮等（2011）发现，我国实施了与国际财务报告准则趋同的会计准则后，管理层降低了应计盈余管理水平，却增加了真实活动盈余管理。龚启辉等（2015）发现，应计盈余管理与真实活动盈余管理存在替代关系，进一步验证了西方学者的研究结论。

2.1.3 管理层权力与在职消费

随着管理层权力的增加，公司内部治理机制无法对高管权力形成有效制衡，管理层利用权力谋取个人私利的渠道趋向多元化。由于管理层所获得的货币薪酬和股权激励属于显性薪酬，而显性收益寻租的空间毕竟是有限的，管理层是否会利用自身权力获取除了货币薪酬之外的职务消费等隐性私人收益成为学术界关注的又一问题。

对于在职消费利弊的探讨，主要存在代理观和效率观两种观点。代理观认为，在职消费是代理问题的表现形式。效率观认为，在职消费可以提高工作效率。Alchian 等（1972）认为，减少在职消费需要支付的成本可能要高于所带来的收益，企业内部不可避免地存在在职消费问题，这一观点从信息成本的角度解释了在职消费存在的内生性问题，其结论支持了代理观。Hart（2001）提出，在职消费是企业高管的一种私人收益，在职消费是代理问题的表现形式。Yermack（2005）发现，公司给 CEO 配备专用飞机的高昂在职消费给股东带来了负的价值回报，支持了在职消费的代理观。而效率观认为，额外的在职消费可以给员工带来企业内部的一种声望，具有正面效应（Hirsh，1976）。Raja 等（2006）发现，给予管理层额外在职消费可以提高管理层的权威，从而提高管理层的工作效率，支持了效率观的结论。但是，代理观和效率观这两种看似相反的观点具有内在逻辑的一致性，即都认为两权分离的现代企业制度使企业不可避免地存在在职消费现象。

在职消费问题在国内也受到越来越多学者的关注。陈冬华等（2005）指出上市公司在职消费受到企业租金、绝对薪酬和企业规模等因素的影响，而薪酬管制政策使在职消费成为国有企业高管的替代性薪酬。卢锐（2008）发现，我国上市公司中管理层权力较大的公司存在着更多的在职消费，进一步研究还发现非国有企业的在职消费高于国有企业。树林友（2011）发现，上市公司对管理层应该享受怎样的在职消费没有明确规定，导致管理层存在过度在职消费行为。傅欣和汪祥耀（2013）发现，管理层权力较大的企业更可能采用隐性的在职消费来代替货币薪酬，这一现象在国有企业中表现得更明显，进一步研究发现，在职消费水平的大幅上升并没有提高公司业绩。张铁铸和沙曼（2014）发现，随着管理层权力的增长，管理层获取的在职消费水平相应提高，且在非国有企业中这种现象更明显。

2.1.4　管理层权力与薪酬

关于管理层权力对薪酬影响的研究可以追溯到 Crystal（1999），他发现，管理层掌握着薪酬契约谈判中大部分讨价还价的能力。随后，Core 等（1999）考察了管理层权力对薪酬影响的结论，他们发现，当公司拥有较大规模董事会，并且大部分外部董事由 CEO 提名或推荐时，尽管 CEO 的经营业绩很差，依然有着很高的工资水平。Borokhovich 等（1997）进一步发现，权力较大的高管能够通过反收购修改条款获得更高的薪酬和更多的期权。Yermack（1997）发现，CEO 能够利用权力获得更多关于公司的期权信息，在公司好消息公布前不久的时间获得股权期权，从而得到更高的股票期权报酬。这些观点支持了管理层权力越大，薪酬操纵越严重的结论。

Bebchuk 等（2002）提出管理层权力理论，对难以解释的管理层薪酬乱象给出了更合理的解释，他采用管理层是否具有采纳反收购计划的权力、董事会独立性、CEO 持股比例、机构投资者数量以及公司是否存在大股东等指标来作为计量管理层权力的变量，考察了管理层权力对薪酬的影响，得出了管理层权力越大，高管自定薪酬的寻租行为越严重的结论。Fahlenbrach（2009）采用董事会规模、董事会独立性、CEO 两职合一等指标来构建管理层权力的综合变量，检验管理层权力对薪酬的影响，结果发现，拥有过多权力的管理者以及战壕防御型管理者可以显著提高自身薪酬水平。Sun 和 Callan（2009）用薪酬委员会的监督质量来衡量管理层权力，结果发现薪酬委员会的监督质量越低，CEO 获得的薪酬就越高。Shin（2013）发现，权力较大的 CEO 能够获得比同行业更高的薪酬。Amzaleg 等（2014）发现，在公司业绩较好的时期，权力较大的 CEO 会推进薪酬计划，产生更高的薪酬业绩敏感度，从而获得更高的薪酬，进一步支持了管理层权力自定薪酬的代理行为。

国内学者结合我国实际情况考察了管理层权力与薪酬的关系，得出了与西方学者类似的结论。石金涛和张必武（2005）发现，在董事会的监督流于形式的情况下，会产生高管自定薪酬的现象。吕长江和赵宇恒（2008）进一步发现，管理层权力越大，越可能自己设计薪酬激励方案。卢锐（2008）发现，管理层权力越大，高管的货币薪酬明显越高。权小锋等（2010）发现，国有企业高管权力越大，越有可能操纵薪酬，获得私有收益。国内学者的这些研究结果进一步佐证了高管利用权力自定薪酬的结论。

2.1.5 文献总结与启示

本节主要梳理了管理权力与投资效率、盈余管理与在职消费的关系方面的文献。管理层权力影响投资效率的研究是基于委托代理理论和信息不对称理论，并在此基础上运用管理层权力理论来分析解释非效率投资现象。现代企业代理冲突问题的存在，导致管理层在作出投资决策时往往是从个人利益出发，不会顾及项目的投资收益，从而引发非效率投资问题。随着公司管理层权力不断增强，代理冲突更加严重，非效率投资现象也会更加严重。

管理层权力滥用引发盈余管理行为的理论分析是在契约摩擦基础上延伸而来的，即利益主体目标的不一致使管理层与股东存在利益冲突，为了达到契约目标，管理层会实施有利于自身利益的盈余操控，即盈余管理行为。在应计盈余管理还存在一定空间的情况下，由于应计盈余管理实施成本较低，管理层会更倾向于实施应计盈余管理活动。随着外部监管机制的不断严格和会计准则的不断完善，应计盈余管理的操控成本越来越大，管理层会转而选择真实活动盈余管理。虽然关于盈余管理的研究历史已经很长，但对管理层权力与盈余管理的相关主题研究时间并不久，且研究结论存在很大的争议，仍有待进一步研究。

管理层权力与在职消费的相关文献大致存在两种观点。一种是反面观点，认为管理层权力越大，在职消费现象会更加严重。管理层进行过度在职消费主要是出于增加私有收益的目的，并非基于公司利益，公司不可避免地存在在职消费行为。另一种是正面观点，认为在职消费有助于提高管理层的工作效率，具有一定的激励作用。

关于管理层权力对薪酬契约的影响，国内外的研究已经相当成熟，大多数研究得出了管理层权力显著影响高管薪酬水平的结论。现有文献从董事会规模、两职合一、独立董事的独立性等公司治理角度以及管理层人口特征的角度检验了管理层权力对 CEO 薪酬现状的影响，解释了契约理论不能解释的“薪酬之谜”。公司治理是否完善和管理层自身特征等因素是管理层权力的重要影响因素。尽管这些研究在刻画管理层权力变量上有所差异，但得出的结论没有太大差别。

综上所述，管理层做出损害公司价值的逐利行为，原因之一是公司内部管理层权力没有得到有效制衡，导致权力沦为寻租的工具。因此，抑制管理层权力滥用所产生的公司负面行为已经凸显出重要的现实意义。

2.2 制度嵌入与公司治理的相关文献回顾

2.2.1　制度嵌入相关文献

根据马克思主义政党理论，政党是阶级斗争的产物，是一种政治主体，具有阶级性、客观性、传承性和感染性等特征，决定一个国家的政治、经济、文化等各个方面。西方国家政治学理论认为，通过政党来治理国家，政党的最终目标是获得选票，进而获取执政权，从而影响国家政策。欧美国家较早产生政党，政党治理相关理论的研究较早。自 1989 年世界银行在报告中提出“治理危机”一词后，治理问题便得到了各国政府及学术界的高度重视。政党治理是一种从政治的角度对社会展开治理的方式，对社会经济的发展起着导向作用，其涵盖的领域十分广泛。

Schumpeter（1939）最早提出政治周期性理论，认为政治因素会影响国家经济的发展。凯恩斯主义经济学派进一步论述了政治周期理论，运用模型推导出国家党派会采用政治手段特意制造经济繁荣或衰退的结论，表明了国家政治会影响经济周期。Hibbs（1977）以第二次世界大战之后发达资本主义国家的党派政府为研究对象，研究结果发现不同的党派有不同的利益目标，党派差异会影响政治周期性。尽管我国存在着与西方不同的政治背景，但也得出了政治影响经济发展的结论。Tao（2004）发现，中国共产党全国代表大会（以下简称党代会）召开期间，银行贷款会明显放松，企业固定资产投资显著提高。刘瑞明和白永秀（2007）发现，我国党代会的召开影响了国家的经济增长，表明我国经济发展受到政治因素的影响。

政府管制也是国家政党治理的手段之一。Stigler（1971）认为，管制是产业部门为实现其利益而设计的一种法规，其目的是利益主体达到对产业管制的需要。史普博（2003）认为，政府管制是政府机构直接干预市场机制，或者间接干预企业和消费者供需规则的一种行为，是国家强制权力的有效运用。政府管制的原因是市场失灵，政府管制是一种纠正市场失灵问题的治理机制，即当市场机制无法实现资源的有效配置，政府便采取管制的手段干预市场，以矫正市场机制的内在缺陷问题，实现资源的有效配置。学术界关于政府是否需要管制存在较大争议：一种观点认为政府无须干预经济活动，另一种观点认为政府管制是调节经济的重要手段。古典经济学派的代表人物亚当·斯密（Adam Smith）认为，在完全市场竞争的条件下，可以通过市场这只“看不见的手”进行调节，实现各种资源的充分合理利用，即“帕累托最优”。而在经历了美国“大萧条”时代后，古典经济学派的理论逐渐开始被人们质疑，凯恩斯（Keynes）的干预主义推翻了“看不见的手”的原理。干预主义理论认为自由竞争市场不能实现经济的均衡发展，政府不能仅作为“守夜人”，政府应该对经济进行大量干预，以弥补市场不足。

学术界关于管制效应的相关研究有不同的结论。庇古（1938）认为，政府实施准入管制可以保证厂商的产品质量和服务质量，减少厂商对消费者的损害行为，支持了政府管制的积极效应。Kydland 和 Prescott（1977）认为，随意的政府管制会对经济发展产生阻碍效应，得出了政府管制的负面效应。Jiang 和 Nie（2014）认为，不良的政府管制是社会资源浪费和经济滞后的主要原因，支持了政府管制负面效应的观点。我国国内学者也提出了正反两面的观点。淮建军和刘新梅（2007）认为，管制能够维持市场稳定，但管制的交易成本和时滞可能导致浪费。李涛（2004）发现，准入管制、劳动用工管制、征信管制等政府管制措施对中小企业的发展有不稳定或不显著的影响，否定了政府管制论。杨其静和吴海军（2016）发现，政府实行产能管制的措施显著降低了管制行业城市工业用地出让宗数增势。陈刚（2015）发现，政府管制有助于提升经济活力，有助于平衡各群体的就业机会，从而促进社会公平。

这些国内外文献研究了政党对国家经济发展的影响，得出了政治因素是影响国家经济波动的外生变量，政治可能是影响国家经济发展的重要因素的结论。同时，也表明了不同的政治家有不同的意识形态和利益目标，因而会选择不同的宏观经济政策，产生不同的经济目标。目前相关文献就政治因素对经济发展的影响并未得出一致的结论，有待进一步研究。

2.2.2　政党对管理层、企业行为的影响

随着新制度经济学的发展，制度被认为是影响经济增长的内生变量，企业所有的经济行为内生于外部制度环境。美国著名经济学家诺斯（1990）首次提出了制度环境影响经济行为的观点，他认为在国家的政治、社会和法律规则等外部制度环境中，政治因素是经济发展的关键因素，制度变迁会引起行动者的行为调整。政治制度属于较重要的外部制度环境之一，体现了执政党的政治目标和国家政府治理手段，影响着大多数上市公司的发展（Sawant，2012）。政治因素对上市公司影响的观点有正反两种。反面观点如：Yonce（2010）发现，美国的总统大选活动显著影响了公司投资行为，在总统选举期间企业投资支出减少了近 2%；Julio 和 Yook（2012）发现，国家的政治选举活动会显著影响公司行为，政府官员的更替使上市公司在当年明显减少了投资；McGegor（2001）发现，执

政党为了服务国家政治与社会目标，给上市公司的经营业绩带来了负面影响。正面观点如：Qian（1995）认为，执政党的制度嵌入能够降低存在公司治理机制缺陷的上市公司的代理冲突，提高上市公司业绩；Chang 和 Wong（2004）发现，公司制度嵌入可以降低大股东对公司财产的侵占，提高公司业绩；Cooper（2010）发现，候选人受到越多的公司捐助，捐款公司未来股票价格越高。

我国特殊的政治体制催生了国内大量关于政治因素对上市公司影响的相关研究。政府通过行政手段影响着社会、经济和生活的方方面面。执政党将政治行为嵌入公司治理之中，形成一种政治与制度的安排，实现国家制度嵌入与公司微观行为的有效结合（Sawant，2012）。制度嵌入作为一种正式制度的替代，在制度转型的中国更为盛行（Fan 等，2007）。熊婷等（2015）发现，在新兴转轨制度背景下，党委书记参与公司治理可以形成一种制度压力，有效地抑制大股东的掏空行为。叶康涛和藏文佼（2016）考察了中央八项规定对上市公司的影响，发现中央八项规定实施后，国有企业的消费性现金支出计入当期管理费用的比例明显下降，但转入存货费用的现象明显上升。颜恩点（2016）发现，中央八项规定、六项禁令的实施能够减少上市公司寻租活动，降低交易费用，从而提高公司价值。王霞和王竞达（2015）发现，中央八项规定取得了较好的成效，遏制了国家公职人员的“三公”消费行为。在研究中央八项规定政策效果的同时，也涌现了一些关于国家反腐行动对上市公司影响的研究。王茂斌和孔东民（2016）发现，反腐败行动开始以后，腐败较严重地区的上市公司现金持有的市场价值明显增加，财务报表质量显著提高。党力等（2015）发现，党的十八大以来的高压反腐政策增加了企业谋取政治利益的关联成本，显著提高了企业创新能力，表明了国家的反腐政策发挥了积极效应。钟覃琳等（2016）进一步发现，国家的反腐败行动能优化企业投资效率，提高生产效率，提升企业绩效。

政府审计是现代国家制度嵌入体系的一个重要组成部分，产生于国家治理的需要，其作用在于通过对政府财务报告的验证，独立评价政府公共受托责任履行情况（李明辉和刘笑霞，2013）。事实上，政府审计的存在是为了协调利益相关者的利益冲突，是行政机关权力制衡的工具，属于国家上层建筑的一部分，能够规范社会秩序和创造良好的经济发展环境，有利于促进经济体制改革的顺利进行（庞茂明和马正吉，2003）。刘家义

(2012) 提出，政府审计是国家依法监督和制约权力的制度安排，这种强有力的治理机制对社会、政府和企业都会产生重大影响。政府审计对上市公司的治理效应在我国得到了很好的验证，吕君杰（2015）发现，政府审计能通过揭露被审单位违法违规行为，抑制腐败行为的发生。政府审计对国有企业的治理效应更加明显。褚剑和方军雄（2016，2017）发现，政府审计能显著抑制央企控股的上市公司管理层的超额在职消费行为；能够促使国有企业及时披露负面信息，缓解股价崩盘风险，有助于提升央企控股的上市公司经营业绩，发挥了对国有企业的治理效应。

2.2.3 党组织参与公司治理

自中国共产党第十六次全国代表大会提出“执政能力”的命题，关于党组织的相关研究得到了学术界的高度关注。早期关于党组织的研究主要关注党组织在企业中的地位，对国有企业来说，主要体现在新兴转轨市场中政府对国有企业经营活动的干预和监督制衡两个方面（Chang 和 Wong，2004）。大多数研究得出了积极效应的结论。马连福等（2013）研究了企业基层党组织对企业决策产生的影响，发现党委参与公司治理的政治行为使党委将自身目标或政治目标内化到了其所控制的公司中，从而影响公司的经营决策，并进一步发现这一领导体制使管理层兼有党员身份，管理层更会发挥表率作用而降低自身薪酬。党组织通过“双向进入、交叉任职”的领导方式进入董事会，提高公司治理水平，发挥其监督作用（黄文峰，2017）。陈仕华等（2017）发现，我国国有企业一贯奉行“党管干部”的原则，党的要求和法规可以约束国企高管行为，有助于防止国有资产流失。代彬等（2020）发现，党组织嵌入国有企业能有效遏制管理层自利行为。程海燕等（2020）发现，国有企业的党组织参与治理能显著抑制管理层的应计盈余管理活动与真实活动盈余管理。

与此同时，党组织的嵌入在民营企业也发挥了积极的治理作用。戴亦一等（2017）发现党组织文化嵌入民营企业可以降低报表造假等相关财务违规行为。徐光伟等（2019）发现，党组织嵌入民营企业，显著增加了公司治理污染的投入、环保治污支出及社会责任的投入。叶建宏（2017）发现，党组织嵌入民营企业具有外部效应，有利于企业获取外部资源，且在董事长或总经理兼任党组织成员时更加明显。李世刚和章卫东（2018）发现，民营企业党组织参与公司治理能显著降低企业被出具非标意见的可能性，起到对审计意见的治理作用。

2.2.4 文献总结与启示

从以上国内外文献来看，党组织参与治理已经成为一国经济发展和微观企业行为必不可少的一方面，国家制度嵌入体系的改革不仅是一种制度的变迁，也是一种社会结构的调整，更涉及不同时期的制度嵌入主体的价值取向和治理理念，对社会和经济发展具有重要影响。特别是在我国这样一个特殊的制度背景下，中国特色社会主义制度的最大优势是中国共产党领导，坚持党的领导，发挥党总揽全局、协调各方的领导核心作用，是我国社会主义市场经济体制的一个重要特征。国家政治行为必然对上市公司的生产经营活动产生影响。总体而言，学术界对关于党组织与企业微观行为相结合的研究已经取得了一定的进展，为本书的研究提供了大量可借鉴的成果。但党组织的治理效应大都停留在理论研究与范式总结方面，相关研究仍需进一步深入探讨。公司高层管理人员是决定公司战略的核心群体，影响着组织发展方向，对企业的长远发展有举足轻重的作用。管理层所拥有的权力是其进行公司决策的基础，而管理层滥用权力谋取个人私利，主要原因是权力没有受到制约。党组织可以通过参与公司治理，影响企业的经营决策，监督、制衡机会主义行为，避免权力滥用。现有的研究很少关注外部治理因素对管理层权力及其后果的影响，特别是党组织的外部治理对管理层权力滥用行为影响的相关研究还较为缺乏。目前的研究缺乏从政党外部治理的角度寻求解决上市公司内部权力配置问题，权力配置是管理层权力滥用的内在驱动力。本书拟将党组织的外部治理结合到公司治理中来研究管理层权力滥用所产生的代理问题，本书不同于现有的研究，主要关注的是党的十八大以来权力约束制度嵌入如何影响上市公司管理层权力，从而影响上市公司管理层权力滥用导致的不利后果。具体包括制度嵌入如何约束权力，从而影响上市公司管理层权力，可能通过哪些途径影响管理层行为。

第 3 章

概念界定与理论基础

3.1 主要概念界定

在分析相关基础理论之前，有必要对书中主要概念进行界定，以便在一个清晰的概念框架的指导下进行研究。

3.1.1　制度嵌入的定义及内涵

学术界对制度一词提出了较多的理解，不同的学者界定不一。North（1990）认为制度是在一定条件下形成的行为规范、习俗和行为准则等，用来规范和约束人们之间的互动行为，包括正式约束和非正式约束。林毅夫（1989）认为，制度可以分为正式制度和非正式制度，用来管理和约束人们的特定行为和关系。根据制度产生的方式来分，制度可以分为内在制度和外在制度（王宁，2008）。从制度调节的对象来分，可以分为制度安排和制度环境（陈昕，2014）。

嵌入（embeddedness）本义是一种事物转移或者介入其他事物的过程或者结果，正在介入的过程称为嵌入过程，已经转移到另一种事物称为嵌入状态。嵌入概念最早由匈牙利著名经济学家和社会学家卡尔·波兰尼在《大变革》一书中提出，他认为，在19世纪之前，经济是嵌入社会中的；但在19世纪之后，社会是嵌入经济中的（Polanyi，1968）。Granovetter（1985）在此基础上，编写了《经济行动和社会结构：嵌入性问题》，提出个体经济行为随着社会结构的变化而发生变化，社会结构对个体起着重要作用。因此，嵌入性是一种“关系嵌入”。Clegg（1990）认为，嵌入的一部分是自主的，一部分则是依赖的，代表着关系的轮廓。Zukin等（1990）则认为，嵌入可以分为嵌入性、文化嵌入性和政治嵌入性。政治嵌入性主要是政治制度的嵌入，各种嵌入之间是相互关联、相互渗透的。Granovetter（1992）将嵌入界定为在不断变化的社会关系中，经济行为受到了个体关系或者关系结构的影响。目前，制度的概念已经嵌入多个学科中，获得了学术界的广泛认同和使用。制度嵌入可以定义为行动主体的能动性受到制度的约束和影响，制度对行动主体的行为产生各种约束（徐盈艳和黄晓星，2015）。

3.1.2 治理的定义及内涵

“治理”一词最初来源于古希腊，被解释为引导或控制（李龙等，2014）。西方学者詹姆斯·罗西瑙在《没有政府的治理》中提出了新的治理内涵，认为“治理是一系列管理领域的管理机制”，治理既包括政府机制，也包括了非正式和非政府的机制，治理活动的主体不一定是政府，也不一定需要国家的强制力量来实现（Rosenau，2001）。Steven（2012）认为，治理是权力机关或社会机构对社会公共资源的管理过程，包含了强制力和非强制力的管理。我国的“治理”内涵区别于西方国家的治理主张，中国共产党领导下的国家治理的目的在于运用各种政治制度和手段来处理政治事务，使权力规范运行，维护公共利益，最大限度增进人民福祉（王浦劬，2014）。我国学者马庆钰认为，“治理是特定范围内的各类权力部门、社会组织的多维度的相互影响，公共事务相关主体对于国家和社会事务的平等参与，是各类主体围绕国家和社会事务的协商互动”（马庆钰，2013）。从本质上来说，治理不同于统治，统治是掌权者通过强制力对人、事、物进行自上而下的控制活动。治理强调的是组织各部门之间的相互合作与互动，在公共治理过程中各利益群体以相互信任和协商的态度来处理各种利益冲突，从而实现社会治理的善治状态（李龙等，2014）。

“政治”的定义存在多种说法，不同的民族和不同的环境，各自的政治特色也不尽相同。早在中国古代就开始使用“政治”一词，中国传统观念的政治是指管理国家和社会事务的治国手段，具有很强的王权主义色彩（王宗礼和史小宁，2012）。随着经济和社会的发展，政治的内涵也发生了相应的变化。主流学派对政治内涵的理解，主要以马克思主义的政治观为基础。马克思主义的政治观认为，政治是经济的集中体现，政治是处于支配地位的政治主体，为了实现和维护其所代表的根本利益，对社会进行的整合、管理和提供公共服务的各种活动，或者形成的各种制度的总和。

根据综合制度的定义和治理的相关含义，可以将制度嵌入治理理解为一个政治过程的体现，是权威性的组织按照既定的目标，通过制度、法律、政策等方式对各种社会资源进行有计划的分配和管理的活动过程。制度嵌入治理的主体包括社会中的公共机构或组织、团体及公民以及决策制度的参与者。制度嵌入治理的目的在于国家政治的稳定与发展，促进社会经济的发展（丁志刚，2014）。政党治理维度宽广、内容丰富，可以从广义和狭义两个层面来理解。广义的嵌入治理不仅存在于国家层面，也存在于社会层面。传统思想的嵌入治理通常指统治和治国理政，现代国家政党治理是政治统治与政治管理的有机结合，区别于传统意义的国家制度嵌入。政治统治是一种运用权威，强制性对公共事务进行管理的行为，制度嵌入是一种上下互动的管理过程，更多地体现了民众参与、合作协商的管理模式，建立的是一种自愿和合作的伙伴关系（王浦劬，2014）。现代国家治理体系以政权稳定和经济发展为导向，遵循民主原则，实现国家的长治久安。从广义上来说，制度嵌入包括市场治理、行政治理和社会治理（许耀桐，2014）。市场治理是指政府通过政治手段对市场资源进行有效分配，提高市场的公平竞争，促进市场中商品和要素的有效发展，排除市场中的各种壁垒。行政治理是指政治性质领域的行政管理或引导，主要指政府为了优化其内部组织结构、提高行政治理的有效性而出台各项公共政策与法规。社会治理是指治理主体吸纳多方面的社会组织参与，对社会公共事务进行治理的活动。狭义的制度嵌入仅指政治领域的治理，包括行政治理和政府治理，即通过出台各项公共政策与法规，实现政府和多方利益群体的利益平衡和协调（丁志刚，2014）。

本书的嵌入治理可以理解为狭义的政党制度嵌入治理，可以解释为一个政党所采取的具体领导方式和方法，包括了国家一定时期内出台的政策和制度，体现了政府某一阶段的政策主张、国家治理的方向和预期达到的行政目标，不同时期的政党采取的治理方式各不相同。国家通过制度嵌入手段影响着社会、经济和生活的方方面面。国家将政治行为嵌入公司的治理中，形成一种政治与制度的安排，实现国家制度嵌入与公司微观行为的有效结合，被称为对企业的政党治理（Sawant，2012）。任何一个企业都处于一种特定的政治环境中，制度嵌入治理作为一种制度安排嵌入公司治理中，实现对企业的治理，不仅在经济上是有效的，在政治上也是合理的。事实上，无论是广义的，还是狭义的制度嵌入治理，都离不开权力的运行过程，权力在治理过程中起决定性作用。一般情况下，治理主体拥有的权力越大，治理和管理的范围和幅度也就越大（丁志刚，2014）。

3.1.3 管理层权力的定义

就权力的概念而言，由于在实际生活中的用法存在多样性，不同的学者视角不尽相同，很难形成一个统一的定义。英国的罗德里克·马丁就曾说，权力是一个使用频率颇高，可以凭直觉去理解，但是很少有严格定义的词。权力的定义难以严格阐述，导致学者们对该定义的不断探索，出现了对权力的多种解释。随着实际生活中词义的不断演化，“权力”已经成为一个内涵多样的词语。Rabe（1962）将权力解释为个人为想要达到的目标而去做的意愿和能力。May（1977）将权力诠释为形成、影响或改变他人的能力。March（1996）认为，权力包括了压制反抗和完成既定目标的能力，是一个人在完成任务过程中克服阻力实现所需结果的能力，在一个企业中，一些人比另一些人更有权力是一个无处不在的事实。王锐和倪星（2022）从两个层面界定了权力，从国家层面上讲，权力是通过法律程序，由人民所授予的一种公共权力，包括立法权、执法权和司法权；从经济和社会层面将权力界定为政治、经济或社会组织内部通过特定方式所形成的具有决定事物、下达命令、采取措施并承担其责任的组织权力，如董事会权力和经理权力等。

公司组织结构中的管理层权力，反映了管理层对公司治理结构的影响力，是企业内部管理层所拥有的“权威”（Coase，1937）。Pfeffer（1997）将管理层权力定义为管理层具有的一种能力。Finkelstein（1992）将管理层权力定义为高管执行个人意愿的能力。后来的研究逐渐将企业管理层权力的界定基于合约的不完备性和企业战略决策的角度来理解。第一种观点将管理层权力划分为特定控制权和剩余控制权，认为管理层权力是公司契约不完备的产物，有可能来源于物质本身，也可能来源于对知识和信息等资源的掌控，甚至来源于权威或治理文化等。第二种观点将管理层权力理解为掌握公司战略决策的权力。第一种观点主要以 Hart 为代表，Hart（1995）以契约是否完备为依据将管理层权力划分为特定控制权和剩余控制权。特定控制权可以事前在契约中进行明确和规定，剩余控制权无法在事前进行明确规定。根据 Hart（1995）的观点，权力除了包括个人资质能力，还可理解为从公司获取的重要资源、建立的社会关系网络。那些在上市公司中能够控制关键资源并能减少未来不确定性事项的人被视作有权力的人。第二种观点主要以 Fama 和 Jensen 为代表，Fama 和 Jensen（1983）认为，管理层所拥有的控制权是对公司业务和战略决策的主导权力，公司业务决策权主要是指公司经营性决策权，包括各种营销活动、员工工资标准的制定、各项预算的制定等。战略性决策关系到公司发展方向，主要包括投融资、企业并购、破产清算、企业高管人员的考核等。Pfeffer（1981）认为，管理层权力是管理层能够控制更多公司资源的能力。Bebchuk（2003）也对管理层权力进行了定义，衡量高管是否具有权力的标准是其能否在一个真正公平的薪酬谈判过程中具有讨价还价的能力。本书综合上述学者的研究，认为权力代表一种声望和地位，将管理层权力定义为管理层在公司决策中能够施加个人的影响力，能够执行公司经营决策和战略性决策，并产生某种预期效果的能力。

3.1.4　管理层的划分

2005 年修订的《中华人民共和国公司法》第二百一十七条规定，高级管理人员包括：公司经理、副经理、财务负责人，上市公司董事会秘书和公司章程规定的其他人员。国内学者对管理者的划分方法有三种：第一种划分方法是将公司年报中披露的所有高管均作为高级管理人员的研究对象，包括公司所有董事会成员、监事会成员和公司任命的高层管理者，对公司高层领导不作区分（魏刚，2000；张俊瑞等，2003；陈冬华等，2005）；第二种划分方法是将总经理、副总经理、董事会秘书、财务总监等高级管理人员纳入管理层的研究范畴，同时不包括董事会和监事会成员

（张必武和石金涛，2005；王克敏和王志超，2007；吕长江和赵宇恒，2008）；第三种划分方法是将管理层界定为较窄的范围，仅将公司董事长和总经理纳入管理者的研究范畴，该种划分方法是从狭义的研究视角进行界定的（李增泉，2000；朱红军，2002；吴文锋等，2008）。本书认为仅用CEO来代表高管团队成员的特征可能存在一定的偏误，分析整个管理层团队更能反映公司实际，因此，书中采用第二种划分方法。

3.2 理论基础

3.2.1 管理层权力理论

管理层权力理论最早来源于Berle和Means的研究，是在委托代理理论和契约理论的基础上发展起来的。Bebchuk（2002）在委托代理理论的基础上，对最优契约理论进行分析，提炼出管理层权力理论。管理层权力理论认为，一方面，由于现有公司治理结构的不完善，董事会未能代表股东履行其职责，弱化了对管理层的监督，使股东无法有效行使权力；另一方面，管理层可以利用自身所拥有的权力去俘获董事会成员，致使董事会失去独立性，产生对管理层的依赖程度高于对股东的依赖程度的现象，董事会对管理层的制衡力量减弱促进了管理层权力的进一步扩大。管理层权力的不断膨胀会导致其越过管理层的监督，利用手中的权力干预或影响企业的重大决策。与契约理论相比，契约条款虽然给管理层提供了部分激励，但股东在设计激励契约时不可能列举和描述未来所有的或有状态，尽管最优契约理论可以实现双方利益最大化的激励方案，但存在潜在的问题，如该理论的实施需要满足一定的条件，包括董事会的有效谈判、市场的有效约束和股东行使权力（Bebchuk，2002），而现实情况下这三个条件是无法同时满足的。而管理层权力理论可以解释最优激励契约无法解释的问题。管理层权力理论和契约理论也存在相同的一面，都建立在股东和管理者代理问题的基础上。

管理层权力理论与最优契约理论存在互补性，认为董事会的谈判并非总是有效的，管理者在签订后并没有真正履行契约规定的职责，而是利用手中的权力攫取租金。Hennalin 和 Weisbach（1998）研究表明 CEO 有权力影响董事会潜在的继任者，选聘对自己有利的或支持自己的潜在继任者以降低董事会的独立性，弱化管理层的监督能力。Betrand 和 Mullainathan（2001）发现在公司监管较弱的情况下，管理层存在部分运气薪酬，但不是自身努力的结果。管理层权力理论认为高管可以通过权力影响薪酬设计，薪酬激励不但没有解决代理问题，反而成为代理问题的一部分，产生了新的代理问题。管理层权力越大，获取租金的能力越强，越有可能绕过董事会的监管，通过权力设定薪酬。

管理者权力理论为学者们分析管理层权力对公司行为的影响奠定了基础。根据管理层权力理论，管理层权力越大，董事会越难以发挥监督作用，导致管理层利用权力谋取个人私利。管理层权力越大，拥有更多的投资决策权，管理者在作出投资决策时，越会倾向于通过扩大投资规模，获取控制权收益（Jensen，1986）。Stuls（1998）进一步发现，管理层往往倾向于投资净现值为负的投资项目巩固自身地位，这些投资项目通常偏离最优投资规模，导致企业出现非效率投资现象。因此，管理层拥有较大权力，会投资于损害股东利益而有利于个人利益的投资项目，产生非效率投资现象。随着管理层权力的逐步扩大，管理层还能掌控公司财务信息，决定如何对外提供公司盈余信息。权小峰（2010）发现管理层权力越大，薪酬业绩敏感性越高，这种业绩敏感性是盈余管理的结果。傅欣和邓川（2013）发现在薪酬激励与业绩挂钩的上市公司中，管理层利用权力实施盈余操作的程度大。因此，管理层权力越大，越存在利用权力操纵公司盈余最大化个人利益的动机。

3.2.2　委托代理理论

委托代理理论起源于20世纪60年代末，是契约理论的重要发展。现代公司制企业的所有权与经营权的分离，导致股东与经营者之间出现委托代理关系，在这种关系上形成了企业委托代理关系。18世纪初，亚当·斯密在《国富论》中提出了“代理问题”存在股份公司中，不能指望经理人像合伙企业那样努力去管理企业。随后，Berle 和 Means（1932）及 Ross（1973）指出，当事人双方，其中一方代表委托人利益行使权力称为代理人，另一方称为委托方，双方形成委托代理关系。Jensen 和 Meckling (1976) 将委托代理理论提高到契约层面，将代理成本分为监督成本、保证成本和剩余损失三部分。他们认为企业是一系列契约的联结，一个人或一些人委托其他人代表委托人的利益从事某些活动，并相应授予代理人某些决策权，这种契约关系称为委托代理关系。

委托代理理论以“经济人”假设为基础，提出了两个重要假设条件：一是委托人和代理人目标函数不一致，委托代理双方都希望达到自身利益最大化，委托人追求企业价值最大化，代理人则希望报酬、休闲娱乐最大化；二是委托代理双方存在信息不对称，即代理人拥有更多的无法直接观察的私人信息，代理人直接参与企业经营管理，拥有比委托人更多的私人信息，相比较，委托人不直接参与经营管理，无法观测到代理人的努力程度，将企业经营业绩作为评判标准，导致委托人可能利用信息优势谋取私利，从而损害委托人的利益。信息不对称发生在事前，会导致委托代理人的逆向选择问题；信息不对称发生在事后，会导致代理人的道德风险问题。逆向选择问题会产生“劣币驱逐良币”效应，道德风险会导致委托人利益直接受损。本书研究的是现有模式下管理层权力过大引发道德风险，导致管理层从事降低企业价值的财务行为。

委托代理关系下，管理层可能存在以下代理行为：一是短期行为，代理人的任期总是短于企业生命周期，在任期间不会从企业的长远利益来考虑经营决策；二是机会主义行为，代理人为了增加自己的收入会从事损害委托人利益的行为。代理人直接参与经营管理，可能会对企业产生实际控制，比委托人拥有更强的资源控制力，从而产生“内部控制人”问题(冯福根，2004)。

3.2.3 经营者财务理论

汤谷良（1997）在《经营者财务论——兼论现代企业财务分层管理架构》一文中提出财务分成问题，即所有者财务、经营者财务和财务经理财务。经营者财务问题处于财务管理的核心地位，是企业财务的精髓。经营者财务是对企业宏观层面、战略层面进行决策、组织和协调。在决策方面，企业的融资、投资决策和股利政策等关系着企业的生存和发展。在协调方面，企业经营者参与生产经营活动，进行有序协调，实现企业所有经营管理过程的协调。所有者财务主要是对经营者财务的监控，关注经营者如何理财，完成经济受托责任。财务经理财务是操作性财务。

随后，李心合（2003）提出五层次财务体系，包括外部利益相关者财务、经营者财务、财务经营财务、分部财务和员工财务。外部利益相关者财务是指出资者、债权人和政府财务；经营者财务是实际控制层面的财务；分部财务性质属于操作性财务；员工财务是指员工参与公司财务治理，包括公司财务运作层面的财务责任和公开财务制度。伍中信（2005）基于利益相关共同治理模式，提出财权分割理论，进一步丰富了财务分层理论。经营者财务理论要求管理层对出资者承担信托经济责任，保障出资者资本的保值增值。

经营者财务理论要求作为企业经营者的管理层对出资者承担一定的信托责任，保障出资者资本保值增值。同时，要求企业管理层在做出融资、投资和股利分配等决策时协调各相关利益者的利益，这一要求需要管理层做出符合出资者利益的财务行为。随着管理层权力的扩大，加上公司内部治理结构失衡和外部市场约束机制的缺乏，可能导致管理层利用职务、权力便利做出过度投资、在职消费、盈余管理、违规违纪行为和降低企业价值的财务决策。

3.2.4　嵌入性理论

卡尔·波兰尼（Polanyi）最早提出嵌入性理论，波兰尼认为，人类经济活动嵌入经济制度和非经济制度中，个人经济动机嵌入社会关系中（Polanyi，1977）。格兰诺维特（Granovetter）在此基础上对“嵌入性”概念进行了延伸和拓展，在深入分析“低度社会化”和“过度社会化”后，认为社会个体的目标行为处于时刻变化的社会关系中，即经济行为受到社会结构变化的影响，大多数经济行为贯穿于社会结构中；社会结构主要体现在社会网络上，社会网络的嵌入机制就是信任机制。换言之，经济社会中的个体处于社会网络中，社会个体实施的经济行为嵌入社会网络的信任机制之中（Granovetter，1985）。该理论提出了经济社会学分析的基本假设条件，并作为主要方法推广开来。因此，波兰尼被认为是嵌入理论的开创者，格兰诺维特被称为嵌入理论的奠基者。但是，格兰诺维特强调了社会结构，却忽略了诸如制度权力等其他类型的嵌入。随后，结构性嵌入、认知性嵌入、文化嵌入和政治嵌入也纳入制度嵌入的理论框架中。

目前，嵌入性理论已经成为分析经济现象和经济行为的重要途径之一。诸多学者对嵌入理论进行了进一步丰富和拓展。如企业联盟网络理论

(Gulati，1998)、组织战略理论（Andrews 等，1999）都应用了嵌入性理论进行探讨和实证分析。Granovetter（1992）认为，各类经济活动都受到整个社会经济结构的影响，建立了从社会网络的视角研究经济行为的经济社会学理论，将嵌入性分成了结构性嵌入和关系性嵌入。Zukin 和 Dimaggio（1990）从大文化的角度，将嵌入进行了分类，主要包括认知嵌入、结构嵌入、文化嵌入和政治嵌入，即认为经济行为不是独立于社会环境，会受到社会、文化和政治制度各方面的影响。其中，政治嵌入可以理解为关系嵌入，主要指国家政治制度的嵌入。Brown（1999）进行了延伸，认为嵌入理论可以包括微观层次、中观层次和宏观层次。Anderson 和 Forsgren（2002）提出嵌入性可以分为业务性嵌入和技术性嵌入。

国内学者也进行了大量研究。国内关于嵌入性理论的研究最早见于社会学领域，刘世定（1999）最早将嵌入理论引入关系合同的相关研究中，提出了嵌入性关系和关系合同有助于更进一步理解中国现行经济运行中的组织现象。王思斌（2011）在研究社会工作的发展时引入嵌入理论，认为自社会工作恢复重建以来，其发展呈现政府主导下的专业弱自主嵌入状态，随着我国社会改革和转型的深入，新的社会格局逐步形成，逐渐转向“政府—专业合作”的深入嵌入。随后，嵌入性理论被应用于农村政治经济研究之中，陆益龙（2007）探讨了政治性嵌入对乡村经济发展的影响，分析了政治嵌入农村村居的经济、社会和文化之中后，对村落内部关系及经济效率的影响。罗峰（2009）将嵌入理论引入国家与社会关系的考察中，从政治嵌入、社会嵌入和文化嵌入三个维度分析了应该如何实现组织嵌入。何艳玲（2009）提出了“嵌入性自治”理念，将国家与地方互相嵌入的方式称为“嵌入式自治”，认为地方政府的治理活动嵌入国家特定的发展环境之中，国家环境具有渗透作用，为了避免国家和地方治理的二力失衡，需要构建国家与地方的互嵌与良性互动，从而解决中央与地方的矛盾。

随着嵌入理论运用越来越广泛，“嵌入”一词的含义也在不断完善。郭劲光（2016）认为，嵌入性是一种方法论，提供了研究经济社会的新视角。杨日彭（2011）建议政府可以通过法治性嵌入和选择性嵌入发挥政党的社会管理作用。唐兴军（2016）提出了通过组织、制度与利益嵌入行业协会，搭建起合作治理体系的治理途径。许烨（2018）认为，嵌入性治理为坚持党的领导下的现代企业制度提供了新的视角。吴太宣等（2021）提出嵌入性理论与信用激励的契约逻辑，认为可以从制度嵌入和文化嵌入两个方面构建我国信用激励机制。“嵌入性”是人类经济活动或者经济行为“嵌入”了社会网络中，受到来自社会关系和社会情感等诸多因素的影响，用以解决经济现象和经济行为问题或者经济行动问题（王思斌，2011）。

嵌入性理论不仅局限于经济活动领域的宏观制度层面，更是涉及社会人际关系层面，需要从中观或微观层面去理解其地位与价值。因此，嵌入性理论的内涵和外延也越来越丰富，从抽象概念研究拓展到经济主体、社会组织运作等实证研究中，从经济学到管理学或社会学等跨学科融合，研究领域逐渐多样化，成果也越来越丰富。嵌入性理论为本书研究权力约束制度的嵌入和企业微观行为的关系提供了全新的视角。

3.3 企业制度嵌入影响管理层权力及财务决策的理论分析

3.3.1 管理层权力影响公司财务行为的理论分析

Bebchuk（2002）结合委托代理理论对最优契约理论进行分析，提炼出了经典的管理层权力理论。根据管理层权力理论，现有公司治理结构的不完善导致董事会无法代表股东履行其职责，弱化了对管理层的监督，使股东无法有效行使监督权力，管理层有可能利用所拥有的权力去影响董事会成员，致使董事会失去独立性，对管理层的依赖程度高于对股东的依赖程度，从而使董事会对管理层的制衡力量减弱，促进了管理层权力的进一步扩大。管理层权力的不断膨胀会导致其越过董事会，使董事会的监督流于形式，导致管理层利用手中的权力通过各种途径谋取利益。

管理层权力对公司行为的影响机制，实质是代理理论和管理层权力理论的结合应用。根据委托代理理论，股东和代理人双方存在代理冲突，双方目标效应函数不一致，产生了利益冲突，导致管理层在进行决策时不是以股东利益最大化为目标，而是出于自身利益的考虑。因而，管理层权力的过度膨胀给管理层谋取个人私利提供了方便之门。以投资为例，管理层权力越大，拥有的投资自由裁量权越大，导致管理层越可能利用无效投资谋取私利。对于管理层来说，公司的投资行为可能会为其带来更高的职业声誉或社会地位，但同时也会带来投资监管责任的私人成本，管理层在进行投资决策时会在收益和成本之间进行权衡。当企业面临投资风险较大的投资决策时，管理层会做出不考虑股东利益的投资行为，倾向于扩大投资支出以谋取个人私利，造成企业过度投资现象。Jensen（1986）发现，经理人倾向于将资金投入能够扩大企业规模的投资项目，甚至是净现值为负的投资项目以获取控制权收益。Stuls（1998）发现，管理层倾向于投资净现值为负的投资项目以巩固自身地位，导致上市公司投资项目偏离最优投资规模。

除了过度投资外，管理层权力对盈余管理也存在很大的影响。根据委托代理理论和契约理论，代理人的努力程度无法观察，委托人会设计某种契约来约束代理人，提高其工作积极性。委托代理双方签订契约时，委托人往往以企业会计盈余作为契约的重要参数，来保障自身利益不受侵害。随着管理层权力的逐步扩大，管理层几乎掌握着公司全部资源，包括公司财务信息，甚至有权决定如何对外提供公司盈余信息。当会计盈余无法达到管理层的契约目标，管理层便会利用权力调整公司盈余，达到契约目标，实现个人收益最大化。权小峰（2010）发现，管理层权力越大，薪酬业绩敏感度越高，而这种业绩敏感度是盈余管理的结果。傅欣和邓川（2013）发现，在薪酬激励与业绩挂钩的上市公司中，管理层利用权力实施盈余操纵的程度较大，从而证明了管理层会利用权力操控财务信息以最大化个人利益。

在管理层权力不断增强的情况下，激励约束机制的不健全，也会引起管理层利用权力进行过度在职消费。薪酬契约不完备导致了在职消费的不确定性，使在职消费在事前很难被估计，具有很难被外部人观察到的隐蔽特征（Hart，2001）。在外部法律制度并没有对在职消费进行明确和严格限制的情况下，很容易滋生管理层利用权力实施在职消费的机会主义动机（卢锐等，2008）。如果管理层过多增加自己的显性货币薪酬，会引发“愤怒成本”（outrage），导致管理层声誉受损，也会引起监管部门的审查。如此一来，管理层获取显性货币薪酬的空间变小。为了避免引发外部投资者的“愤怒成本”，管理层可能会转而实施更加隐蔽的在职消费。

3.3.2 企业制度嵌入影响管理层权力与公司财务行为的理论分析

制度嵌入影响上市公司行为主要通过制度融入公司治理的各个环节。埃文斯（1995）认为，国家通过嵌入各类经济组织的方式实现公私之间的合作。根据嵌入性理论，执政党要维持和巩固自己的执政党地位，需要将制度嵌入各类经济组织，获得政治权威（许烨，2018）。因此，从一定程度上说，国家的制度和企业治理之间存在某种互通关系，彼此相互融合、相互关联。作为微观经济活动的企业家行为嵌入一定的制度环境之中，这一特点在新兴经济体制中尤其明显（邹国庆和魏钊，2020）。国家公权力的监督和约束制度嵌入上市公司的治理结构之中，形成嵌入式治理机制，影响企业的经营管理和价值创造。

权力制约和监督的政治制度嵌入企业社会组织之中，使上市公司管理层权力受到较大影响。制度嵌入对管理层权力的影响主要包括两种方式：一是直接嵌入的影响，产生对国有企业管理层权力的直接约束；二是间接嵌入的影响，即政府、行业协会或专业组织制定一系列的政策制度、法律和法规影响企业家的经营环境，甚至影响企业家选择行为。这个意义上的嵌入可以理解为“关系嵌入性”，狭义理解为“政治嵌入”。因此，我们认为，企业感受到的权力监督压力和企业与政府的“关系嵌入”程度紧密关联。“关系嵌入”程度越高，企业家受到的权力监督压力越大，越会作出有利于企业价值创造的财务决策。

（1）直接嵌入

对于国有企业而言，其产权由国有企业的控股股东控制，政府作为国有企业的实际控制人，直接委派政府官员在国有企业中担任重要职位，被委派的官员具有行政级别，如具有副部级或正部级等行政级别的职务，因此，国有企业高管不仅具有“经济人”身份，还兼有“政治人”的身份。国有企业高管与行政部门官员同在政府领导的官场流动，可以认为其类似于政府官员。国有企业管理层不仅注意自己的管理者身份，还会关注其作为官员的社会地位和晋升前景，从而使制度嵌入对国有企业产生较大的影响。权力约束政策是一场约束和监督领导权力的政治活动，权力监督的结果和评价是国有企业管理层晋升为政府官员的重要考察依据，会直接影响国有企业管理层的政治晋升前景，因此，国有企业管理层可能出于政治升迁动机而积极迎合权力约束的相关政策，凸显出其在政治上的表率作用，从而主动抑制权力滥用所产生的各种对公司不利的行为。

从权力约束的过程来看，权力约束政策通过对代理人的权力进行公开晒权和亮权，杜绝领导干部未经授权或者超越权力而成为权力的掌控者和使用者，让代理人的权力运行过程处于全民监督之下，限制其权力的行使范围，降低权力扩张现象，减少权力的不规范操作，抑制权力越轨给企业造成损害的风险。整个权力运行的监督和约束过程，使权力运行程序明晰化，权力使用范围更加透明，有利于缓解国有企业股东与管理层之间存在的代理冲突，监督和约束管理层，减少管理层权力滥用所产生的各种公司负面行为。权力约束的制度嵌入使国有企业管理层面临除了公司内部治理机制以外的政府和民主监督等多种外部监督，对高管权力运行形成了一种良性制衡机制，管理层进行各项重大决策的自由裁量权受到限制和约束，管理层权力滥用行为也会随之减少。从成本收益的权衡角度来分析，嵌入治理使外部监管更加严格，管理层违规违纪行为更容易被发现，导致管理层利用权力获取私人收益的成本大于收益，管理层以权谋私的动机便会减弱，特别是未来具有政治升迁期望的国有企业高管，将更加注重自己的声誉，从而减少损害公司价值的负面行为。

从道德风尚的传播影响角度分析，党的十八大以来的权力约束政策嵌入国有企业中，同时也以“文化嵌入”的方式嵌入公司治理环境中。根据嵌入性理论，权力约束制度要求政府官员收回权力的触角，在制度范围内正确行使权力，会带来真正为人民谋利益的良好风尚，能给下属国有企业高管产生示范作用，产生“文化嵌入”效应。特别是那些行政级别较高的高管基于政治升迁动机，更愿意给自己树立良好的形象，会充分发挥表率作用，减少权力滥用行为。陈刚（2013）发现，政府官员腐败具有上行下效的传染效应，表明了政府官员行为具有示范作用。在道德风尚的影响下，政府官员自觉接受监督，正确行使权力，按制度办事，认真履行岗位职责，可以对上市公司高管产生较好的表率作用。党的十八大以来，党中央不断提高党的执政能力和领导水平，全面深化改革、全面从严治党，对深化国有企业改革提出了较高的要求，要求把党的领导融入公司治理中。约束权力的思想直接影响着上市公司，形成高管在规定范围内使用权力和约束权力的良好风气，国有企业高管会自觉减少权力滥用的违规违纪行为。对于董事会而言，在政治体制改革的新形势下，良好的制度嵌入也影响着公司治理层，作为公司治理层的董事会积极参与公司治理工作，认真履行好岗位职责，提高公司治理水平，发挥对管理层的监督作用，约束管理层权力滥用行为。

（2）间接嵌入

一般而言，国家与企业通过两种方式形成概念性嵌入。国有企业通过经济上的股份形成嵌入，非国有企业通过政治身份形成嵌入。一方面，我国政策的实施主要依赖自上而下的行政体系，也包括采用的各种社会动员手段；另一方面，越来越多的非国有企业家加入党组织，成为党代表、人大代表、政协委员或者加入行业协会等，使大部分非国有企业家具有"政治身份"。社会动员活动使具有"政治身份"的非国有企业家往往被优先或重点动员。对非国有企业而言，制度嵌入影响上市公司管理层行为表现为间接嵌入的影响。

①文化嵌入

我国是一个有着深厚儒家和道家传统文化的国家，传统文化对人们的行为方式影响根深蒂固。如宗教文化将"诚信"的理念嵌入管理层的思维模式中，使管理层减轻利己心态，从而更少做出违规或不道德的经营决策（陈冬华等，2013；Du，2015）；拥有从军经历的高管由于受到军队组织的价值观和思想观的熏陶，更加遵守制度和规则，减少财务欺诈行为（Benmelech 和 Frydman，2015）。权力约束的制度嵌入不同于简单的自上而下的行政执行方式，而是以一定的文化模式嵌入企业中。

研究表明，越来越多的非国有企业家加入党组织。戴亦一等（2017）发现，我国非国有企业高达 56% 的董事长是共产党员。随着党的十一届四中全会提出"双向进入、交叉任职"，尤其《关于在个体和民营等非公有制经济组织中加强党的建设工作意见的通知》的发布，越来越多的非国有企业开始建立党组织。中国共产党全面领导国家的社会主义事业，党中央以执政党的方式影响政策的制定与执行，通过制度嵌入或组织嵌入实现基层组织网络向企业的渗透。非国有企业党组织势必在社会生产活动中发挥模范作用，非国有企业党员更会发挥先锋带头作用，以此体现党员先进性。此外，非国有企业党组织还发挥着政府与企业的桥梁作用，将上级党组织的各项政策制度贯彻落实到企业。

党是领导一切的，制度嵌入治理与公司治理虽然属于两种不同的制度安排，但同在一个国家宪法制度背景下，接受宪法的监督和制约，使党中央和企业利益诉求的终极目标在一定程度上是统一的。党组织以某种适宜的制度嵌入公司治理结构之中，可以发挥党管理社会的作用，具有促进国家发展和企业发展的双重效应。无论非国有企业的领导体制、经营体制、产权结构和治理模式等方面如何变化，始终要坚持党的领导。嵌入性治理理论可以为两者的关系提供更好的答案。

②关系嵌入

随着市场竞争越来越激烈，非国有企业常面临资源缺乏的局面。在我国，资本市场发展不健全，政府掌控着资源的配置，为解决资源缺乏问题，非国有企业需要寻求更多非正式手段获取资源配置优势，如建立更多的政治关联关系。因此，非国有企业的制度嵌入可以通过政治关联关系的路径来嵌入。国有企业在建立之初就属于政府，与政府有着天然的“血缘关系”，政府直接委派担任过政府行政机构的官员担任国有企业高管，使国有企业具有天然的政治关联关系。我国正处于经济转型升级关键时期，存在经济资源稀缺性的特征。在此背景下，非国有企业与政府搭建政治关联可以实现对正式制度的替代，补充既有资源的配置制度（罗党论和唐清泉，2009）。唐松和孙铮（2014）发现，非国有企业中也普遍存在着政治关联关系。由于我国目前法治体系不够完善，市场化水平还比较低，有着根深蒂固的“关系”文化，政府仍然充当着资源分配的重要角色，与政府建立紧密的政治和利益关联关系已经成为非国有企业生存和发展的需要。与国有企业相比，非国有企业常受到政策和制度上的不同待遇，处于竞争劣势地位，非国有企业为了获得廉价的资源和实现保护自身利益的目的，往往会主动和政府缔结政企关系。白重恩（2005）发现，非国有企业在信贷政策上不受重视，导致其在获得银行借款时不得不考虑与政府建立密切的联系。非国有企业通过与政府官员建立隐性联系，可以获取制度外的各种收益，规避政府各种严厉的监管。已有文献发现，存在政治关联的企业具有更多的融资便利、更多的税收优惠、更少的管制障碍以及获得更多的政府补贴等通过普通市场化手段难以获得的利益（吴文峰等，2009；张敏等，2010）。因此，对非国有企业来说，政治关联是一种不可多得的稀缺资源，非国有企业可能会具有主动与政府官员缔结联盟的动机（Acemoglu，2007）。非国有企业建立政治关联的途径主要包括通过聘任具有政府背景的高管来实现政治关联，如政府公职人员的“下海”，即放弃政府部门职位到非国有企业任职；聘请政府部门的退休官员到非国有企业担任高管；非国有企业高管通过寻租试图成为人民代表大会代表或政协委员。

党的十八大以来实施的权力约束政策的制度嵌入通过政治关联嵌入非国有企业。首先，权力约束的政策实施通过影响政府官员的行为，从而间接影响非国有企业高管行为。中共中央实施权力约束政策，导致政府官员不敢轻易从事滥用权力的活动，安分守己地规范行使权力，减少给企业提供各种不恰当的特权和优惠，使企业获得的外部资源大大减少。由于某些对公司不利的行为可以给管理层带来薪酬的提高、职业地位的稳固等私有收益，在企业存在过多资源的情况下，管理层做出某些对公司不利的行为的可能性会增加。企业外部资源的减少使管理层可以控制的资源随之而减少，从而导致管理层进行各种不良行为的潜在可能性降低。其次，严格的权力约束政策导致上市公司高管与监管部门沟通和交流的政治成本提高，减少了上市公司通过政治寻租建立的关联关系，上市公司不再过度依赖与政府的政治关联，政治关联所带来的庇护也会大大减少，迫使管理层将更多的精力用于企业正常的生产性活动，减少权力滥用的违法违规行为。最后，严格的制度嵌入会使一部分企业的政治关联关系发生断链，这部分政治关联关系减少的同时，也会减少由政治关联关系所产生的各种对公司不利的行为。从上述分析可知，权力约束政策的实施能间接减少一部分高管滥用权力，占用资源以谋取个人私利的行为。

从资源分配的角度分析，党的十八大以来权力运行制约和监督得到强化，上市公司获得各种资源便利的机会减少，企业采取与政府部门“拉关系”赢取市场的战略不再具有可行性。资源更多地通过市场分配给企业，企业则更多地需要遵守市场竞争规则，从而促进了企业间的公平竞争，使我国市场环境得到改善。在良好的市场环境下，产品竞争市场和外部监管市场等外部治理机制可以更好地发挥对管理层权力的监督功能（陈震和汪静，2014）。市场的竞争压力可以传递出高管能力以及努力程度的信息，降低企业信息不对称程度，提高对管理层的监督程度，约束管理层滥用权力的行为，促使管理层利益与股东利益趋于一致，抑制管理层权力过大所引发的公司负面行为。同时，在失去“保护伞”的情况下，为了能和国有企业竞争，以获得更多的外部资金来源，非国有企业管理层会降低利用权力谋取私利的机会主义行为。

③组织嵌入

国家依靠公共权力的强制手段介入，以及权力约束制度的法律嵌入，实施对行业协会的监督管理与控制目标的引导，对行业协会进行强制干预，实现权力约束制度的组织嵌入（张义祯，2016）。从一定程度上可以说，国家将权力赋予行业协会，增加其参与市场治理的能力，从而干预上市公司管理层行为。组织嵌入是党和政府将组织嵌入行业协会中的表现，通过制度性的安排或者组织架构建设，实现对行业协会的引导与控制。权力约束制度的组织嵌入实质是政府通过权力约束制度的强制实施植入企业商会、中华全国工商业联合会等行业协会组织，确保行业协会行动与国家发展目标一致，在提供公共服务或者给予行业经济资源的同时，促进善治、良治等目标的实现。

制度嵌入一方面保障了行业协会的合法性地位，有利于行业协会的存续；另一方面，制度嵌入提供了政治基础，增进了行业协会的规范化治理，促使行业协会积极有序地引导企业参与行业发展与自律。权力约束的组织嵌入确保了行业协会行动方向与国家治理战略方向保持一致，有利于行业协会的组织架构与国家市场体系有机衔接，增强了执政党对社会资源的整合功能，有利于产业发展与企业转型升级政策的实施。

制度嵌入通过多种方式嵌入市场治理，发挥市场自律与调控的积极作用，避免了国家直接干预企业微观治理的部分弊病，消除了不和谐的市场治理方式，构建柔性的市场调控手段。同时，制度嵌入企业能更好地整合行业信息，减少信息在权力系统中传递的时间与失误，降低行政成本与交易成本，能有效减少政府与市场的摩擦与冲突。

具体影响分析如图 3－1 所示。综上所述，本书将根据上述分析框架，基于党的十八大以来权力约束政策的制度嵌入背景，研究制度嵌入对管理层权力与财务决策的影响。

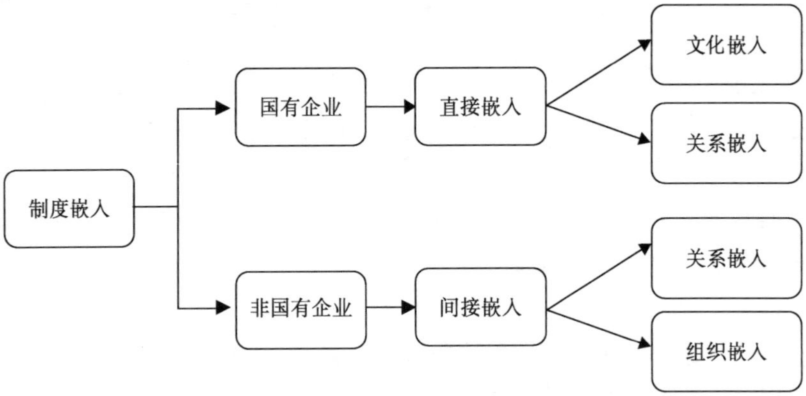

图 3－1　制度嵌入对企业影响的分析框架

第 4 章

制度背景

我国上市公司管理层权力的形成具有一定的中国化元素，管理层权力的膨胀有其特殊的形成背景。本章将对我国上市公司管理层权力过大的原因进行分析，并回顾党的十八大以来一系列权力约束的制度嵌入及其影响。

4.1 我国上市公司管理层权力过大的制度原因分析

4.1.1 政府放权让利改革的推动

中国经济经历了从封建小农经济到高度集中的计划经济再到市场经济的转变，经历了从建立现代企业制度的改革时期到现在的创新改革时期。中华人民共和国成立后，国家实行的是传统粗放式计划经济，主要通过行政指令来控制和分配资源。国有企业扮演着执行政府指令的执行者角色，缺乏经营自主权。在这种情况下，国有企业高管大多数是政府直接委派，他们可能不关心产品成本、销售和生产的效率等。不裁员、不减薪和铁饭碗的盛行成为当时国有企业的真实写照。国有企业采用承包制的方法来进行生产运营，不存在竞争风险，在很难维持正常经营时，政府常常采取“父爱主义”的方式对国有企业提供经济资源，帮助其渡过难关，结果导致大量国有企业效率低下，亏损严重。

在此情况下，国家开始认识到计划经济的弊端。1978 年，我国正式开始实施经济体制改革，目的是改变国有企业在原有计划经济体制下的经营效率低下、运转缺乏活力的局面。国务院于 1979 年 7 月发布了《关于扩大国营工业企业经营管理自主权的若干规定》和《关于国营企业实行利润留成的规定》。1986 年 12 月国务院发布了《关于深化企业改革 增强企业活力的若干规定》等文件，对我国国有企业进行改革。整个国有企业改革包括了三个方面的改革：第一，对国家和企业间的关系进行了改革，授予国有企业管理者充分的自主权，并给予管理者适当的激励，使国有企业具有自主经营的独立法人地位，不再是政府行政机构的附属物；第二，进一步调整企业内部各职能部门之间的关系，改变了管理层的身份和地位；第三，减少政府干预，不断改善企业外部制度环境。三十多年的改革历程使我国国有企业从计划经济的单一生产单位转变为公司制的商业实体。国有企业改革的进程中，政府开始逐步降低对企业的行政干预和管制，将权力下放给企业，企业开始得到一部分经营自主权，开始改变劳动用工制度和收益分配制度，建立现代企业制度，管理层逐渐拥有部分现代企业意义的权力，这为管理层权力的不断形成奠定了基础。

首先，国有企业改革在调动管理层工作积极性的同时，未能建立一个监督企业经营的制衡机制，未对管理层进行严格约束。由于国有企业和政府的利益紧密关联，政府为了提高其生产效率，更多强调激励机制，在给予管理层更多权力的同时，忽略了对管理层应有的监督和惩罚。例如，在相当长的一段时间里，我国国有企业采用的是一把手负责制的运行模式，厂长拥有企业决策权、执行权和监督权，公司的经营决策由厂长一人说了算，导致管理层没有受到公司治理机制的约束，客观上促成了管理层权力的膨胀。其次，放权让利改革后，尽管国有企业实现了国家所有权与企业经营权的相对分离，却存在所有者缺位的重要特征。所有者缺位现象导致企业所有权逐步转移到内部管理者手中，管理者虽然没有获得股权，但拥有剩余索取权，便产生了侵占所有者财产的动机。最后，国有企业在我国国民经济中占有重要地位，承担着多元化的社会目标，如保障民生、促进就业、维护社会公平和稳定等社会责任，因而造成管理层将权力滥用导致企业的效率低下归结为承担社会责任的后果，权力滥用并未得到有效抑制，从而促进了管理层权力的不断增强。

综上所述，一方面，国有企业虽然经历了放权让利改革，但并未对管理层的聘任机制进行改革，国有企业高管并非通过竞争选聘，而是直接由政府部门行政任命或解聘，使高管具有“两栖”身份，导致他们的地位不受威胁，比外部选聘的高管更容易获得企业的控制权，导致了权力的直接膨胀。另一方面，放权让利改革的举措使“权力棒”从政府交接到管理层手中，加上国有企业作为“共和国长子”的特殊地位，助长了管理层权力的膨胀。正如权小锋等（2010）所说，整个放权让利改革的过程实质上就是管理层权力不断形成和提升的过程。

4.1.2　非国有企业与生俱来的权力欲望

党的十一届三中全会以来，中国实行了以公有制为主体，积极发展多种经济成分的政策，民营经济作为国营经济的重要补充，民营企业（非国有企业）由此得到快速发展，并逐渐成为中国经济增长的重要推动力量。在良好的发展环境下，非国有企业经营规模不断扩大，竞争力不断增强，并具备了现代企业治理结构的特征，为管理层权力的形成奠定了基础。卢锐（2008）认为，非国有企业的管理层可能比国有企业拥有更大权力，甚至掌握着企业的生杀大权。很多非国有企业的组织形式是依靠某种特定的血缘关系或朋友关系而缔结起来，并基于非股份化的合作制度和家族化组织形式发展起来，导致非国有企业产权趋于模糊化（李新春，2003）。非国有企业的这种特定关系容易造成管理层形成利益团体，占据董事会和管理层的更多席位，拥有整个企业的控制权和决定权，例如公司创始人或家族成员兼任公司董事长或总经理等重要职位。如此一来，非国有企业的管理层可能拥有较大的实际控制权，其权力可能超过董事会，甚至凌驾于公司权力治理机制之上，使公司治理机制沦为摆设。此外，非国有企业可能更加看重亲情或推崇家族文化，在管理人才的选聘上更倾向于选聘自己信任的亲戚朋友担任公司管理层重要职位或关键岗位，造成非国有企业具有家族经营特征，促使非国有企业的管理层权力进一步扩大化，对企业的控制权显著增强。

无论是从产权制度的角度还是情感利益的角度来看，非国有企业管理层具有与生俱来的先天性权力欲望，导致管理层权力不断增强，公司治理机制难以发挥效应，为高管利用权力侵占公司利益提供了便利条件。

4.1.3 公司内部治理结构的缺陷

一个有效的公司治理机制更应在实质上对管理层进行有效的监督，及时调控管理层权力，确保权力运行得合理合法。公司内部治理机制包括董事会、监事会和独立董事的监督等。根据委托代理理论，作为公司内部治理机制之一的董事会的独立性是防止管理层权力膨胀的一道“防火墙”。一旦董事会失去独立性，会造成管理层权力无法受到应有的监督，甚至“俘获”或超越董事会，产生高管控制董事会的局面。公司另一内部治理机制——独立董事也未能完全发挥监督功能。根据规定，董事会成员中必须包括一定比例的独立董事，大部分独立董事都是来自实务界或理论界的专家或学者，由于他们往往不能全职参与企业工作，在时间和精力上都存在一定的限制，无法全身心参与企业决策，给监管机制留下了漏洞。对于作为公司治理机制的监事会而言，大部分监事会成员由高管直接提名或选聘，而高管有可能直接选聘那些不会给自己制造麻烦的亲信，这些存在亲信关系的监事会成员可能和管理层具有相同的利益取向，使监事会形同虚设，流于形式，无法真正监督管理层。对于董事会而言，我国上市公司管理者往往在企业的管理团队中拥有很高的威望和地位，能够对企业形成较大的影响力，使董事会难以发挥监督效应。此外，大多数上市公司管理层可能在董事会和监事会兼任多种职位，会弱化公司治理机制的监督；且部分董事会和监事会成员甚至不在公司领取薪酬，他们没有尽职尽守的工作意识，使董事会和监事会的监督功能并不能真正发挥作用。以上这些原因导致公司治理机制失去监督效力，给管理层积累了更多讨价还价的能力，进一步助长了管理层权力的滋生。

4.1.4 外部经理人市场缺乏竞争机制

首先，我国经理人市场发展还不成熟，未能建立有效的市场机制对经理人进行监管。经理人市场中存在信息不对称问题，招聘者无法有效甄别经理人的能力，导致优秀的经理人退出市场，且存在“以次充好”的现象，大量企业难以通过经理人市场选聘到合适的经理人。外部经理人市场运行存在非效率情况，缺乏竞争机制，无法对管理层进行合理的优胜劣汰，为管理层通过各种途径获得更多的控制权力提供了机会。其次，大部分企业从市场引入经理人并不成功，由于在引入过程中缺乏相互信任，受到市场规范程度低和引入成本高等因素的阻碍，从外部市场选聘合适的经理人具有一定的难度，因此，部分企业可能转而从亲朋好友中选聘管理人员（李新春，2003）。而企业聘用了熟悉的朋友或具有血缘关系的家人作为管理层的情况，可能导致企业委托代理双方存在裙带关系，使董事会无法监督管理层。此外，外部经理人市场监督惩罚机制较薄弱，未对管理层进行有效激励和监督，进一步促进了管理层权力的膨胀。

4.2 我国权力监督制度的发展历程

4.2.1 权力监督产生的历史背景

权力如何进行有效配置，实现良性运转，是政治史上的一个重要课题。权力制约的制度嵌入思想最初萌芽于古希腊时期，而如何进行权力制约问题则于近代资产阶级革命时期被经典解答。以洛克、孟德斯鸠等为代表的启蒙思想家提出的分权制衡学说，为近现代权力制约理论的形成和发展作出了重要贡献。他们的权力制约理论逐渐被政治家们运用于治国理政的实践中，形成了一整套权力制约制度模式。孟德斯鸠认为，一切有权力的人都容易滥用权力，这是万古不变的一条经验，有权力的人们使用权力一直到遇有界限的地方才休止。在他看来，一个权力受到合理、合法约束的国家才是一个健全而自由的国家，因为从事物的性质来说，要防止滥用权力，就必须以权力制约权力。必须联合各种权力，加以规范和调节，使各种权力之间能够相互抗衡。

唐代是我国封建社会较鼎盛时期，为保证官僚机构的正常运转，统治者非常重视权力监督的立法建设。《唐律疏议》就提出了很多界定官吏职责和违法失职行为的法律规定。如在《选举令》中规定选拔偏重德行，选任后定期考评惩治，严密监督吏治的全过程。我国早在隋朝时期就形成了权力制约思想，即由中书省、门下省和尚书省构成的三省之间的权力相互制衡。《唐六典》要求监督各省之间官员依法履行职守情况，并规定了具体的惩罚条款（和萨，2003）。唐代三省权力制约制度虽然提升了三省长官的地位，但皇帝经常派自己的亲信参加政事决议会议，本质上没有离开皇帝集权下的统治，是防止尚书省行权过大对君权构成威胁而设定的一种机制（王锐和倪星，2022）。唐、宋、元时期，权力制约的核心问题是以臣权制约臣权，防止出现权臣架空皇帝或篡越君主权力（陈长琪，2002）。到明、清时期权力制约机制发生变化，撤销中书省，建立了由皇帝裁决国家政事的君主专制制度，但未解决宦官和内阁之间的权力制衡，导致宦官由于具有为皇帝圣谕秉笔的权力而实际操纵国家政权。我国古代的权力制约的制度嵌入思想本质上都未摆脱为皇权服务，仅停留在皇帝以下的各级专制权力，对最高的皇权没有进行明确的制约；权力制衡理念之间存在冲突，违背了根本的权力制衡理念，没有触及权力之间如何做到相互牵制，来防止腐败和滥用这种实质性问题，造成了历史上众多悲剧的发生（王锐和倪星，2022）。民国时期继承了清末的权力约束思想，进行了立法体制的进一步改革，提出了“权能分治”的思想，但是存在一党专政和内战的干扰，受到传统专制体制因素的影响，仍然是资产阶级民主的一种形式（徐茅，1992）。直到中华人民共和国成立后，我们在 20 世纪后期，才开始真正触及权力制约和监督相关的制度嵌入的根本性问题，权力制约思想的发展仍然屡遭曲折，存在权力结构不合理、权力得不到有效约束的弊端（吴振钧，2008）。改革开放以后，党中央吸取了我国古代权力制衡思想的历史教训，不断进行政治体制改革，不断努力探索和实践，从制度层面剖析存在的问题，深刻认识到权力制约和监督的制度嵌入对我国社会政治经济发展道路的重要性，开始高度重视权力的规范问题。

党的十六大报告要求加强权力的制约和监督问题，但权力制约思想仍然处于探索阶段。党的十七大报告进一步提出“完善权力制约和监督机制”，意味着我国已经将权力制约和监督提上政治体制改革的议事日程。党的十八大报告将“健全权力运行制约和监督体系”作为推进政治体制改革的重要任务之一（祝灵君，2008）。权力制约和监督思想成为党的十八大以来制度嵌入的核心理念，加强对权力运行的制约和监督成为我党的重要政治任务，我国的权力制约与监督的制度嵌入体制开始走向成熟阶段。

4.2.2　改革开放以前的权力监督思想

马克思结合巴黎公社运动的经验，提出了权力监督的观点。他认为，当国家公权力从社会中分离而凌驾于社会之上，会滋生腐败权力，即权力对人性是有腐蚀性的。他提出：旧政府权力的纯粹压迫机关应该铲除，而旧政府权力的合理职能应该从妄图凌驾于社会之上的权力那里夺取过来，交给社会的负责的公仆（阿克顿，2001）。列宁认为，不受制约的权力，必然导致不受节制的堕落。管理国家和社会事务的国家领导干部在行使权力过程中有以权谋私的危险，他们需要重点监督。

中国共产党建党之初就对党内监督有所规定，1927 年召开党的第五次全国代表大会，首次设立中央监察委员会作为专门机构，实施党内监督。1928 年设立中央审查委员会代替中央监察委员会，设立中央党务委员会行使党内监督。中华人民共和国成立后，第一部宪法明确将“一切权力属于人民”写入其中。1949 年，党中央下达《关于成立中央及各级党的纪律检查委员会的决定》；1955 年，党内监督机构职权扩大，纪律检查委员会被监察委员会替代，党内监督思想重视程度有所下降。

4.2.3　改革开放后到党的十八大前的权力监督思想

1980 年 8 月，邓小平同志在中央政治局会议发表了讲话——《党和国家领导制度的改革》，阐述了权力过分集中的问题和危害性。1981 年，党的十一届六中全会通过《关于建国以来党的若干历史问题的决议》，汲取了中华人民共和国成立以来的深刻教训，形成了权力监督制约理念。1986 年 9 月党中央提出了“建立健全党内监督制度和人民监督制度，使各级领导干部得到有效监督”的明确要求。1987 年 7 月，中纪委明确规定各级党员领导干部为党内监督的重点。1996 年 1 月，江泽民同志在中央纪律检查委员会会议上指出领导干部的有效监督是党内监督工作的重点和难点。2003 年 12 月，党中央颁布了《中国共产党党内监督条例》，再次明确了党内监督的重要性。2007 年，胡锦涛同志在中纪委会议上强调了要加强各级领导干部权力运行过程的监督，提出了“确保权力正确行使，必须让权力在阳光下运行”。

4.2.4 党的十八大以来的权力监督思想

党的十八大以来，以习近平同志为核心的党中央领导集体对党内监督进行了深刻的实践探索。2012 年，中央政治局会议通过《中央政治局关于改进工作作风、密切联系群众的八项规定》，刹住被认为很难或不可能刹住的歪风邪气。2016 年 10 月，党的十八届六中全会通过《关于新形势下党内政治生活的若干准则》，进一步明确完善权力运行和监督机制，加强对领导干部的监督，“有权必有责、用权必担责、滥权必追责”，实行权力清单制度，健全权力问责机制。党的十九届四中全会通过《中共中央关于坚持和完善中国特色社会主义制度 推进国家治理体系和治理能力现代化若干重大问题的决定》，明确提出要坚持和完善党和国家的监督体系，实现对所有行使公权力的公职人员的监察全覆盖，着力解决影响党的执政基础的突出问题，做出进一步深化政治巡视的重大战略部署。

党的十八大以来的权力监督思想概括起来主要包括以下几个方面。一是强化对权力的监督。习近平同志在多个重要场合，论述了权力监督的重要性和必要性。“没有监督的权力必然导致腐败，这是一条铁律”，习近平同志的这一重要论述深刻阐释了监督的重要性。二是抓“关键少数”。一把手是关键岗位、核心岗位，掌握、控制和支配各方面的资源，在党和国家事业发展中担负重大责任。“让铁规发力，让禁令生威”“我们必须用刚性制度把一把手管住，保证一把手正确用权、廉洁用权”①。三是把权力关进制度的笼子。习近平同志在十八届中央纪委第二次会议上指出：要加强对权力运行的制约和监督，把权力关进制度的笼子里。这一重要论述的含义是监督制约党内权力，让权力在制度的框架内运行，用完善的制度有效监督制约权力。

2013 年 1 月，习近平总书记主持召开十八届中央纪委第二次会议，强调要进一步贯彻党的十八大精神，推进党风廉政建设。总书记指出，我们党是马克思主义的政党，纪律严明是我党的光荣传统。每一个党员，特别是领导干部，都要以身作则、率先垂范。明确指出决不允许各地区部门“上有政策，下有对策”，党员领导干部要广泛听取群众意见，接受群众

① 习近平．在第十八届中央纪律检查委员会第二次全体会议上的讲话［N］．人民日报，2013－1－24.

监督，从严治党这一问题决不能放松。“要加强对权力运行的制约和监督，把权力关进笼子里，形成不敢腐的惩戒机制、不能腐的防范机制和不易腐的保障机制”，这一重要论述深刻揭示了加强权力运行的制约和监督的重要性和迫切性，表明了权力约束政策在新时期新阶段的重要意义。会议多次强调权力约束的重要性，表达了我党加强和健全权力运行制约和监督的坚定决心。

强化权力运行的制约监督问题是推进现代化国家治理体系和治理能力的重要内容。党的十八大以来，党中央高度重视权力监督和制约问题，认为我国的权力制约机制需要完善党和国家的领导体制，理顺权力主体之间的界限，正确处理党的权力和国家权力之间的二元关系，建立科学的权力授权机制。[①] 整个权力运行机制包括了权力的赋予、权力的配置和权力的监控过程。权力的赋予实现了权力行使者拥有权力，但权力行使者需要对如何行使权力负责。权力的配置是通过对权力进行分类和配置，以明确权限，保证权力高效运行。权力的监控是对权力行使过程进行监督或控制，并评价权力的运行效果，对未正确行使权力者进行制裁（谭鹏，2014）。这一系列权力制约和监督政策可以概括为“严以用权，防止权力滥用”。习近平总书记要求领导干部“不以权谋私，不搞特殊化”，提出“把权力关进制度的笼子里”，实施权力清单制度对权力范围进行有效界定，依法规制权力的使用过程，提出严以用权的十个要求，让权力在安全线内运行，并将司法监督体系贯穿权力运行始末，确保权力按照法定权限和程序行使和运行。推行政务公开的亮权和晒权政策，让权力在阳光下运行，从源头上防止权力滥用，治理不正之风，保证国家权力的良性运行。党的十八大以来的一系列权力约束的制度嵌入核心思想强调了科学配置权力、以权力制约权力的重要性，重要任务是以宪法为依据，解决好立法权、行政权和司法权三者的关系问题，体现了我国的国家治理能力和政治体制改革的新发展（董世明，2015）。

梳理党的十八大以来的重要政治会议内容，“加强对权力运行的制约和监督”已经成为党的十八大以来的高频句子，被党中央不断多次强调和提醒。通过在《中国重要报纸全文数据库》输入主题词“权力制约和监督”进行搜索，可以发现在 2009—2011 年的相关报道仅有 8 次，但 2013—2015

---

① 中共中央宣传部. 习近平总书记系列重要讲话读本［M］. 北京：学习出版社，人民出版社，2014：86－105.

年的重要报纸报道的相关主题有600余次。通过查阅2013年、2014年的《十八大以来重要文献选编》，发现“权力制约”是党的十八大报告中的高频词，在政治报告中被强调20余次，由此可见，党的十八大以来党中央对权力制约和监督的高度重视，以及党中央执行权力约束与监督政策的力度之大。此外，党的十八大以来，党中央反复强调将“确保权力正确规范运行”作为我国政治体制改革的重大突破口，对权力运行的监督制约呈现出全面推进和重点突破的态势，这一权力制约和监督的制度嵌入在我国的社会、经济治理中已经凸显成效，标志着党的十八大以来的政治体制改革迈向了一个新的阶段。

党的十八大以来，党中央对权力约束政策进行了不断探索，采取了诸多新举措。例如，2012年12月，中共中央出台了《中央政治局关于改进工作作风、密切联系群众的八项规定》的政策，掀起了一场深刻的“反腐运动”。随着中央八项规定的深入落实，不正之风有所减少，全党整体作风有所转变。2016年10月，十八届六中全会通过了《关于新形势下党内政治生活的若干准则》，要求进一步完善权力运行监督机制，做到“有权必有责、有权必担责、滥权必追责”。并实行权力清单制度，公开权力运行过程，领导干部必须在法律法规规定的范围内活动，自觉按规定和程序办事，不能“以言代法、以权压法、徇私枉法”，真正把权力用来为人民谋利益。随后，2018年3月，党的十九大报告提出深化国家监察体制改革的举措，通过了《中华人民共和国宪法修正案》和《中华人民共和国监察法》，建立了国家监察委员会，并在全国实行试点，组建国家、省、县监察委员会。这一举措旨在构建集中统一、权威和高效的中国特色监察体制，实现对公权力监督的全面覆盖。同时，党的十九大做出深化政治巡视的重大部署。巡视从本质上来说，是对党员特别是领导干部的政治体检。除此之外，党的十九届四中全会通过《中共中央关于坚持和完善中国特色社会主义制度 推进国家治理体系和治理能力现代化若干重大问题的决定》，进一步要求强化对权力运行的制约和监督，形成决策科学、监督有力的权力运行机制。

新时代“嵌入”一词开始广泛应用于国有企业，运用于党的建设领域。如把党的领导融入公司治理各个环节，把企业党组织嵌入公司治理结构之中。本书中的制度嵌入实质强调的是党的十八大以来党中央权力约束制度在上市公司的有机融入和渗透。

第 5 章

企业制度嵌入、管理层权力与过度投资

在我国特殊的社会主义市场经济体制下，制度嵌入于社会治理中，是一种区别于政治控制的市场关系模式，是国家影响社会经济发展的路径与机制。政府通过制度嵌入的形式对企业进行管理和引导，进而影响企业管理层的决策行为。本章是实证研究的第一步，将在检验管理层权力对过度投资影响的基础上，考察制度嵌入是否影响管理层权力与过度投资的关系，具体检验党的十八大以来的权力约束政策的实施是否影响了管理层权力与过度投资之间的关系变化。

5.1 理论分析与假说提出

5.1.1　管理层权力与过度投资

过度投资的定义最早由 Jensen（1986）在分析代理成本问题时提出，Jensen 认为当企业存在富足的现金流量时，管理层可能倾向于将企业自由现金流投资于非盈利项目，从而浪费公司的资源，产生过度投资问题。他认为过度投资就是超出理想投资规模的部分。在此基础上，Lang（1989）进一步提出过度投资的定义，认为过度投资是一种企业无效投资的表现，指企业将资金投资于净现值小于 0 的项目。Richardson（2006）将过度投资定义为超出了现有资本保值和净现值为正的新增投资之后的投资支出，并提出经典的计算过度投资的模型，认为当企业的实际投资额大于预期时，就意味着出现了过度投资现象。根据上述学者的定义，本书将过度投资定义为企业投资超出或者偏离了最优投资规模，将资金投向了净现值为负的投资项目。

管理层权力作为影响组织行为的重要因素之一，会对公司的投资决策产生重要影响。根据社会心理学理论，个人所掌控的权力会影响其心理决策过程，并在决策时产生趋近和抑制两种行为模式，而在掌权者拥有更多的资源或面临较少的约束时，掌权者会更关注风险收益，而忽略风险所带来的威胁（董红晔和李小荣，2014）。Anderson 和 Galinsky（2006）认为，个人所拥有的权力会影响其对风险的承担，个人所拥有的权力越大越可能关注风险所带来的收益，而更少关注潜在的风险。因此，管理层在作出投资决策时，可能会忽略投资项目存在的风险。

我国上市公司大多由国有企业改制而来，“一股独大”仍然是大多数上市公司的特征。随着我国放权让利改革给予企业管理层充分的自主权，企业管理层权力不断膨胀，领导地位不断提升，造成较为严重的内部控制人现象，管理者自己监督自己，甚至成为企业的实际控制人（卢锐，2007）。权力的逐步膨胀使管理层拥有了公司的实际控制权，意味着管理层拥有更多的投资话语权。管理层在进行投资决策时可能会更多体现个人利益，而非公司利益。过度投资实现了企业规模的扩大，直接带来了管理层货币薪酬的增加。除此之外，过度投资还给管理层利用职务便利谋取更多在职消费及其他私有收益提供了机会，甚至给管理层带来了更高的社会声望和地位，有利于管理层构建自己的“经理帝国”等（Shlerfer 和 Vishny，1989）。因此，管理层权力越大，越可能利用权力进行有利于个人收益最大化的过度投资。

从委托代理的角度分析，由于两权分离的存在，管理者和股东之间存在利益冲突，股东希望管理层能实现企业价值最大化，而管理层则希望实现自身利益最大化。双方的利益冲突体现在投资决策上，会导致管理层为追求自身利益最大化而损害股东利益，将资金投资于净现值为负而有利于管理层自身利益的投资项目。Jensen（1986）认为当企业存在充裕的自由现金流时，管理层存在“帝国建造”的动机，倾向于进行过度投资，最大化个人利益而损坏股东利益。Shleifer 和 Vishny（1988）进一步发现，经理倾向于实施有利于增加自己专用人力资本的长期投资项目，而非短期投资项目，以延长自己的在位时间，使股东很难替换他们，达到巩固自己职业地位的目的，产生“壕沟效应”。因此，根据委托代理理论，在管理层拥有更多权力的情况下，股东和管理层的代理冲突可能更加严重，管理层更可能会出于谋求个人私利和巩固自身地位的需要，将资金投资于有利于自身利益的投资项目，而不会关心投资是否会给公司带来收益或损失。

从信息不对称理论的角度分析，相对于外部投资者，公司内部经理人可能掌控更多关于公司投资的内部信息，而由于信息不对称问题的存在，股东不能识别和监督企业实施的投资项目，经理人可能会投资于偏离股东财富最大化（净现值小于零）而有利于自身利益的项目，导致投资过度问题的产生（Narayanan，1988）。在管理层拥有过大权力的情况下，管理层掌控企业大部分的剩余控制权和剩余索取权的可能性更高。因此，管理层在拥有更多公司投资项目的信息和拥有更多投资决策权时，通过过度投资攫取私利的动机也会更强。根据上述分析，本书认为管理层在拥有较大权力的情况下，追求更多个人私利的动机越强，越倾向于将项目投资于有利于个人利益而非股东价值最大化的项目，从而导致过度投资现象。于是提出假说5.1。

假说5.1：其他条件不变的情况下，企业管理层权力越大，企业过度投资行为越严重。

5.1.2 制度嵌入、管理层权力与过度投资

法国社会学家孟德斯鸠（1961）在《论法的精神》中提出权力的滥用猛于虎，一切有权力的人都容易滥用权力，因为有权力的人使用权力一直到遇到权力界限的地方才休止退出，要防止权力滥用，就必须以权力约束权力。从孟德斯鸠的思想理论可以看出，规范管理者的行为需要严明的制度。而制度经济学也强调制度对规范管理者和企业行为的重要性。2013年1月，习近平总书记在党的十八届二中全会提出“要加强对权力运行的制约和监督，把权力关进笼子里，形成不敢腐的惩戒机制、不能腐的防

范机制和不易腐的保障机制”，强调了开展权力监督工作的重要性，只有将权力关进制度的笼子，对权力进行有效规制，才有减少权力滥用的可能性。该项权力约束政策通过推进权力清单制度，明确权力运行的界限，确定权力的范围，形成决策权、执行权和监督权相互制约的权力运行机制，对权力进行规范、约束和制衡，防止权力的扩张和滥用。

政府对国有企业存在直接的控制和干预，拥有国有企业高管直接的人事任免权，出任国有企业高管的人大都担任过政府行政机构的官员，使国有企业带有典型的先天性政治关联特征，也使国有企业高管具有一定的行政级别，成为“政治人”。权力约束制度是一项对权力进行约束和限制的制度嵌入政策，直接影响了国有企业高管权力运行的全过程。权力约束政策颁发后，政府通过正式和非正式的制度嵌入渗透到国有企业，形成自上而下的行政命令方法，将权力约束政策实施到国有企业。国有企业管理层经营决策的投资自主决定权受到约束，企业投资项目的评估、预算和决算等投资决策权的运行过程也受到更多的监督和约束，管理层利用权力进行过度投资获取个人私利的行为会有所减少。

从声誉角度考虑，在企业面临高压的权力监督的风口浪尖上，管理层占用资金实施过度投资受到惩罚的可能性较高，谋取控制权私利的风险和成本进一步提高，因而，在高压权力约束的制度嵌入环境下，管理层僭越权力进行过度投资谋取个人利益并非明智之举。尤其是国有企业高管具有一定的行政级别，具有“政治人”身份，往往会更加关注基于政治升迁动机的政治利益。国有企业高管为了维护自己的声誉，避免影响政治升迁，会降低损害公司利益的过度投资行为。

党的十八大以来高压权力监督的制度嵌入让权力在符合规定的轨道上运行，营造出高效和廉洁的风气，向企业传递了商业文化的正能量，为企业党风廉政建设树立了新的风向标。政府官员道德素质提升对整个社会的道德取向和道德演变轨迹有良好的影响。正如孔子所说，“政者，正也。子帅以正，孰敢不正”“上者，民之表也。表正，则何物不正?”因此，政府官员道德提升具有引领社会道德进步的作用。良好的党风文化会传播和渗透到企业，上行下效，从而对企业高管树立良好的道德榜样产生示范作用。公司管理层在示范作用的影响下，会努力提高道德素质，减少权力滥用行为。同时，公司董事会受到良好道德风尚的影响，会积极提高公司治理效率，认真履行岗位职责，发挥对管理层的监督作用，提高公司治理水平。良好的公司治理机制能够减少股东和管理者之间的信息不对称，保证投资项目顺利实施，缓解非效率投资现象（谭利和杨苗，2013）。王茂斌和孔东民（2016）发现，党的十八大以来企业的营商环境和公司治理机制都得到了改善。公司治理是影响投资效率的重要因素，良好的公司治理机制能够监督管理者的代理行为，抑制管理层过度投资的机会主义行为。

从间接影响来看，制度嵌入对管理层权力的影响可能通过政治关联表现出来。政治关联关系能够让企业获得更多的政府庇护，能使企业具有更强的资源获取能力，使企业更容易进入管制行业，获得更多的政府补贴，帮助企业降低在生产经营活动中遭受各种侵害的可能性，成为产权保护的替代机制（罗党论和唐清泉，2009）。唐松和孙铮（2014）认为除了国有企业外，非国有企业也普遍存在政治关联。拥有政治关联关系的企业能够获得更多的银行长期贷款，获得更多的外部投资资金来源（张敏等，2010）。企业在获得更多外部资金来源的同时，也带来了更多的自由现金流量，而自由现金流越多的企业，存在越多的过度投资现象，代理问题越严重（徐晓东等，2009）。党的十八大以来的权力约束政策通过对权力形成强有力的监督，减少以权谋私现象，使权力在正常轨道上运行，提高了政府官员对企业的设租成本，提升了官员办事效率。政府办事效率的提高可以促进产品市场和要素市场的流动性，提升市场运作机制的公开透明度，从而提高市场的资源配置效率，促进国有企业和非国有企业之间的良性公平竞争。钟覃琳等（2016）认为党的十八大以后，官员提高了行政执法效率，促进了企业的公平竞争，降低了交易成本。一方面，市场竞争环境的公平有效可以减少股东与管理层之间的代理成本，能强化对管理层权力的有效监督，从而减少管理层权力滥用所产生的过度投资行为。在激烈的市场竞争环境下，管理层为了完成契约目标，势必会投入更多的精力到企业生产经营活动中，会对投资项目进行更多的预算和考察，进行更多的投资拓展，从而减少无效投资。另一方面，制度嵌入使权力在正常轨道上运行，拉关系和讲人情等政治寻租活动随之减少，官员行政办事效率得到提升。政治寻租活动的限制必然造成企业寻求政治关联成本提高，可能促使企业放弃建立政治关联关系。在失去政治保护屏障的情况下，企业依靠政治关联关系获得资源的重要渠道被截断，政治关联所带来的过度投资行为可能有所减少。同时，在企业获得的外部资源较少的情况下，投资机会也随之减少，管理层利用权力进行过度投资的动机也随之降低。根据以上分析，本书认为制度嵌入能抑制管理层权力滥用所引发的过度投资，提出假说5.2。

假说5.2：其他条件不变的情况下，权力约束的制度嵌入降低了企业管理层权力与过度投资的正相关关系。

5.1.3 不同产权性质下制度嵌入对管理层权力与过度投资之间关系的影响

国有企业的存在是国家对经济发展调控的需要，国有企业和政府之间存在特殊的关系，政府是国有企业投资人，享有国有企业的资产所有权和控制权、参与经营决策权、人事任免权和利润分配权等重大权力。政府通过对国有企业施加影响，促进经济的发展，弥补市场的缺陷，满足社会公共需要。因此，国有企业是中国特色社会主义的重要物质基础和政治基础，是党执政兴国的重要支柱和依靠力量。在此情况下，制度嵌入会对国有企业产生直接影响。政治体制改革以来，尽管国有企业有一定的经营自主权，但政府仍然掌控着对国有企业的人事任免权，直接任命和委派国有企业高管。国有企业的高管并非通过市场选拔而来，而是在政府行政机构的官员中选聘而来，从而具有“政治人”身份。杨瑞龙等（2013）发现国有企业高管更像政府官员而非职业经理人。党的十八大以来权力约束的制度嵌入是一项对官员权力进行约束的举措，因此，从理论上来说，相对于非国有企业，国有企业管理层将受到直接影响。权力约束政策对权力进行了限制和约束，直接导致国有企业高管的投资裁量权受到限制，从而减少过度投资的机会主义行为。

国有企业高管是由政府直接任命的，使他们具有“准官员”的特征，这种特殊身份对管理层有一定的隐性激励作用。这种激励体现在政治晋升上，国有企业高管可以获得晋升到上级公司任职、直接升迁到政府机关担任更高的领导职务等奖励。过度投资是一种严重损害公司价值的行为，不但不能提高业绩，反而更可能造成企业的业绩下滑（俞鸿琳，2011；蔡吉浦，2009）。因此，基于政治升迁的考虑，国有企业高管会减少利用权力进行过度投资获取私有收益的动机。根据以上分析，我们认为在严格的权力约束环境下，管理层更愿意追求政治利益，而放弃过度投资所带来的经济利益。因此，提出假说5.3。

假说5.3：其他条件不变的情况下，相比非国有企业，制度嵌入抑制管理层权力所引发过度投资现象在国有企业会更加明显。

5.2 研究设计

5.2.1　关于管理层权力的测度

管理层权力变量的计量在学术界至今仍未达成一致，国内外学者从不同方面度量了管理层权力的大小，Finkestein（1992）从结构权力、所有权力、专家权力和声望权力角度度量了总经理权力。结构权力用总经理与董事长是否两职合一来表示，所有权力用总经理持股比例来表示，专家权力用在其他单位的兼职情况表示，声望权力用总经理的教育背景来表示。Finkestein（1992）的研究为学术界管理层权力的刻画奠定了基础。随后的研究对管理层权力的衡量大多在此基础上进行拓展，如 Hu 和 Kumar（2004）用总经理的任期、董事会独立性、总经理是否兼任董事长等指标来刻画管理层权力。权小锋和吴世农（2010）从 CEO 是否兼任董事长或董事、任期、董事会内部董事比例、董事会规模、国有企业金字塔控制链条四个方面构建管理层权力变量。刘星等（2012）从两职合一、高管持股、董事会规模、独立董事与上市公司工作地点的一致性等方面来反映管理层权力变量。这些研究从公司不同层面衡量了管理层权力，本书管理层权力变量的度量方法主要借鉴 Finkelstein（1992）、权小峰等（2010）的测度方法，从两职合一、董事会规模、股权分散度、高管薪酬份额、高管任期、管理层持股比例、独立董事比例、独立董事与上市公司工作地点的一致性这八个维度刻画管理层权力变量。

（1）两职合一（*Dual*）

两职合一是指董事长与总经理是否同时兼任，一定程度上反映了代表股东利益的董事会独立程度，以及董事会成员是否能对公司管理层进行有效监督和约束，是公司内部治理结构较重要的一方面。目前，公司治理相关文献对两职合一变量有两种观点：一种是积极观点，认为在两职合一的情况下，管理者掌握更多的信息，便于和董事会之间进行信息沟通，对公司经营是有利的（Dey 等，2009）；另一种是消极观点，认为两职合一，公司发生错报的概率更大，损害了公司财务报表质量（Efendi，2007）。我国学者的诸多研究中，大部分学者支持了委托代理理论的观点，认为决策权和控制权集中于一人，会降低董事会监督的有效性，两职兼任虽然与公司绩效不存在显著的相关关系，却是影响公司经营绩效的一个重要因素（于东智，2002；熊风华，2008），而两职分离有利于发挥管理层持股的利益协同效应（马晨，2012）。从上述研究可见，如果总经理同时担任公司董事长等重要职位，会严重弱化董事会监督作用的发挥，影响董事会的最终决定和公司决策。因此，两职合一意味着公司管理层权力越高，管理层权力凌驾于董事会之上，在利益驱动下，管理层利用权力为了一己私利，进行机会主义的寻租动机越强。鉴于我国上市公司两职兼任现象比较普遍，总经理代表管理层对公司生产经营和日常管理负责，拥有公司主要的执行权力，单个董事会成员很难发挥作用，因此选取董事长与总经理两职兼任作为衡量管理层权力的变量之一。我们将总经理兼任董事长的情况取值为 1，表明管理层具有较大的权力，分离时取值为 0。

（2）董事会规模（*Boardsize*）

董事会规模是指公司董事会中所有董事的人数，是代表董事会监督力量、衡量董事会运作效率的一个重要方面。关于董事会规模的研究较多，但结论不一致。最早的研究是 Lipton 和 Lorsch（1992）的研究，他们认为董事会规模并不是越大越有效，8—9 人较合适，最多不应超过 10 人。Jensen（1993）在此基础上进行了进一步研究，认为董事会人数太多，会导致董事会对 CEO 更加尊敬和礼貌，还会产生诸如搭便车等代理问题，沟通协调难度加大，不能更好地发挥作用，董事会人数控制在 7—8 人较好。Yermack（1996）认为董事会规模较小，易于协调，反而有较高的运作效率和较好的公司绩效。Eisenberg 等（1998）利用芬兰上市公司数据研究董事会规模，也得出了董事会规模与公司绩效存在负相关的关系。我国学者也根据我国上市公司情况研究了董事会规模，余怒涛等（2008）发现我国上市公司董事会规模存在门槛效应。规模太小，容易被内部人所控制，难以起到监督作用，规模过大会导致沟通困难。因此，应保持适度的规模。崔伟等（2008）认为董事会规模越小，监督能力越强，支持了董事会规模不宜过大的结论。

结合我国学者的研究成果，本书认为在我国的上市公司中，董事会规模过大，董事会在监督中存在严重的官僚主义倾向，董事会决策效率较低，难以形成一致意见反对管理层，不利于董事会提高工作效率，无法充分发挥对管理层的监督作用，从而间接膨胀了管理层权力。在官僚主义倾向下，董事会很可能被“俘获”，监督能力大大降低，放松了对管理层的监管。因此，董事会规模过大，会间接导致管理层对公司控制权增强，董事会监督力度减弱，管理层寻租动机增强。本书选取董事会规模作为管理层权力的另一影响因素，董事会规模低于行业中位数，则取值为 1，反之为 0。

（3）股权分散度（*Divshare*）

股权是否分散是衡量公司股权分布状态的一个重要指标，反映了公司治理结构稳定性的强弱。该指标具体指企业的各出资方因持股比例的不同，以及其相互影响关系不同所表现出来的股权集中化或分散化的程度。本书对股权分散度的衡量采用第一大股东持股份额占第二大到第十大股东持股份额的比重。Grossman 和 Hart（1980）发现，在股权过度分散的公司当中，股东群体在监督管理层时存在较强的“搭便车”动机，不愿意付出巨大的监督成本。而随着股权集中度的提高，管理层受到大股东的有效监督，导致管理层权力受到限制；在股权分散的情况下，股东权力较小，无法约束管理层，很难对管理层进行有效监督，可能会导致管理层权力过大。Shleifer 和 Vishney（1986）认为，小股东不太可能去监督管理层，股权集中的控股股东或大股东会减少管理者机会主义的程度，减少股东和管理者之间的代理冲突。因此，在股权相对分散的情况下，股东们缺乏监督的动力和责任心，无法对管理层权力形成有效制约，会导致管理层权力膨胀。我国上市公司股权结构呈现多样化特征，不同的股权结构对管理层权力有不同的影响，因此选取股权分散度衡量管理层权力变量具有重要意义。该变量的计算方法为第一大股东持股比例除以第二大到第十大股东持股比例之和，若该比值小于 1，则取值为 1，否则为 0。股权集中度比值小于 1 表示股权分散，意味着管理层权力过大。

（4）高管薪酬份额（*Mps*）

高管薪酬份额表现为公司董事会对高管工作的认可度，也反映了高管在公司经营管理中的地位。高管薪酬越高，所拥有的权力往往越大。Bebchuk 和 Fried（2003）在研究过程中提出了最优契约理论和管理层权力。根据管理层权力理论，管理层能够通过权力影响董事会或薪酬委员会，为自己获取有利的薪酬契约。卢锐（2008）发现，管理层权力会显著影响高管薪酬，上市公司存在高管通过权力自定薪酬现象。Cheng（2005）的研究发现管理层权力的大小与管理层薪酬对盈利、亏损敏感度的非对称性程度表现出显著的正相关关系，即管理层权力越大，越可能出现管理层薪酬与其对盈利、亏损的敏感度呈非对称性关系，说明管理层权力影响了薪酬，权力越大，薪酬越高。张金若等（2012）以我国上市公司为样本，考察了高管薪酬与反映管理层权力指标的其他变量的关系，包括两职合一、高管任期、是否属于高管唯一董事会成员、CEO 持股等指标，发现管理层权力的这些指标与薪酬存在显著正相关关系，支持了高管薪酬份额是衡量管理层权力的重要变量。这些研究结论说明了管理层能够通过自身权力影响薪酬，将薪酬比例作为衡量管理层权力变量具有合理性。

中国证监会只要求上市公司披露前三名高管薪酬的相关数据，本书对高管薪酬份额的计算采用排名前三的高管薪酬总额除以董事、监事和高管薪酬排名前三的高管薪酬总额。由于外部股东和管理层之间存在信息不对称，股东无法观察到管理层的努力程度，主要通过公司的会计盈余数字来判断管理层的尽职程度，从而对管理层采取薪酬考评机制。因此，管理层为了获取更丰厚的报酬，达到薪酬契约规定的盈余目标或最高奖金的上限，有动机通过盈余管理活动操纵公司盈余，从而获得更高的薪酬。根据以上分析，本书将高管薪酬份额作为衡量管理层权力的一个定量指标。

（5）总经理任期（*Tenure*）

总经理任期是衡量管理层权力的指标中运用较多的变量，能够直接体现权力大小。通常总经理在上任初期，需要建立新的合作关系，存在一定的内在激励动机，这种内在激励动机表现为努力提高工作效率，展示自己的工作能力，希望能取得一定的成绩获得大家的认可。因此，总经理在任职初期会非常努力，工作积极性较高，而在他们取得一定的成绩后，任期获得延长，便开始培养自己的势力，选聘忠于自己的高管团队，稳定自己的工作关系。总经理长期在位表示其经营管理能力较强和获得了较高的认可，但随着总经理任期的延长，充分获取企业内部信息的优势也增加，与股东讨价还价的能力增强，使总经理的领导地位进一步提升。此外，任期较长的总经理甚至可以提名新董事成员俘获董事会，使其在今后的任期内配合自己的工作。长期在位的 CEO 能够产生“战壕效应”，从而对其他高管实施控制（Skill，2003）。Morck（1998）也认为随着管理者任期的延长，会在公司内部构筑符合自己利益的团体，从而降低职位被更换的概率。从上述分析可见，高管的任期越长，能够在公司建立更高的威信，对公司的影响力越大，更能巩固自己的职业地位，对企业的控制力也更强。因此本书选取总经理任期作为衡量管理层权力变量之一。如果总经理任期超过行业中位数表示管理层权力过大，取值为 1，否则为 0。

（6）管理层持股比例（*Mgshare*）

企业所有权与经营权的分离使外部股东与管理层之间存在严重的代理冲突。为了解决这一代理冲突，股东给予管理层一定比例的股权，使管理层以所有者身份参与公司经营管理。从理论上看，管理层持股比例的增加降低了两权分离产生的代理成本，使管理层与股东的利益逐渐趋同。从利益趋同效应来看，管理层持股对企业经营有积极作用。但高管作为公司经营管理的最高决策者，拥有公司的经营管理权，当管理层持有一定比例股份后，成为公司所有者，此时管理层既是高管，又是公司股东，具有管理者和监督者的双重身份。当管理层同时拥有了公司的管理权和股权，会获得更多公司日常经营决策的话语权，对董事会的影响力可能更大，“战壕效应”发生主导作用（Jensen 等，1976）。从上述分析可见，管理者和所有者的双重身份会加重其在企业所拥有的权力，因此，本书认为管理层持股比例越高，管理层权力越大，会对董事会决策和监督造成更大的影响，因此选取该指标作为管理层权力变量。

（7）独立董事比例（*Pond*）

独立董事是现代公司治理中不可缺少的一部分，独立董事制度被认为是解决外部股东和管理层之间代理问题的重要机制之一（Fama 和 Jensen，1983）。独立董事的作用包括监督公司内部人，保护中小投资者利益；为管理层提供建议和咨询，为公司提供外部发展资源（Yangmin 和 Kim，2008）。独立董事拥有相对独立的身份和权力，独立于公司管理层和其他董事，不受他人影响或制约，对公司特定事项发表独立和客观的意见，不受管理层制约。中国证监会 2001 年发布《关于在上市公司建立独立董事制度的指导意见》，要求在 2006 年前董事会成员中至少应该包括两名独立董事，在 2006 年后董事会成员中至少包括三分之一的独立董事。王跃堂等（2006）利用我国资本市场数据研究发现，独立董事比例越高，董事会效率越高，越能发挥监督功能。潘克勤（2010）发现独立董事比例越高，独立性越强，谈判能力越强，独立董事群体意志越难被操纵，监督能力越强。袁晓宏（2012）认为，独立董事在公司经营管理中发挥着较好的监督作用。因此，我们认为独立董事比例越高，独立性越强，能对公司内部权力产生制衡，从而更有效地监督和约束管理层，督促管理层更好地参与公司经营活动。如果独立董事比例过低，发表的意见不容易被高度重视，可能无法起到有效监督的作用，间接导致管理层权力过大。因此，本书选取该指标作为管理层权力变量。

（8）独立董事办公地点与上市公司的一致性（*Locat*）

独立董事要对公司问题发表独立意见，必须对公司有充分的了解，若独立董事的工作地点与上市公司办公地点一致，独立董事可以及时掌握公司的全面情况，获取真实可靠的信息，作出及时恰当的判断，更好地发挥对管理层的监督作用，增加独立董事的执行效果。因此，独立董事办公地点与上市公司工作地点一致，能增加对公司的了解，真正亲自出席董事会议，参与对管理层的监督，从而削弱和制衡高管的控制权。我国上市公司倾向于聘请科研机构学者和知名人士担任独立董事，以此提高公司的社会地位和知名度，但大多数独立董事办公地点和上市公司工作地点并不一致，增加了独立董事的监督成本。如果工作地点和办公地点出现非一致性，独立董事可能无法对公司董事会的实际决策过程进行了解，不能为公司重大决策提供专业科学建议，无法制订恰当方案监督管理层，导致独立董事监督功能被弱化，管理层权力无法受到约束。公司聘请本地独立董事，可以减少监督成本、方便独立董事履行职责，同时能与上市公司建立更好的关系，方便对公司经营活动进行更好的监督，可以起到削弱管理层权力的作用。因此，从某种程度上说，独立董事办公地点与上市公司地点的一致性，使独立董事能够更便捷更详细地掌握上市公司真实经营状况，对管理层权力形成约束和制衡。本书选取该指标作为管理层权力变量，将独立董事工作地点与上市公司办公地点不一致的情况取值为 1，否则取值为 0。

上述 8 个指标从不同层面反映出管理层权力的特征，但每个指标都具有一定的局限性，不能全面测度管理层权力，因此不能仅用单个指标来反映管理层权力变量。本书主要借鉴白重恩等（2005）、权小锋等（2010）的研究方法，使用主成分分析方法对 8 个变量进行降维构建管理层权力综合指标。管理层权力变量的主成分分析过程如下。

首先，将 8 个变量样本进行标准化处理，进行 KMO 和 Bartlett 球形度检验。KMO 值越高，说明各变量之间的共线性越强，若 KMO 值较小，说明相关性比较弱，不适合做主成分分析。Kaiser（1970）认为 KMO 值在 0.5 以下不适合做主成分分析。文中对 8 个变量进行了因子分析，发现 KMO 值在 0.6 左右。因此，本书可以对 8 个变量进行主成分分析，计算管理层权力变量。从表 5－1 可以看出，管理层权力、董事会规模和股权分散度都存在显著的相关关系。其次，利用表 5－2 确定主成分个数，表 5－2第一栏为特征值，一般选择特征值大于 1 的作为主成分，若特征值小于 1，表示解释力度较小，还不如直接引入原变量的效果。观察图 5－1中 8 个变量的变化趋势折线图，发现管理层权力在第 3 个点出现拐点，说明了我们仅可以保留前 3 个变量，舍去后面 5 个变量。从上述分析不难看出可以选择前 3 个变量作为主成分。最后一栏表示累计贡献率，累计贡献率接近或超过 80% 即可。根据表 5－3 的旋转载荷因子矩阵得出综合评价函数，计算管理层权力综合变量。经计算评价函数方程为

$$F1 = 0.6246 \times Z_1 - 0.00922 \times Z_2 + 0.1643 \times Z_3 - 0.0315 \times Z_4 - 0.0082 \times Z_5 - 0.2674 \times Z_6 - 0.1926 \times Z_7 + 0.6884 \times Z_8 \quad (5-1)$$

$$F2 = 0.0382 \times Z_1 + 0.1324 \times Z_2 + 0.7081 \times Z_3 - 0.6823 \times Z_4 - 0.0082 \times Z_5 - 0.0193 \times Z_6 + 0.0478 \times Z_7 + 0.0108 \times Z_8 \quad (5-2)$$

$$F3 = -0.0008 \times Z_1 + 0.1557 \times Z_2 + 0.2110 \times Z_3 + 0.6705 \times Z_4 + 0.6887 \times Z_5 + 0.0242 \times Z_6 - 0.0788 \times Z_7 + 0.0230 \times Z_8 \quad (5-3)$$

$$F = 0.1996 \times F_1 + 0.1548 \times F_2 + 0.1300 \times F_3 \quad (5-4)$$

通过计算，我们分别得到 3 个主成分 $F1$、$F2$、$F3$ 的值，最后得到综合主成分 F 的值，即管理层权力变量的综合值。

表 5－1　管理层权力各变量相关关系

变量	*Dual*	*Mgshare*	*Boardsize*	*Pond*	*Mps*	*Divshare*	*Tenure*	*Locat*
Dual	1	—	—	—	—	—	—	—
Mgshare	-0.361***	1	—	—	—	—	—	—
Boardsize	0.099**	0.106***	1	—	—	—	—	—
Pond	-0.004	0.022***	-0.392***	1	—	—	—	—
Mps	0.267*	0.124***	0.017***	0.003	1	—	—	—
Divshare	-0.063*	0.122***	0.044***	-0.021***	-0.003	1	—	—
Tenure	0.065*	0.075***	-0.042***	-0.075*	0.033*	0.045*	1	—
Locat	0.011	0.013***	0.045***	-0.030***	-0.004	0.030***	0.021*	1

注：表中*、**、***分别表示在 10% 水平、5% 水平和 1% 水平显著。

表 5－2　　　　　　　　管理层权力各变量解释总方差

主成分	特征值 (Eigenvalue)	方差 (Difference)	方差贡献率 (Proportion)	累计贡献率 (Cumulative)
Dual	1.60478	0.193547	0.2006	0.2006
Mgshare	1.41123	0.368336	0.1764	0.377
Boardsize	1.0429	0.0563301	0.1304	0.5074
Pond	0.986566	0.0171492	0.1233	0.6307
Mps	0.969417	0.143898	0.1212	0.7519
Divshare	0.825519	0.218726	0.1032	0.8551
Tenure	0.606793	0.053997	0.0758	0.9309
Locat	0.552796	—	0.0691	1

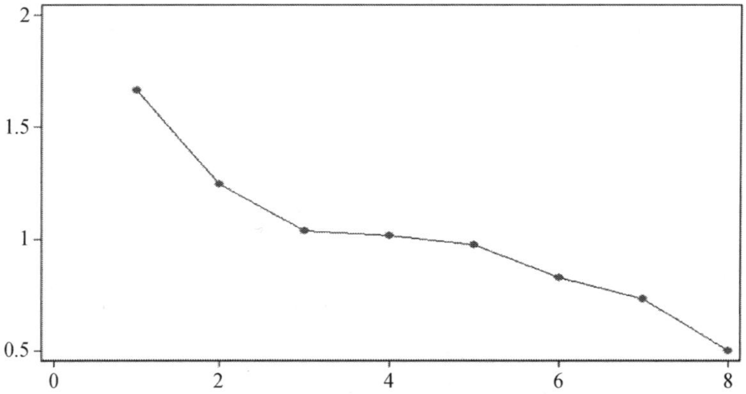

图 5－1　8 个管理层权力变量趋势图

通过对载荷矩阵进行旋转，得到对应的特征向量，如表 5－3 所示：

表 5－3　　　　　　　　管理层权力变量的特征向量

变量	*Dual*	*Mgshare*	*Boardsize*	*Pond*	*Mps*	*Divshare*	*Tenure*	*Locat*
Dual	0.6242	0.0382	－0.0008	－0.0297	0.2842	0.3126	－0.1854	0.6286
Mgshare	－0.0092	0.1324	0.1557	－0.6773	0.1421	0.2143	0.6582	－0.0074
Boardsize	0.1634	－0.1063	0.2110	0.1312	0.7076	－0.6008	0.1502	－0.1262
Pond	－0.0315	0.7081	0.6705	0.1309	－0.1085	－0.0353	－0.1317	0.0230
Mps	－0.0082	－0.6823	0.6887	0.0340	－0.1902	0.1300	0.0088	0.0760
Divshare	－0.2674	0.0193	0.0242	0.4370	0.4772	0.6661	0.1139	－0.2285
Tenure	0.1926	0.0478	－0.0788	0.5603	－0.3124	－0.1046	0.6923	0.2297
Locat	0.6884	0.0108	0.0230	0.0061	－0.1583	0.1499	－0.0141	－0.6911

5.2.2　模型设定

有效投资是指满足资本边际成本等于边际收益，资本的投资回报率达到最合意水平的资本存量。非效率投资是指公司投资决策与公司价值最大化的决策目标相背离，投资于净现值小于 0 的项目，或放弃净现值大于 0 的项目，导致企业投资项目偏离最优投资水平（Jensen 和 Meckling，1976）。非效率投资包括过度投资和投资不足两种现象。

国内外学者对于非效率投资的计量采用了很多种方法，各种方法都基于不同的理论和不同的视角，归纳起来比较常用的模型主要包括：投资—现金流敏感度判别模型、现金流与投资机会交叉项判别模型、预期残差模型。由于预期残差模型克服了只能定性度量投资效率的缺陷，从量上反映出企业实际投资偏离最优投资水平的程度，在整体样本上不存在系统上的偏差，被国内外学者广泛使用，因此本书采用 Richardson（2006）预期投资模型。该模型认为公司总投资支出主要由维持当前业务所需的投资支出和新增投资支出所构成。新增投资支出由两部分构成，一部分是最优投资（也就是预期投资），另一部分是非效率投资，包括投资不足和过度投资。该模型的主要思想是先估算出企业正常的资本投资水平，然后用模型的回归残差作为投资过度的替代变量。

为了检验以上假说，本书借鉴 Richardson（2006）的研究方法，通过一个估值模型测算企业的正常投资水平，用模型回归的残差表示企业非效率投资行为，对模型进行拓展，构建方程（5－5）。

$$I_{it} = \alpha + \beta_{it-1} \times Growth_{it-1} + \beta_2 \times Lev_{it-1} + \beta_3 \times Cash_{it-1} + \beta_4 \times Age_{it-1} + \beta_5 \times Size_{it-1} + \beta_6 \times Ret_{it-1} + \beta_7 \times I_{it-1} + \sum Year + \sum Industry + \varepsilon \qquad (5-5)$$

其中，I 代表公司新增投资支出，采用公司当年构建固定资产、无形资产和其他长期资产所支付的现金之和除以总资产。*Growth* 表示公司成长机会，参考杨兴全（2014）的研究，用营业收入的增长率来表示，预期符号为正，营业收入越高，公司拥有的现金流越高，非效率投资的可能性越高。*Lev* 表示公司财务杠杆水平，参考童盼和陆正飞（2015）的研究，用负债总额除以资产总额，预期符号为负，债务契约能对非效率投资产生抑制作用。*Cash* 表示货币资金持有量，用现金及现金等价物除以期初总资产。*Size* 为公司规模，用公司总资产的自然对数表示，预期符号为正。*Age* 表示上市公司年份，参考辛清泉等（2007）的研究，公司不同成长期投资策略可能存在差异，预期符号为正。*Ret* 表示股票收益率，预期符号为负，业绩越好的公司，越可能扩大投资规模。由于上年度的投资规模和投资效果会对当年投资收益产生影响，因此，将上年的投资支出纳入模型预测投资效率。

通过方程（5-5）估算出企业正常的资本投资水平，其回归残差的绝对值作为非效率投资额。残差为正的代表投资过度。本章主要讨论管理层权力对过度投资的影响，构建方程（5-6）。

$$Overinvest_{it} = \alpha + \beta_1 \times Power_{it} + \beta_2 \times Lev_{it} + \beta_3 \times Growth_{it} + \beta_4 \times Age_{it} + \beta_5 \times Size_{it} + \beta_6 \times Roa_{it} + \beta_7 \times Cfo_{it} + \beta_8 \times Ret_{it} + \sum Year + \sum Industry + \varepsilon \quad (5-6)$$

为了讨论党的十八大以来权力约束政策对上市公司管理层权力与过度投资的影响，借鉴叶康涛和藏文佼（2016）的做法，将权力约束政策实施前后进行差分，并以高管权力较大的为处理组，高管权力较小的为对照组，采用双重差分模型（DID）进行估计，以消除不随时间变化的个体异质性特征。其中，将管理层权力超过行业年度中位数定义为权力过大的一组，小于行业年度中位数为权力较小的一组。回归模型拓展如下。

$$Overinvest_{it} = \alpha + \beta_1 \times Power_{it} + \beta_2 \times PG + \beta_3 \times PG \times Power_{it} + \beta_4 \times Lev_{it} + \beta_5 \times Growth_{it} + \beta_6 \times Age_{it} + \beta_7 \times Size_{it} + \beta_8 \times Roa_{it} + \beta_9 \times Cfo_{it} + \beta_{10} \times Ret_{it} + \sum Year + \sum Industry + \varepsilon \quad (5-7)$$

5.2.3 变量定义

（1）因变量

本章节因变量为过度投资（*Overinvest*），根据 Richardson（2006）模型计算的回归残差，回归残差大于 0 的部分表示过度投资。

（2）自变量

管理层权力（*Power*），采用主成分分析方法计算得出。

制度嵌入（*PG*），制度嵌入为虚拟变量，即权力约束政策的实施。2013 年前取值为 0，之后取 1。2012 年 11 月 8 日中国共产党第十八次全国代表大会召开后，开始实施一系列加强权力约束和监督的政策。由于党的十八大之前，权力监督还处于初步探索阶段，可以理解为弱嵌入，而党的十八大之后，党中央开始高度重视，多次提出，可以理解为强嵌入。因此，本书把2013年及以后的年份定义为1，之前定义为0。

政治关联（*PC*），借鉴杜兴强等（2009）的做法，书中将公司管理层曾经或现在担任党代表、人民代表大会代表或政协委员定义为具有政治关联。赋值为1，否则定义为0。

（3）控制变量

本书控制了如下影响投资效率的因素：

资产负债率（*Lev*）。Jensen和Mecking（1976）认为，企业增加负债融资方式可以减少委托人和代理人之间的代理冲突，使代理人受破产成本的约束，抑制过度投资的机会主义行为。黎来芳等（2013）发现负债融资方式降低了企业的过度投资行为。由于负债治理能发挥监督功能，可以监督管理层的投资行为，因此预期与非效率投资变量的关系为正相关的关系。

现金持有水平（*Cash*），企业年末货币资金总额除以年初资产总额。Fazzari等（1988）认为公司现金流量水平影响了投资规模。蔡吉甫（2009）认为当公司存在自由现金流量时，上市公司倾向于过度投资。自由现金流越多，管理层有足够的资金进行过度投资，因此，预期该变量与非效率投资符号为正。

企业规模（*Size*），用公司总资产的自然对数来表示。辛清泉等（2007）和姜付秀等（2009）在研究投资效率时，控制了企业规模这一变量。由于公司规模越大，拥有的资金越雄厚，过度投资现象越严重，预期该符号为正。

公司成长机会（*Growth*），用营业收入的增长率来表示。衡量投资机会的方法有很多，一部分学者用托宾*Q*值来表示，具体用年末流通市值、非流通股净资产账面价值加上负债账面价值，除以年末总资产（Rajan等，1995；Richardon，2006）；另一部分学者使用营业收入增长率表示（姜付秀等，2009）。辛清泉等（2007）分别检验了托宾*Q*值和营业收入增长率对企业投资的影响，发现营业收入增长率的结果更加显著。因此，书中采用营业收入增长率衡量投资机会。投资机会越多，非效率投资现象越严重，预期该符号为正。

股票回报率（*Ret*），用来衡量公司业绩。辛清泉等（2007）在检验政府控制、经理薪酬与资本投资之间的关系时控制股票回报率。公司业绩越好，公司的资金也逐渐增加，非效率投资现象更严重，预期该符号为正。

上市公司年份（*Age*），通过计算企业上市年份距离样本期间的时间长短获得。李延喜等（2015）在检验外部治理环境、产权性质与投资效率之间的关系时，控制了上市公司年份。

公司盈利能力（*Roa*），用总资产收益率表示。姜付秀等（2009）检验管理者背景特征与过度投资的关系控制了该变量。上市年份越久，公司越容易取得投资信任，融资能力更强，资金也更雄厚，非效率投资现象也会更加严重，预期该符号为正。

经营活动现金流量（*Cfo*）。连玉君（2009）检验融资约束对投资效率的影响控制了该变量。公司经营活动现金流越多，进行非效率投资的机会越多，因此预期该符号为正。

此外，还控制了不同行业和年度对投资效率的影响。各变量定义见表5－4。

表5－4　　变量定义表

变量		变量含义及计算方法	文献依据
因变量	*I*	投资支出。用构建固定资产、无形资产和其他长期资产支付的现金加上投资支付的现金，再加上取得子公司及其他营业单位支付的现金净额减去处置固定资产、无形资产和其他长期资产收回的现金净额减去收回投资收到的现金，再减去处置子公司及其他营业单位收到的现金净额之后的值除以期初总资产账面价值表示	Richardson，2006； 周伟贤，2010
	Infer	非效率投资水平。用Richardson投资模型中的残差绝对值表示。残差绝对值越大，表示非效率投资现象越严重	刘慧龙等，2012； 李延喜等，2015
	Overinvest	过度投资。用Richardson投资模型中的残差值大于0的部分表示	姜付秀等，2009
自变量	*Power*	管理层权力，通过主成分分析计算得到	Finkelstein，1992； 卢锐，2008
	PG	制度嵌入，将2013年及以后年份定义为1，之前定义为0	—
	PC	政治关联，具有政治关联赋值为1，否则为0。管理层曾经或现在担任党代表、人民代表大会代表或政协委员定义为具有政治关联关系	杜兴强等，2009

续表

变量		变量含义及计算方法	文献依据
控制变量	*Cash*	现金持有水平，即年初现金存量。用公司现金及现金等价物期末余额除以年初总资产表示	刘慧龙等，2012
	Lev	资产负债率，用负债总额除以资产总额表示	杨兴全等，2014； 童盼、陆正飞，2005； 张纯、吕伟，2007
	Size	公司规模，用公司当年总资产的自然对数表示	杨兴全等，2014； 姜付秀等，2009
	Roa	总资产收益率	沈艺峰等，2009； 姜付秀等，2009
	Growth	公司成长机会，用本期期末主营业务收入总额减去期初营业收入总额得到的数值除以期初营业收入总额表示	杨兴全等，2014； 李增福等，2011
	Soe	产权性质，国有企业取 0，非国有企业取 1	李延喜等，2015
	Age	上市公司年份，用公司上市年份距离样本期间的时间长短的差表示	李延喜等，2015
	*Big*4	审计单位变量，当审计单位为国际四大会计师事务所时，取值为 1，否则为 0	孙光国、孙瑞琦，2016
	Beta	系统风险，用距年末 24 个月期的市场贝塔系数表示	方红星、施继坤，2011
	Cfo	经营活动现金流量，用当年经营活动现金净流量表示	FHP，1988； 连玉君，2009； 郝颖、刘星，2005
	Ret	股票回报率	辛清泉等，2007
	∑*Year*	年度虚拟变量，用来控制宏观经济的可能影响	—
	∑*Industry*	行业虚拟变量	—

5.2.4　数据选择与样本选取

本书选取 2008—2018 年沪深两市 A 股上市公司数据为研究对象。本书中的管理层权力相关变量来自国泰安公司治理数据库，相关财务数据主要来源于 Wind 资讯金融数据库。我们对样本进行如下筛选。一是剔除金融类上市公司样本。金融类公司与一般上市公司财务指标和会计制度存在很大差别，因此剔除金融类公司。二是剔除特别处理的“ST”公司。由于被"ST"的公司是被证监会特别处理的公司，财务状况不符合相关标准。三是剔除当年首次公开募股（IPO）的公司。当年首次公开募股的公司无法获得之前和之后的财务数据，而本书研究模型需要用到公司前后年度财务指标变化的数据，因此剔除了当年新上市的公司。四是剔除资产负债率大于1的公司。资产负债率大于1的公司可能存在严重的并购或收购问题，会导致投资支出的衡量偏误。五是剔除缺失数据样本。经过上述步骤筛选最终得到11055个样本，见表5-5。

表5-5 变量筛选过程

选择步骤		样本观测值（个）
初始样本	2008—2018年沪深两市A股上市公司	29550
删除	金融类公司	610
	ST公司	3232
	当年首次公开募股的公司	7406
	资产负债率大于1的公司	3403
	数据缺失的样本	3844
最终样本		11055

为了排除异常值影响，我们对回归模型中使用的所有连续变量在1%和99%的水平上进行了缩尾处理。本书的数据处理和分析采用Stata 12.0软件。

5.3 实证结果分析

5.3.1 描述性统计

表5-6报告了本章主要变量的描述性统计。从表5-6中可以看出，公司新增投资支出均值为0.216，最小值为0.001，最大值为3.194，说明了不同的公司投资支出存在着差异。残差绝对值的非效率投资水平值为0.110，最小值为0.001，说明不同公司非效率投资现象存在差异。中位数为0.004，均值大于中位数，说明了非效率投资分布存在右偏现象。过

度投资变量均值0.582，最大值为0.989，最小值为0.001，说明不同公司的过度投资程度存在差异。管理层权力变量的均值为0.068，最大值和最小值分别为0.794 和 -0.447，说明上市公司管理层权力存在较大的差异。控制人性质变量非国有企业的均值为0.487，说明我国上市公司仍然有近半数为国有控股公司。公司财务特征变量、公司成长机会变量均值为0.132，最小值为 -0.837，最大值为2.844，说明大部分公司营业收入都是增长趋势，平均增长率大约为13%。股票回报率指标均值为0.496，中位数为0.246，最小值为 -0.747，最大值为4.051，说明不同的公司股票回报率差异率较大，两极分化严重。上市公司年份的均值为8.459，中位数为8.569，最小值为0.065，最大值为21.058。

表 5 -6　　　　主要变量描述性统计

变量	均值	中位数	标准差	最小值	最大值
I	0.216	0.079	0.104	0.001	3.194
Infer	0.110	0.004	0.171	0.001	0.671
Overinvest	0.582	0.981	0.493	0.001	0.989
Power	0.068	0.136	0.359	-0.477	0.794
Roa	9.059	7.264	8.920	-17.07	44.10
Size	21.76	21.61	1.387	13.08	28.51
Soe	0.487	0	0.500	0	1
Growth	0.132	0.068	0.419	-0.837	2.844
Ret	0.496	0.246	1.024	-0.747	4.051
Cash	0.188	0.141	0.154	0.009	0.731
Cfo	0.0570	0.0510	0.114	-0.293	0.534
Lev	0.455	0.460	0.207	0.048	0.897
Age	8.459	8.569	6.311	0.065	21.058

表5 -7 展示了权力约束政策实施前后过度投资及其他自变量的均值差异性和中位数差异性检验的结果。从表5 -7 中看出，实施权力约束的制度嵌入前非效率投资 *Infer* 的均值为0.129，中位数为0.118，实施后分别为0.116 和0.097，均值和中位数差异 T 值和 Z 值在1%水平显著，表明在实施权力约束的制度嵌入前后非效率投资存在显著的差异，呈下降趋势。管理层权力变量在制度嵌入前后均值和中位数差异 T 值和 Z 值在5%水平显著，说明在制度嵌入前后管理层权力存在显著差异，并且均值和中

位数有所下降，均值从 0.001 下降到 -0.046，中位数从 0.001 下降到 -0.127，说明党的十八大以来权力约束的制度嵌入对权力进行了有效限制和约束，管理层受到了更加严格的监督。总资产报酬率、公司规模、成长机会、股票回报率、经营活动现金流量、资产负债率、公司年份等差异性检验 *T* 值和 *Z* 值在 5%—10% 水平显著，说明了权力约束的制度嵌入前后各公司财务特征存在显著差异。

表 5-7　　单变量对比分析 *T* 检验和 *Z* 检验

变量	*PG*=0		*PG*=1		差异性	
	均值	中位数	均值	中位数	*T* 值	*Z* 值
Infer	0.129	0.118	0.116	0.097	5.315***	6.392***
Overinevst	0.654	0.958	0.501	0.936	22.990***	22.716***
Power	0.001	0.001	-0.046	-0.127	0.046**	2.577**
Roa	7.739	6.646	6.261	5.455	28.715***	32.808***
Size	21.680	21.538	22.00	21.815	-31.921***	-32.519***
Growth	0.151	0.083	0.099	0.051	19.216***	30.328***
Ret	0.487	0.177	0.588	0.377	-13.558***	-36.732***
Cfo	0.0600	0.052	0.048	0.046	15.025***	14.671***
Lev	0.466	0.479	0.449	0.443	10.775***	11.988***
Age	8.086	8.552	9.706	9.002	-35.475***	-34.979***

注：表中 **、*** 分别表示在 5% 水平和 1% 水平显著。

5.3.2　相关性分析

表 5-8 报告了文章主要变量的相关系数分析结果，下三角表示皮尔森（pearson）相关系数，上三角表示斯皮尔曼（spearman）相关系数。从表 5-8 中看出，过度投资与管理层权力变量及各项公司财务变量基本在 5% 以上水平存在显著的相关关系，其中，过度投资与管理层权力、公司成长机会、公司规模、股票回报率和经营活动现金流量正相关，初步支持了管理层权力越大的公司过度投资现象越严重，公司成长机会较好的公司过度投资较为严重，但也有可能是没有控制其他变量所致，还需进一步分析。过度投资与资产负债率和公司年龄负相关，可能是成熟度较高的公司受到了更多的投资者关注，因此面临不同的投资环境，投资也更为谨慎，

表 5-8 主要变量相关系数

变量	*Overinvest*	*PG*	*Power*	*PG × Power*	*Roa*	*Size*	*Growth*	*Ret*	*Cfo*	*Lev*	*Age*
Overinvest	1	-0. 068 **	0. 051 **	-0. 047 **	0. 166	0. 246 **	0. 131	-0. 048	0. 106	-0. 012 **	-0. 048
PG	-0. 1542 ***	1	0. 142 ***	0. 313 *	-0. 19 ***	0. 213 ***	-0. 192 ***	0. 253 ***	-0. 081 ***	-0. 053 ***	0. 229 ***
Power	0. 008 **	0. 132 ***	1	0. 304	0. 086 ***	-0. 251 ***	0. 043 ***	0. 164 ***	-0. 042 ***	-0. 261 ***	-0. 286 ***
PG × Power	-0. 064 *	0. 673 *	0. 303	1	0. 217 ***	0. 065	-0. 033 *	-0. 048 *	-0. 006	0. 002	0. 015 **
Roa	0. 2152 ***	-0. 080 ***	0. 040 ***	0. 047 *	1	-0. 310 ***	0. 462 ***	0. 156 ***	0. 521 ***	-0. 257 ***	-0. 517 ***
Size	0. 0672 ***	0. 201 ***	-0. 24 ***	-0. 042 **	-0. 17 ***	1	-0. 097 ***	-0. 250 ***	-0. 152 ***	0. 389 ***	0. 523 ***
Growth	0. 351 ***	-0. 008	-0. 007	-0. 003	0. 009	0. 004	1	0. 044 ***	0. 234 ***	0. 007	-0. 297 ***
Ret	0. 122 **	0. 181 ***	0. 162 ***	0. 205 *	0. 058 ***	-0. 260 ***	0. 016 *	1	0. 082 ***	-0. 229 ***	-0. 315 ***
Cfo	0. 116	-0. 086 ***	-0. 035 ***	-0. 025 *	0. 451 ***	-0. 167 ***	0. 032 ***	0. 089 ***	1	-0. 164 ***	-0. 262 ***
Lev	-0. 127 **	-0. 047 ***	-0. 293 ***	-0. 268 *	-0. 097 ***	0. 382 ***	0. 004	-0. 182 ***	-0. 16 ***	1	0. 267 ***
Age	-0. 1802 ***	0. 214 ***	-0. 335 ***	0. 181 *	-0. 17 ***	0. 454 ***	0. 014 *	-0. 311 ***	-0. 233 ***	0. 282 ***	1

注：表中下三角表示皮尔森（pearson）相关系数，上三角表示斯皮尔曼（spearman）相关系数。*、**、*** 分别表示在 10% 水平、5% 水平和 1% 水平显著。

而较高的资产负债率可能意味着企业受到更多借款契约的限制，能够起到抑制过度投资的作用。表中主要变量制度嵌入与管理层权力变量的交互项系数与过度投资显著负相关，为制度嵌入降低管理层权力滥用所引发的过度投资结论提供了一个初步的证据支持，但仍需通过回归分析进一步检验。表5－8中过度投资与各变量之间的相关系数小于50%，说明各变量之间不存在严重的共线性。此外，为了进一步检验各变量之间是否存在多重共线性，我们进行了方差膨胀因子检验，回归方程所有变量的VIF值均小于2，平均值为1.43，说明各变量之间不存在严重的多重共线性问题。

5.3.3 多元回归分析

（1）管理层权力与过度投资的回归结果

表5－9展示了管理层权力（*Power*）与过度投资（*Overinvest*）的检验结果。从表5－9的第（2）栏可以看出在管理层权力与过度投资的回归结果中，管理层权力变量系数是0.006，与过度投资在1%水平显著正相关，说明了管理层权力越大，为了追求更多控制权私有收益，进行了更多的过度投资，验证了本章假说的结论。

表5－9　管理层权力与投资效率

变量	预期符号	（1）*Infer*	（2）*Overinvest*
Power	+	0.027*** (3.01)	0.006*** (2.65)
Roa	+	−0.004*** (−3.49)	0.001 (1.26)
Size	+	0.009** (2.05)	−0.007*** (−10.98)
Growth	+	0.119*** (9.91)	0.009*** (4.47)
Ret	−	0.003 (0.68)	−0.000 (−0.06)
Cfo	+	0.144*** (2.97)	0.012* (1.88)
Lev	−	−0.135*** (−3.94)	0.003 (0.61)

续表

变量	预期符号	(1) *Infer*	(2) *Overinvest*
Age	+	0.004 *** (4.42)	-0.001 *** (-4.00)
Industry	—	已控制	已控制
Year	—	已控制	已控制
_cons	—	-0.132 (-1.42)	1.142 *** (72.26)
Adj_R^2	—	0.2975	0.2773
F	—	20.574	16.905

注：表中 * 、** 、*** 分别表示在 10% 水平、5% 水平和 1% 水平显著。

同时，检验了管理层权力与非效率投资（残差绝对值）的关系，见第（1）栏，从实证结果看出，管理层权力系数是 0.027，与非效率投资在 1% 水平显著正相关，与预期符号一致，说明了管理层权力越大，越可能进行非效率的投资行为，初步验证了结论假说。控制变量资产报酬率系数是 -0.004，与非效率投资在 1% 水平显著负相关，可能是业绩较好的公司从长远价值考虑，减少了非效率投资行为。公司成长机会的系数分别是 0.119 和 0.009，与非效率投资在 1% 水平显著正相关，可能是公司成长机会越大，持有的现金越多，越可能进行更多的投资，导致了非效率投资。公司经营活动现金流量的系数是 0.144，与非效率投资在 1% 水平存在正相关的关系，可能是公司闲置资金越多，越可能进行更多的非效率投资。资产负债率 *Lev* 的系数是 -0.135，与非效率投资在 1% 水平显著负相关，说明资产负债率有抑制非效率投资行为的作用，可能是资产负债率较高的公司会受到更多借款契约的约束，因此，降低了非效率的投资行为。

（2）制度嵌入、管理层权力与过度投资的回归结果

表 5 - 10 报告了制度嵌入、管理层权力与投资效率的回归结果，从第（1）栏的列示结果，我们发现制度嵌入变量 *PG* 与非效率投资的回归系数是 -0.001，并在 1% 水平显著负相关，说明了制度嵌入降低了上市公司的非效率投资。在第（2）栏中我们加入制度嵌入与管理层权力的交乘项后，可以看出，在双重差分模型中，制度嵌入变量 *PG* 与管理层权力处理组的交乘项系数是 -0.023，并在 1% 水平与非效率投资显著负相关，说

明了制度嵌入降低了管理层权力与非效率投资的正相关关系，表明了权力约束政策对管理层权力进行了制约和监督，约束了管理层权力滥用行为，抑制了管理层的非效率投资现象，说明了党的十八大以来的权力约束的制度嵌入起到了一定的外部治理作用。其他控制变量回归结果变化不大，不再赘述。

表 5-10　　　制度嵌入、管理层权力与投资效率

变量	预期符号	(1) *Infer*	(2) *Infer*
Power	+	—	0.072*** (3.01)
PG	-	-0.001** (-2.57)	-0.029* (-1.84)
PG × *Power*	-	—	-0.023*** (-3.45)
Roa	-	-0.001** (-2.57)	-0.007*** (-4.76)
Size	+	-0.004*** (-4.47)	-0.022*** (-3.83)
Growth	+	0.014*** (4.78)	0.035** (2.48)
Ret	-	-0.001 (-0.84)	-0.018*** (-4.10)
Cfo	+	-0.006 (-0.60)	0.182** (2.49)
Lev	-	-0.014** (-2.05)	0.195*** (3.84)
Age	+	-0.007*** 0.014***	-0.002* (-1.93)
Industry	—	已控制	已控制
year	—	已控制	已控制
_cons	—	0.284*** (13.72)	-0.503*** (-4.20)
Adj_R^2	—	0.3055	0.3008
F	—	15.011	12.305

注：表中*、**、***分别表示在10%水平、5%水平和1%水平显著。

表 5 - 11 报告了管理层权力与过度投资的检验结果，从第（2）栏可以看出，在双重差分模型中，制度嵌入 *PG* 与管理层权力处理组的交乘项系数为 -0.046，在 10% 水平与过度投资存在显著负相关的关系，说明制度嵌入降低了管理层权力与过度投资的关系，表明制度嵌入对管理层权力所引发的过度投资行为起到一定的监督效应。

表 5 - 11　　　　制度嵌入、管理层权力与过度投资

变量	(1) *Overinvest*	(2) *Overinvest*
Power	0.057** (2.88)	0.011 (1.15)
PG	—	-0.065*** (-4.02)
PG × *Power*	—	-0.046* (-1.87)
Roa	0.010*** (14.70)	0.009 (0.82)
Size	0.120*** (10.90)	0.034*** (3.55)
Growth	0.009 (0.82)	-0.005 (-1.02)
Ret	0.034*** (3.55)	0.105*** (4.67)
Cfo	-0.005 (-1.02)	-0.002*** (-7.75)
Lev	0.105*** (4.67)	-0.003** (-2.49)
Age	-0.002*** (-7.75)	0.057*** (2.88)
Industry	已控制	已控制
year	已控制	已控制
_cons	-0.123** (-2.05)	0.198*** (6.98)
Adj_R^2	0.0774	0.4815
F	84.57	31.202

注：表中 *、**、*** 分别表示在 10% 水平、5% 水平和 1% 水平显著。

（3）不同产权性质下制度嵌入对管理层权力与过度投资之间关系的影响

表5-12展示了不同产权性质下的管理层权力与过度投资的关系的回归结果，从表中看出，在全样本中管理层权力、制度嵌入与国有企业三者的交乘项系数为-0.001，并不显著，说明对于国有企业而言，制度嵌入的治理作用不太明显。进一步分样本进行检验后，发现在第（2）栏中的国有企业样本中，制度嵌入与管理层权力的交乘项系数为-0.029，未能达到显著水平，但从栏目（3）的非国有企业样本中看出，制度嵌入与管理层权力的交乘项系数为-0.049，并在5%水平显著正相关，说明了制度嵌入对管理层权力所引发的过度投资的治理效果在非国有企业中更加明显，不支持假说5.3。

表5-12 制度嵌入、管理层权力与过度投资（产权性质的影响）

变量	全样本（1） *Overinvest*	国有企业（2） *Overinvest*	非国有企业（3） *Overinvest*
PG	-0.058*** (-5.15)	0.037*** (2.99)	0.010 (0.62)
Power	0.007 (1.05)	0.011 (1.54)	0.021** (2.17)
PG×Soe×Power	-0.001 (-0.04)	—	—
PG×Power	—	-0.029 (-1.60)	-0.049** (-2.00)
Roa	0.010*** (30.91)	0.006*** (13.80)	0.010*** (26.14)
Size	0.104*** (54.77)	0.002 (0.76)	-0.039*** (-14.37)
Growth	0.074*** (18.96)	0.080*** (13.46)	0.121*** (28.30)
Ret	0.010*** (3.76)	-0.002 (-0.57)	0.008** (2.49)
Cfo	0.178*** (14.70)	0.180*** (10.02)	0.171*** (13.19)

续表

变量	全样本（1） Overinvest	国有企业（2） Overinvest	非国有企业（3） Overinvest
Lev	-0.002 *** (-12.08)	0.001 *** (3.77)	0.000 (1.62)
Age	-0.003 *** (-5.96)	-0.011 *** (-18.83)	-0.024 *** (-37.39)
Industry	已控制	已控制	已控制
year	已控制	已控制	已控制
_cons	-1.822 *** (-40.99)	0.148 *** (2.90)	1.280 *** (20.53)
Adj_R^2	0.2824	0.3049	0.2633
F	182.064	133.632	130.381

注：表中 **、*** 分别表示在 5% 水平和 1% 水平显著。

为了进一步考察制度嵌入对国有企业高管权力所引发的过度投资行为没有明显效果的深层次原因，本章进一步检验了制度嵌入是否使国有企业和非国有的权益资本成本发生变化。一般而言，权益资本成本的高低决定着上市公司所融到的资金规模，企业的投资决策取决于企业是否有足够的资金支持。因此，我们考虑是否由于实施权力约束的制度嵌入以后，官员减少了利用权力给非国有企业提供外部资金，而导致管理层权力滥用引发的过度投资行为有所减少。对于国有企业而言，政府为了使国有企业更好地完成政策目标，会对其进行“输血”，使国有企业能够继续生存下去，因此，即便是在严格的权力约束环境下，国有企业仍然可能获得部分资金支持。根据以上分析，我们推测制度嵌入对管理层权力与过度投资的治理效应不太明显，可能的解释是由于国有企业的外部资金来源并未受到较大影响，而对于非国有企业，却受到了较大的外部资金来源的约束。因此，文章进一步检验了不同产权性质下的制度嵌入对企业权益融资成本的影响。

学术界关于权益资本成本的模型至今尚未统一，主流模型包括 GLS 模型、OJN 模型和 PEG 模型，考虑到我国上市公司股利支付政策不太稳定，部分公司甚至并未真正派发股利，所以书中权益资本成本模型采用简便的 PEG 模型，详见公式（5-8）。

$$r_{peg}=\sqrt{\frac{eps_t-eps_{t-1}}{P_t}} \tag{5-8}$$

其中，r 代表权益资本成本，*eps* 代表分析师预测的每股盈余，P 代表本期期末股票价格。参考方红星和施继坤（2011）的方法，控制了系统风险 *Beta*（贝塔系数）、总资产周转率（*Aturn*）以及其他财务变量。回归结果在表 5－13 中进行了列示，从表 5－13 中第（1）栏的国有企业样本中看出，制度嵌入（*PG*）与权益资本成本（*R_peg*）存在负相关的关系，但没有达到显著水平，可能是权力约束的制度嵌入并未影响国有权益资本成本。从第（2）栏的非国有企业样本中看出，制度嵌入与权益资本成本的系数为 0.038，在 1% 水平显著，表明了权力约束的制度嵌入给非国有企业带来了更高的权益资本成本。我国目前的债务融资额度是有限的，因此，权益资本成本的提高可能会使企业面临融资困难，外部融资困难可能会降低过度投资现象。

表 5－13　产权性质、制度嵌入与权益资本成本

变量	国有企业（1） *R_peg*	非国有企业（2） *R_peg*
PG	−0.001 (−0.17)	0.038*** (5.26)
MB	0.083*** (10.81)	0.083*** (9.46)
Lev	0.001*** (9.39)	0.000*** (5.08)
Size	0.003 (1.59)	−0.003** (−1.97)
Roa	0.000 (1.06)	−0.000 (−1.07)
Growth	−0.007* (−1.73)	−0.001 (−0.68)
Loss	0.050*** (7.71)	0.048*** (8.01)
Big4	−0.018*** (−2.75)	0.017* (1.83)

续表

变量	国有企业（1） *R_peg*	非国有企业（2） *R_peg*
Age	0.000 (1.05)	0.000* (1.65)
Aturn	0.006** (2.04)	0.005* (1.85)
Beta	-0.020*** (-3.23)	-0.032*** (-7.05)
Industry	已控制	已控制
year	已控制	已控制
_cons	0.047 (1.19)	0.182*** (5.29)
Adj_R^2	0.1420	0.1046
F	21.097	17.259

注：表中*、**、***分别表示在10%水平、5%水平和1%水平显著。

（4）进一步检验：政治关联的影响

本书认为政治关联是影响制度嵌入与管理层权力滥用之间关系的关键变量，具体而言，制度嵌入影响管理层权力的逻辑路径为：权力约束的制度嵌入减少了官员利用权力寻租现象，减少了企业的政治关联关系，导致融资成本增加，使管理层外部资源减少，从而缓解过度投资现象。因此，为了进一步检验制度嵌入影响管理层权力与投资效率的关系，本章引入政治关联变量，并对制度嵌入对政治关联的影响进行了逻辑回归（Logistic Regression）。借鉴杜兴强等（2009）的做法，书中将公司管理层曾经或现在担任党代表、人民代表大会代表或政协委员定义为具有政治关联（*PC*），赋值为1，否则赋值为0。回归结果如表5-14所示。从表5-14看出制度嵌入（*PG*）与政治关联（*PC*）的回归系数为-0.351，并在1%水平显著负相关，说明了党的十八大以来权力约束的制度嵌入确实减少了企业的政治关联关系。

表 5-14 制度嵌入与政治关联关系

变量	PC
PG	-0.351*** (-4.54)
MB	-0.546*** (-5.70)
Lev	0.003** (2.04)
Size	0.353*** (15.37)
Roa	-0.024*** (-5.87)
Growth	-0.126** (-2.51)
Loss	-0.155* (-1.87)
Big4	0.392*** (4.41)
Age	0.061*** (13.41)
Cfo	-0.184 (-0.143)
_cons	-8.916*** (-18.48)
Pseudo R^2	0.1320
LR chi^2	235.07

注：表中*、**、***分别表示在10%水平、5%水平和1%水平显著。

而企业与政府建立良好的政治关联后，能够获得更多的融资便利和更有利的商业优势，投资受到的资金约束也会更少，会导致管理层进行更多的投资，从而产生过度投资或盲目投资现象。另外，政府与企业的深度合作可以让政府官员和企业获得各自的经济利益，企业按照政府官员的意愿增加投资，实现官员的政治晋升目标，企业获得官员利用权力给予的各种特权优惠，这种政治联系下的利益输送容易导致企业产生过度投资。因此，本书进一步检验了政治关联与过度投资的关系，从表 5－15 可以看出，政治关联（*PC*）变量与过度投资的系数为 0.042，在 1% 水平显著正相关，说明了政治关联关系增加了企业过度投资现象。党的十八大以来的制度嵌入减少了企业所建立的关联关系，那么由关联关系所带来的优势也会随之消失。因此，我们同时检验了制度嵌入、政治关联与过度投资之间的关系，回归结果见表 5－16。从表 5－16 的结果可以看出，在右栏过度投资的回归结果中，制度嵌入与政治关联的交乘项系数为 －0.064，在 1% 水平显著负相关，党的十八大以来的权力约束的制度嵌入使政治关联与过度投资的关系变为负相关。这一结论说明了党的十八大以来的制度嵌入对权力进行了约束，减少了企业的政治关联关系，抑制了由政治关联关系所带来的过度投资现象。

表 5－15　　政治关联与过度投资

变量	*Overinvest*
PC	0.042 *** (5.93)
Roa	0.005 *** (12.24)
Size	0.092 *** (40.52)
Growth	0.034 *** (6.80)
Ret	0.003 (0.85)
Cfo	0.113 *** (8.11)
Lev	－0.002 *** (－10.81)
Age	0.003 *** (6.16)
Industry	已控制
year	已控制
_cons	－1.794 *** (－38.01)
Adj_R^2	0.1589
F	249.098

注：表中 *** 表示在 1% 水平显著。

表 5－16　　制度嵌入、政治关联与过度投资

变量	*Overinvest*
PC	0.009 (0.97)
PG	0.180 *** (13.11)
PC × *PG*	－0.064 *** (－4.25)
Roa	0.004 *** (8.92)
Size	0.079 *** (32.42)
Growth	0.056 *** (9.72)
Ret	－0.001 (－0.16)
Cfo	0.093 *** (6.21)
Lev	－0.002 *** (－10.39)
Age	0.004 *** (6.46)
Industry	已控制
year	已控制
_cons	－1.740 *** (－31.48)
Adj_R^2	0.1052
F	56.118

注：表中 *、**、*** 分别表示在 10% 水平、5% 水平和 1% 水平显著。

5.4 稳健性检验

5.4.1 考虑非线性关系

由于管理层权力对投资决策的影响可能是非线性关系（McNichols，2008），为了排除非线性问题而造成结果的偏误，我们对模型进行二阶段回归。由于管理层权力变量的计量还存在很大的困难，至今尚未统一，本书借鉴刘星等（2012）的做法，将管理层权力的8个变量求平均值作为管理层权力的替代变量进行重新回归。另外，我们改变了投资效率的估计方法。传统的投资理论模型仅对投资效率进行了定性分析，没有对投资效率损失进行定量分析，而随机边界模型可以对投资效率进行定性和定量两个层面的分析（连玉君等，2009）。以上实证结果的可靠性可能很大程度上受到投资效率计量的影响。由于投资效率的残差模型的期望值为0，需要事先假定所有样本的整体投资效率是最优的，将随机干扰项也归入了非效率投资部分，可能在很大程度上影响了度量结果的准确性，为了进一步检验结果的稳健性，我们改变投资效率的估计方法。因此，在稳健性检验部分采用随机前沿分析法（SFA）测算投资效率。根据Kunbhakar、Parmeter（2009）和连玉君等（2009）的做法，可以将投资模型设定为模型（5-9）和模型（5-10），通过模型（5-9）估算出投资效率。

$$I_{it} = \beta_0 + (1/\alpha) \times Q_{it-1} + v_{it} - u_{it} \tag{5-9}$$

其中，$1/\alpha$表示资本的调整系数，Q表示投机机会，v为随机误差项，$u \geq 0$为无效率干扰项。假设干扰项服从正态分布，并且相互独立，无效率干扰项服从截断的半正态分布。无效率投资部分为实际投资与最优投资水平之间的绝对偏离程度。参考Kunbhakar、Parmeter（2009）和连玉君等（2009）的推导，模型基于半正态分布的假设，推导出复合残差的概率密度函数，通过最大似然估计法对所有参数进行估计，得到实际投资与最优投资水平之间的绝对偏离程度，如下所示。

$$E(u_i \mid \xi_i) = \frac{1}{\lambda} + \frac{\exp(a_i - b_i)\sigma_v[\Phi(-c_i) + c_i\Phi(c_i)]}{\Phi(h_i) + \exp(a_i - b_i)\Phi(c_i)} \quad (5-10a)$$

$$E(w_i \mid \xi_i) = \frac{1}{\lambda} + \frac{\sigma_v[\Phi(-h_i) + h_i\Phi(h_i)]}{\Phi(h_i) + \exp(a_i - b_i)\Phi(c_i)} \quad (5-10b)$$

根据随机前沿分析的做法，我们将 I_{it} 采用对数的形式作为方程的自变量，投资效率模型设计为方程（5－11），通过该方程估计出投资效率，将估计的投资效率指数 *TE* 代入前述管理层权力与投资效率的方程（5－7）进行再次检验。

$$\ln I_{it} = \alpha + \beta_1 \times \ln Growth_{it-1} + \beta_2 \times Lev_{it-1} + \beta_3 \times Cash_{it-1} + \beta_4 \times Age_{it-1} + \beta_5 \times Size_{it-1} + \beta_6 \times Ret_{it-1} + \beta_7 \times I_{it-1} + \sum Year + \sum Industry + \varepsilon \quad (5-11)$$

表 5－17 展示了采用随机效应模型和 OLS 混合模型估计的投资效率结果，从表 5－17 中不难看出，随机效应模型的最大似然比 LL 为 －3189.8418，总干扰项联合总方差 $sigma^2$（总波动）为 4.5440，并且最大似然比检验结果显著，说明随机效应的投资效率模型显著优于混合 OLS 残差回归模型。因此，我们将采用随机效应模型估计的投资效率进行重新回归。随机边界分析分为成本函数和生产函数，本书中的函数描述产出与投入之间的函数关系，因此属于生产函数。通过随机边界分析估计出的生产函数的效率值一般在 0—1 之间，效率值越接近于 1，表示效率越高。成本函数则相反，估计出的效率值一般情况均大于 1，效率值越大，说明无效率情况越严重。书中通过方程（5－10a）和（5－10b）估计出效率值，再代入主回归方程（5－7）进行重新检验。

表 5－17　　投资效率的估计

变量	随机边界 $\ln I_{it}$	OLS 回归 $\ln I_{it}$
$\ln Growth_{it-1}$	0.524*** (33.49)	0.581*** (30.67)
$Cash_{it-1}$	－0.136*** (－5.21)	－0.133*** (－4.16)
Lev_{it-1}	0.046 (0.73)	－0.160* (－2.27)

续表

变量	随机边界 $\ln I_{it}$	OLS 回归 $\ln I_{it}$
Age_{it-1}	-0.130 *** (-4.30)	-0.118 *** (-3.45)
Ret_{it-1}	-0.016 (-0.65)	0.056 * (2.02)
$Size_{it-1}$	0.0103 (7.46)	1.0207 *** (30.47)
_cons	10.194 *** (33.70)	7.950 *** (21.66)
Industry	已控制	已控制
year	已控制	已控制
_cons	1.160 *** (19.43)	0.1021 *** (7.88)
lnsig2v	0.2077 * (2.26)	—
lnsig2u	1.197 *** (11.36)	—
sigma_v	1.1094	—
sigma_u	1.8202	—
$sigma^2$	4.5440	—
lambda	1.6406	—
LL	-3189.8418	—
F	—	119.029

注：表中 * 、*** 分别表示在 10% 水平、1% 水平显著。

采用二阶段处理非线性问题后的管理层权力与投资效率回归结果见表 5-18，从第（1）栏可以看出，管理层权力变量系数是 -0.002，与投资效率在 1% 水平显著负相关，表明了管理层权力越大，投资效率越低。表 5-19 报告了制度嵌入、管理层权力与投资效率的二阶段回归结果，右栏管理层权力与权力约束政策交乘项系数是 -0.040，在 1% 水平显著负相关，说明制度嵌入降低了管理层权力所引发的过度投资行为。表 5-20 列示了制度嵌入、管理层权力与投资效率的随机边界分析的回归结果，从

表5-20列示结果看出，第（1）栏中管理层权力与投资效率的系数为-0.021，在1%水平显著负相关，说明了管理层权力确实降低了投资效率，制度嵌入*PG*与投资效率的系数为0.114，在1%水平显著正相关，说明了制度嵌入提高了投资效率。第（2）栏中加入管理层权力与制度嵌入*PG*的交乘项系数为0.080，发现其交互项系数与投资效率在1%水平正相关，说明制度嵌入约束和限制了管理层的自由裁量权力，提高了企业投资效率，表明我们的结果是稳健的。

表5-18　　　　管理层权力与过度投资

变量	（1）*TE*	（2）*Overinvest*
Power	-0.002***	0.029***
	(-2.73)	(4.11)
Roa	-0.025**	0.003***
	(2.25)	(12.22)
Size	0.026***	-0.015***
	(10.42)	(-9.02)
Growth	-0.017	0.084***
	(-0.66)	(22.96)
Ret	0.001	0.000
	(0.72)	(0.20)
Cfo	-0.064***	0.049***
	(-3.72)	(5.91)
Lev	0.125***	0.000**
	(2.74)	(2.27)
Age	-0.094***	-0.003***
	(-3.12)	0.029***
mills lambda	0.004	0.025
	(0.30)	(0.98)
Industry	已控制	已控制
year	已控制	已控制
_cons	0.460***	0.407***
	(15.09)	(7.21)
Adj_R^2	0.2723	0.2844
F	58.499	41.807

注：表中**、***分别表示在5%水平和1%水平显著。

表 5-19　　制度嵌入、管理层权力与过度投资（二阶段）

变量	*Overinvest*
Power	0.019*** (3.55)
Power × PG	-0.040*** (-4.63)
Roa	0.000 (0.73)
Size	0.017*** (5.66)
Growth	0.031*** (4.46)
Ret	0.006* (1.70)
Cfo	-0.078** (-2.33)
Lev	-0.055** (-2.21)
Age	-0.004*** (-6.13)
Industry	已控制
year	已控制
_cons	-0.440*** (-7.03)
lambda	-0.014 (-1.07)
Adj_R^2	0.2520
F	29.365

注：表中*、**、***分别表示在 10% 水平、5% 水平和 1% 水平显著。

表 5－20　制度嵌入、管理层权力与投资效率（随机边界模型）

变量	(1) *TE*	(2) *TE*
Power	—	−0.021*** (−2.76)
PG	0.114*** (4.36)	0.114*** (4.40)
Power × *PG*	—	0.080*** (4.75)
Roa	−0.004*** (−6.05)	−0.004*** (−6.03)
Size	0.112*** −0.004***	0.112*** (42.64)
Growth	−0.036*** (−4.96)	−0.036*** (−4.97)
Ret	−0.007** (−2.13)	−0.009** (−2.50)
Cfo	0.252*** (9.11)	0.251*** (9.11)
Lev	−0.445*** (−21.21)	−0.448*** (−21.46)
Age	−0.001 (−1.24)	−0.001 (−1.44)
Industry	已控制	已控制
year	已控制	已控制
_cons	−1.981*** (−32.61)	−1.955*** (−32.20)
Adj_R^2	0.5457	0.5436
F	85.037	81.347

注：表中**、***分别表示在5%水平和1%水平显著。

5.4.2　条件性检验

由于估计投资效率的方法较多，可能导致对过度投资样本的划分出现偏误，为了结果的稳健，采用另一种方法对过度投资变量进行刻画，借鉴李万福（2011）的条件性检验，得到方程（5-12）。

$$I_{it} = \alpha + \beta_1 \times Power_{it} + \beta_2 \times Power_{it} \times Overfirm_{it} + \beta_4 \times Lev_{it} + \beta_5 \times Cash_{it} + \beta_6 \times Age_{it} + \beta_7 \times Size_{it} + \beta_8 \times Roa_{it} + \beta_9 \times Cfo_{it} + \sum Year + \sum Industry + \varepsilon \quad (5-12)$$

其中，*Overfirm* 为公司发生投资不足或过度投资可能性的条件序列指标，其具体计算方法为，分别对现金存量变量和资产负债率进行十等分排序，过度投资变量等于二者排序值之和的平均数除以10，*Lev* 排序时乘以-1，以使当现金存量变量增加的时候，资产负债率变量会同时随着投资过度可能性的增加而增加。过度投资变量取值范围为0—1，*Overfirm* 值越大，意味着公司发生投资过度的可能性越大，*Overfirm* 值越小，意味着公司发生投资不足的可能性越大。其他变量与前述模型相同。

预测管理层权力与过度投资的关系，需要检验 $\beta_1 + \beta_2$ 之和的符号，当 *Overfirm* 值越大，接近于1时，意味着公司可能拥有越多的现金和越低的负债，公司存在过度投资的现象较多，因此，检验管理层权力与过度投资系数之间的关系时，需要检验主效应与交互效应两者系数之和。如果两者系数之和大于0，意味着公司存在过度投资的情况，管理层权力加剧了这种现象。条件性检验结果见表5-21。从表5-21可见，管理层权力与 *Overfirm* 的系数在10%水平上显著大于0，但检验是否存在过度投资现象，我们需要看联合检验系数 $\beta_1 + \beta_2$ 之和的系数。从联合检验可以看出，两者系数之和大于0，说明在公司存在过度投资的情况下，管理层权力加剧了这种现象。

表5-21　　管理层权力与投资效率的条件性检验

变量	预期符号	I
Power	-	-0.141*** (-3.03)
Power × *Overfirm*	+	0.172** (2.20)
Overfirm	—	-0.147*** (-7.18)
Roa	+	-0.001** (-2.39)

续表

变量	预期符号	I
Size	+	0.004* (1.75)
Growth	+	0.107*** (17.00)
Ret	—	-0.008*** (-3.66)
Cfo	+	0.281*** (11.87)
Lev	-	-0.116*** (-4.75)
Age	+	-0.005*** (-10.14)
Industry	—	已控制
year	—	已控制
_cons	—	0.165*** (3.19)
联合检验 *F* 值	$\beta_1+\beta_2>0$	1.70*
Adj_R^2	—	0.5072
F	—	96.170

注：表中*、**、***分别表示在10%水平、5%水平和1%水平显著。

由于条件性检验分析是基于公司条件设置情况而进行的检验，这里借鉴李万福（2011）的方法时设置了公司具有一定流动性条件的情况下会出现投资过度现象，但并不是所有公司均具有所设置的条件，因此，我们也采用另一种方法估计了过度投资，将回归残差进行分组检验，并用托宾 *Q* 值来衡量投资机会。构建方程（5-13），如下所示。

$$I_{it} = \beta_1 + \beta_2 \times Grwoth_{it} + \varepsilon \tag{5-13}$$

其中，*Growth* 代表公司投资机会，用公司托宾 *Q* 值来衡量，通过对方程（5-13）进行分行业和分年度回归，将回归残差值按照从小到大的顺序排列，等分为4组，最高的一组为过度投资组，将中间两组作为正常投资组，最低的一组作为投资不足组。分别将过度投资组（*Inv_over*）、正常投资组（*Inv_norm*）和投资不足组（*Inv_under*）作为自变量进行逻辑

（Mutinomial－logitistic）回归，检验管理层权力出现在极端组的最高组和最低组的可能性。从表 5－22 的结果看出，管理层权力系数仅在过度投资组显著，且在 5% 水平显著正相关，在正常组和投资不足组均不显著，意味着管理层越大，过度投资的概率越大。

表 5－22　　管理层权力与投资效率

变量	(1) *Inv_under*	(2) *Inv_over*	(3) *Inv_norm*
Power	0. 155 (0. 74)	0. 415** (2. 02)	0. 199 (1. 16)
Roa	0. 005 (0. 46)	－0. 002 (－0. 23)	－0. 037*** (－3. 83)
Size	0. 293*** (4. 78)	0. 466*** (9. 77)	0. 625*** (15. 84)
Growth	0. 432*** (2. 71)	－0. 607*** (－3. 83)	－0. 150 (－1. 20)
Ret	－1. 724*** (－5. 37)	0. 469*** (4. 47)	－1. 396*** (－5. 78)
Cfo	0. 128* (1. 71)	－0. 281*** (－3. 29)	0. 229*** (4. 07)
Lev	－1. 419** (－2. 09)	2. 665*** (5. 33)	0. 920* (1. 86)
Age	－1. 893*** (－4. 88)	0. 986** (2. 41)	－0. 107 (－0. 34)
Industry	已控制	已控制	已控制
year	已控制	已控制	已控制
_cons	－11. 266*** (－7. 50)	－26. 756 (－0. 06)	－16. 435*** (－17. 05)
Adj_R^2	0. 0981	0. 1528	0. 1530
F	19. 88	16. 04	17. 73

注：表中*、**、***分别表示在 10% 水平、5% 水平和 1% 水平显著。

本书同时检验了管理层各分变量对过度投资的影响，发现在董事长与总经理两职兼任的情况下和管理层任期较长的情况下，过度投资行为更加严重，独立董事比例越高，越能减少过度投资现象。其他变量对过度投资并没有显著的影响。文章篇幅有限，这里不做讨论。

此外，我们参考 Arrfelt（2012）、王菁等（2014）的做法估计投资效率，代入模型检验政治环境、管理层权力与投资效率的关系，以企业成长性来计算投资效率，当托宾 Q 值高于行业中位数，则定义为高成长组，否则为低成长组。将低成长组投资水平高于高成长组的平均投资水平定义为过度投资，*Overinvest* 取值为 1，否则取 0。代入回归模型进行重新回归，结果见表 5－23，可以看出结果依然没太大变化。

表 5－23　　制度嵌入、管理层权力与过度投资

变量	*Overinvest*
Power	−0.075*** (−7.36)
PG	0.010* (1.96)
PG × *Power*	−0.029** (−2.34)
Roa	−0.004** (−2.55)
Size	−0.005 (−1.09)
Growth	0.000 (0.02)
Ret	0.002 (0.89)
Cfo	−0.014 (−0.75)
Lev	0.005 (0.51)
Age	−0.000 (−1.04)
Industry	已控制
year	已控制
_cons	0.550*** (14.80)
Adj_R^2	0.0139
F	32.770

注：表中*、**、***分别表示在 10% 水平、5% 水平和 1% 水平显著。

5.4.3　缩短时间窗口

本节选取党的十八大权力约束政策实施前后各两年，即 2010—2014 年沪深两市 A 股上市公司数据为研究对象，为缩短样本时间，选择 2013 年、2014 年为事件后的时间窗口，定义为 1，选择 2010 年、2011 年为事件前的时间窗口，定义为 0，重新检验以上结果，以减少随着样本时间的延长，检验结果受到其他政策或事件影响的可能性，从而提高实证结果的有效性。从表 5 – 24 可以看出，结果没太大改变。

表 5 – 24　制度嵌入、管理层权力与过度投资（缩短时间窗口）

变量	*Overinvest*
Power	0. 065 *** (10. 33)
PG	0. 020 *** (2. 94)
PG × *Power*	– 0. 047 *** (– 4. 80)
Roa	– 0. 032 *** (– 17. 36)
Size	– 0. 017 *** (– 3. 16)
Growth	0. 121 *** (25. 47)
Ret	0. 003 (1. 13)
Cfo	0. 179 *** (14. 06)
Lev	0. 001 *** (8. 23)
Age	– 0. 007 *** (– 15. 58)
Industry	已控制
year	已控制
_cons	0. 690 *** (18. 15)
Adj_R^2	0. 1888
F	417. 853

注：表中 *** 表示在 1% 水平显著。

为了消除异方差对研究模型系数估计的偏误，消除模型中各变量的自相关性，我们进行了稳健标准误聚类调整，对研究模型进行了聚类（cluster）公司层面的回归。从表 5 - 25 和 5 - 26 列示的结果，我们发现稳健（robust）回归结果几乎没有什么变化，在 cluster 层面的回归结果中，控制变量虽然不太显著，但主要自变量结果变化不大，仅在 *t* 值上有细微变化。

表 5 - 25 制度嵌入、管理层权力与非效率投资 robust 和 cluster 公司层面回归

变量	Robust		Cluster	
	Infer	*Infer*	*Infer*	*Infer*
Power	-0.015** (-1.98)	-0.015** (-1.96)	-0.015*** (-3.64)	—
PG	—	-0.021*** (-2.76)	—	0.002 (0.59)
PG × *Power*	—	-0.023*** (-4.36)	—	-0.023*** (-6.41)
Roa	-0.004*** (-4.40)	-0.004*** (-4.12)	-0.004 (-1.81)	-0.001* (-2.28)
Size	0.006** (2.14)	0.007** (2.49)	0.006 (1.10)	-0.004 (-1.70)
Growth	0.014*** (2.64)	0.014*** (2.63)	0.014 (1.75)	0.007 (1.36)
Ret	-0.001* (-1.76)	-0.001* (-1.80)	-0.001 (-0.31)	0.014 (1.77)
Cfo	-0.006 (-0.48)	-0.006 (-0.45)	-0.006 (-0.16)	-0.001 (-0.29)
Lev	-0.014* (-1.94)	-0.014* (-1.87)	-0.014 (-0.60)	-0.006 (-0.15)
Age	-0.007*** (-27.27)	-0.007*** (-27.29)	-0.007*** (-9.57)	-0.014 (-0.58)
Industry	已控制	已控制	已控制	已控制
year	已控制	已控制	已控制	已控制
_cons	0.284*** (13.64)	0.276*** (13.19)	0.284*** (4.95)	0.276*** (4.99)
Adj_R^2	0.3055	0.3071	0.2086	0.2153
F	99.490	96.241	76.51	62.47

注：表中 *、**、*** 分别表示在 10% 水平、5% 水平和 1% 水平显著。

表 5－26　　制度嵌入、管理层权力与过度投资

变量	Robust *Overinvest*	Cluster *Overinvest*
Power	0. 027 ** (2. 30)	0. 027 *** (2. 70)
PG	0. 005 (1. 45)	0. 005 (0. 87)
PG × *Power*	－0. 044 *** (－6. 22)	－0. 044 *** (－7. 06)
Roa	－0. 003 ** (－1. 99)	－0. 003 (－0. 82)
Size	0. 015 *** (3. 85)	0. 015 ** (2. 87)
Growth	0. 029 *** (4. 27)	0. 029 ** (2. 56)
Ret	－0. 001 (－0. 53)	－0. 001 (－0. 22)
Cfo	0. 000 (0. 00)	0. 000 (0. 00)
Lev	－0. 033 *** (－3. 05)	－0. 033 (－0. 94)
Age	－0. 005 *** (－13. 15)	－0. 005 ** (－2. 88)
Industry	已控制	已控制
year	已控制	已控制
_cons	0. 198 *** (6. 88)	0. 198 ** (2. 96)
Adj_R^2	0. 2372	0. 2458
F	45. 68	36. 78

注：表中 ** 、*** 分别表示在 5% 水平和 1% 水平显著。

5. 4. 4　排除宏观经济发展下滑因素

为了排除宏观经济波动对投资行为所带来的影响，我们控制了国内生

产总值的变动，进行了再次回归。书中 *Dgdp* 表示本期国内生产总值减去上期国内生产总值的差额除以本期国内生产总值。由于国内生产总值是衡量经济发展情况的重要指标，国内生产总值增长率越高，说明国家整体经济形势越好，国内生产总值增长率越低，则说明国家经济发展疲软，经济形势低迷。表 5－27 展示了控制国内生产总值变动后的回归结果。从回归结果可以看出，管理层权力与制度嵌入的交乘项与过度投资在 5% 水平显著负相关，结果几乎没有大变化，再次支持了前面的结论。

表 5－27　　　　制度嵌入、管理层权力与投资效率

变量	(1) *Overinvest*	(2) *Underinvest*
Power	0.010* (1.96)	-0.004 (-1.51)
PG × Power	-0.029** (-2.34)	0.019*** (3.21)
Dgdp	-0.000*** (-7.36)	0.000 (0.37)
Roa	-0.000 (-0.78)	0.002*** (10.35)
Size	-0.004** (-2.55)	0.001* (1.71)
Soe	-0.005 (-1.09)	0.015*** (6.93)
Growth	0.000 (0.02)	-0.002 (-0.90)
Ret	0.002 (0.89)	-0.003* (-1.86)
Cfo	-0.014 (-0.75)	0.049*** (5.43)
Lev	0.005 (0.51)	-0.138*** (-26.62)
Age	-0.000 (-1.04)	0.001*** (5.21)

续表

变量	(1) *Overinvest*	(2) *Underinvest*
Industry	已控制	已控制
year	已控制	已控制
_cons	0.679 *** (16.84)	0.094 *** (4.78)
Adj_R^2	0.0139	0.0236
F	32.770	57.256

注：表中 * 、** 、*** 分别表示在 10% 水平、5% 水平和 1% 水平显著。

5.4.5　控制年份固定效应

为了检验结果的稳健性，我们控制了年份固定效应来解决制度嵌入度量方法的不足，我们参照和借鉴了 DeFond（2015）和杨理强等（2017）的做法，将公司样本按年份区分，控制其年份固定效应，进行了重新回归，回归结果可见表 5－28，管理层权力与制度嵌入的交互项系数分别为－0.047、－0.010 和－0.072，与上述结果区别不大，不改变本书的研究结论。

表 5－28　制度嵌入、管理层权力与过度投资（年份固定效应）

变量	全样本 *Overinvest*	国有 *Overinvest*	非国有 *Overinvest*
Power	0.015 (1.47)	－0.002 (－0.19)	0.029 * (1.77)
PG × Power	－0.047 ** (－2.02)	－0.010 (－0.35)	－0.072 * (－1.91)
Roa	0.008 *** (12.97)	0.001 (0.98)	0.010 *** (11.87)
Size	0.062 *** (8.73)	0.148 *** (12.95)	0.018 * (1.84)
Growth	0.035 *** (4.83)	0.042 *** (3.66)	0.042 *** (4.25)

续表

变量	全样本 *Overinvest*	国有 *Overinvest*	非国有 *Overinvest*
Ret	0.001 (0.27)	-0.003 (-0.55)	0.006 (1.09)
Cfo	0.059*** (3.16)	0.028 (0.87)	0.055** (2.32)
Lev	0.001*** (3.01)	-0.003*** (-5.60)	0.002*** (5.78)
Age	-0.092*** (-43.24)	-0.104*** (-37.09)	-0.086*** (-25.01)
Industry	已控制	已控制	已控制
_cons	0.101 (0.68)	-1.219*** (-5.15)	0.710*** (3.51)
Sigma_u	0.5909	0.6027	0.5446
Sigma_e	0.3907	0.3839	0.4048
F	198.066	114.337	97.562

注：表中*、**、***分别表示在10%水平、5%水平和1%水平显著。

5.5 本章小结

伴随着上市公司管理层权力的不断增加，公司在经营决策中不同程度地出现了高管利用权力进行过度投资的现象，并且成为上市公司发展潜在的障碍与隐患。本章通过双重差分模型检验了制度嵌入对管理层权力与过度投资之间关系的影响。结果发现制度嵌入降低了管理层权力与过度投资的正相关关系，进一步检验发现，制度嵌入效应在非国有企业更加明显。说明了党的十八大以来权力约束的制度嵌入对权力进行了有效的限制和约束，减少了管理层的投资自由裁量权，从而降低了管理层权力滥用所产生的过度投资行为。这一现象在国有企业不太明显的原因可能是权力约束的制度嵌入对国有企业的外部资金来源没有太大影响。而在非国有企业更加明显的原因可能是制度嵌入限制了权力使用范围，官员寻租行为减少，非国有企业获得外部资金来源的条件可能更加苛刻，增加了非国有企业的外部融资成本，使企业的外部资金来源变少，从而减少了管理层权力所产生的过度投资行为。

第 6 章 企业制度嵌入、管理层权力与盈余管理

政府通过制度嵌入的方式与企业形成一种互动关系，同时也表现为一种紧密结合，这种结合势必影响到管理层的实际经营活动。本章主要检验制度嵌入对管理层权力与盈余管理的影响。具体通过检验管理层权力对应计盈余管理和真实活动盈余管理的影响，检验权力约束的制度嵌入对管理层权力与两类盈余管理之间关系的影响。

6.1 理论分析与假说提出

对于盈余管理的定义，国内外学者还未形成一致的结论。美国著名会计学家 Schipper（1989）将盈余管理定义为“披露管理”。她认为盈余管理是管理人员为获取一定的私人利益而有目的地干预公司对外财务报告过程的“披露管理”。Healy 和 Wahlen（1999）从会计准则制定的角度定义盈余管理，他们将盈余管理定义为管理当局运用职业判断对外提供财务报告和通过构造交易改变财务报告，旨在误导公司利益相关者对公司经营业

绩的理解，或影响那些以会计报告数字为基础的契约后果。斯科特（Scott）认为盈余管理可以从契约和财务报告两个方面来看，从契约的角度看，当合同具有刚性和不完全性时，盈余管理是一种低成本的方法，管理层可能投机性地运用盈余管理增加自己的私人收益，即过度盈余管理会降低财务报告的可信度；从财务报告的角度看，管理层通过盈余管理影响公司股票价值，使股价更好地向市场反映公司前景，即适度的盈余管理是好的。

盈余管理主要分为两种：应计盈余管理和真实活动盈余管理。Dechow 和 Skinner（2000）认为应计盈余管理是通过会计选择和会计估计变更的方法从未来会计期间借取会计盈余，掩盖或扭曲企业真实经营业绩。应计盈余管理大多发生在公司编制财务报告的会计年度期末，属于事后行为，其目的是误导那些以公司经营成果为决策基础的利益相关者和契约承诺者。真实盈余管理相关的交易活动可能涉及企业实际的经营和投资活动，也可能涉及融资活动，是指企业通过从事与正常经营活动相偏离的经济活动，误导利益相关者对财务报告准确性的判断，让利益相关者相信已经实现的利润（Roychowdhury，2006）。应计盈余管理手段仅改变了列报交易的会计处理方法，即对公司各期的会计利润进行了重新调整，改变了财务报告中现金流确认的时间点，只影响会计期间的盈余分布，并不改变公司的实际经营活动。长期来看，通过应计手段调整的会计利润会在未来期间转回，不会改变公司的整体价值（Gunny，2010）。另外，应计盈余管理容易受到会计准则和外部监管的约束，过高的异常应计项目金额也会引起外部监管部门的审查和监督（李明辉等，2014）。从本质上来说，应计盈余管理是管理层利用会计政策的选择权，调整财务报告的会计盈余达到预期水平，因此，只要会计准则中允许会计政策的自由选择，应计盈余管理便会产生。真实活动盈余管理是一种真实交易活动，不仅影响了会计期间各期盈余，而且影响各期的实际现金流量。这种利益操控行为可以在会计年度的任何时间内实施，很难与企业正常的交易活动区分开来，因此不易受到外部监管部门的审查（李明辉等，2014）。真实活动盈余管理并不能为企业带来价值，在短期内增加了公司的会计利润，却损害了公司长远价值（Cohen，2009）。真实活动盈余管理比应计盈余管理手段更加复杂，可能发生在各项经营管理过程中，具体包括生产活动操控、销售活动操控以及酌量性费用操控三类活动。

6.1.1 管理层权力与盈余管理

对管理层权力的理解有两种理论。一种理论是“现代管家婆”理论，该理论认为管理层在追求社会地位和实现自我价值的驱动下，与委托人利益目标一致，是值得股东信赖的“管家婆”。另一种理论是委托代理理论，该理论认为，管理层与委托人利益存在冲突，在自利动机驱使下，存在利用权力谋取私利损害股东利益的机会主义动机，扮演着“经济人”角色。因此，关于管理层权力与盈余管理的实证结果也未形成一致定论，有待进一步研究。

关于盈余管理方式选择的研究，学术界还未形成统一的结论。一些学者认为两种盈余管理方式存在一定的替代关系，Cohen 等（2008）发现在萨班斯法案颁布后，应计盈余管理有所下降，真实活动盈余管理却有所上升。Zang（2012）发现管理层会根据真实活动盈余管理和应计盈余管理之间的相对成本来权衡成本收益，从而选择有利的盈余管理方式，两种盈余管理方式直接呈现替代关系。王良成（2014）证实了应计与真实活动盈余管理之间存在替代和互补的二元关系。龚启辉等（2014）发现应计与真实活动盈余管理具有部分替代关系，具体表现为一类盈余管理成本的上升会导致该类盈余管理程度的下降；反之，一类盈余管理成本的下降会导致该类盈余管理现象的上升。一方面，由于拥有较大决策权力的管理层已经在企业建立了较高的威信，他们除了关心自身收入外，也会关注自身声望和社会地位。另一方面，管理层的控制权收益也受到企业发展好坏的影响，企业长期稳定发展是管理层获取个人收益的长期来源。由于两种盈余管理对公司损害程度存在较大差异，应计盈余管理不改变公司经营活动现金流量，在未来仅导致盈余反转，相比真实活动盈余管理，对公司业绩损害更小（Cohen 和 Zarowin，2010）。真实活动盈余管理虽然达到了盈余目标，却导致了更大的业绩下滑（李增福等，2011），带来了更高的股权融资成本（Kim 和 Sohn，2013），对长期经营业绩具有显著的负面效应（王福胜等，2014）。那么，权力较大的管理层会如何选择盈余管理方式？是一味追求私利，还是与股东利益一致？与股东的关系如何？这些都是值得深入探讨的问题。已有部分关于管理层权力与盈余管理的相关研究得出了代理人权力越大越可能利用权力进行盈余管理活动获取经济利益的结论（傅欣等，2013；林芳等，2012）。本章的研究则与部分文献的研究结果不太一致。

根据社会学理论，管理者个人行动会受到动机和约束等因素的影响，动机和约束是行动的基础，权力是实现行动的可能（黎文靖等，2007）。管理层权力的增大使其可能为了追求更高的薪酬操纵公司盈余，管理层拥有的权力越大越可能利用权力影响和干扰薪酬契约的设计和实施，获得更多个人收益（卢锐，2008；傅欣等，2013）。我国资本市场是半强式有效市场，管理者比外部投资者具有更多的有效信息，特别是在管理者权力较大时，拥有企业实际控制权，具有更多的信息优势。在薪酬利益驱动下，会利用权力调整公司会计利润实现个人效用最大化，应计盈余管理活动对公司价值损害程度相对较小，成为管理层青睐的一种方式。真实活动盈余管理最终会损害公司价值，可能会引起外部人"愤怒"，同时公司经营失败也使管理层获得控制权的来源难以长期维持。因此，从长远利益考虑，管理层权力越大，越会减少真实活动盈余管理行为。

（1）管理层权力与应计盈余管理

盈余管理行为是由诸多因素引起的，包括会计准则制定的限制、管理者个人动机或执行公司决策等。在盈余管理的各种动机中，契约动机是重要动机之一。契约动机是基于委托代理理论之上的，认为委托人和代理人之间存在严重的利益选择代理冲突，在利益摩擦下，委托代理双方都希望以最低成本获得最大收益。由于委托人不直接参与企业生产经营管理，无法观察到管理层努力状态，为了更好地监督和激励代理人，委托人与代理人签订契约，将代理人薪酬与公司业绩挂钩，双方的关系通过各种契约来维系，会计盈余是反映代理人经营努力程度的重要指标，是各种契约的重要参数，是评价委托代理人契约履行情况的依据，因此，契约目标可能成为管理层操纵公司盈余的动机之一。尽管薪酬激励可能是解决代理问题的途径，但最优薪酬契约的顺利实施必须基于双方利益最大化的前提，否则薪酬激励可能成为代理问题的一部分（Bebchuk，2002），因此，管理层存在操控公司盈余的可能性。

由于企业的实际经营环境往往不符合最优契约的实施条件，权力下放使管理层权力不断膨胀，甚至使其成为企业的实际控制者，企业的控制权便转移到管理者手中，管理者会凌驾于公司治理层之上，使董事很难发挥有效监督作用，无法对管理层进行约束，导致薪酬契约并不能从根本上解决代理问题。基于契约观的盈余管理理论认为，契约具有一旦签订便很难更改的刚性特征，契约所产生的契约摩擦和契约本身的不完备性特征，使企业内部人可能利用会计盈余数字隐藏企业真实业绩表现而影响企业最终的利益分配，导致盈余管理现象的产生。我国上市公司大多实施经营业绩与收入挂钩的薪酬激励制度，股东主要根据公司业绩考核管理层，薪酬契约也大都根据公司业绩来设计，因此，薪酬契约成为管理层实施盈余管理的重要原因之一。

管理层拥有的权力越大，越注重声誉。如果企业经营业绩没有实现契约预期目标，管理者除了薪酬水平受到影响外，职业地位和声誉都将受到严重影响。在公司业绩尚未达到预期目标的情况下，管理层可以通过应计盈余管理来调整公司盈余达到契约目标。应计盈余管理是通过改变财务报告过程中的会计方法和会计估计来改变企业盈余的一种活动，不涉及真实交易活动，不会影响公司直接的现金流量，是一种提高公司盈余的有效手段。同时，应计项目是以权责发生制为基础计量的，管理层可以迅速通过调节应计项目保持相应的业绩水平，在短期内实现各种契约目标。从我国的法律环境来看，我国的资本市场正处于转轨经济时期，法律环境等市场力量相对于西方国家还较弱，诉讼风险不高，为管理层实施应计盈余管理留下了空间。管理层权力过大意味着管理层掌握企业更多的信息资源，拥有更多的公司盈余信息，有能力操纵公司盈余。因此，管理层为了达到薪酬契约目标，在法律制度还不完善的情况下，存在利用权力进行应计盈余管理活动的动机。

从应计盈余管理和真实活动盈余管理的比较来看，应计盈余管理不改变公司实际经营活动现金流量，在未来仅导致盈余反转，比真实活动盈余管理对公司业绩损害更小（Cohen 和 Zarowin，2010）。如果通过调整应计项目就能达到预期目标，管理层会选择对公司价值损害更小的应计盈余管理手段来追求私利。并且应计盈余管理可在任意财务报告期灵活操纵，克服真实活动盈余管理在财务报告期末无法再进行调整的缺陷，管理层在会计年度末再使用真实活动盈余手段已经为时过晚。另外，从操纵成本来看，应计盈余管理成本更低。应计盈余管理不需要改变公司真实交易活动，只需调整账面各期盈余，具有实施成本低、操纵方法较简单的特点，且不需要构造公司真实交易活动，比真实活动盈余管理周期更短，能够快速达到高管调整公司收益满足个人私利的目的。因此，管理层权力越大，越可能会选择操纵成本较低的应计盈余管理活动实现个人利益。根据以上分析，提出研究假说6.1。

假说6.1：其他条件不变的情况下，管理层权力与应计盈余管理正相关。

（2）管理层权力与真实活动盈余管理

对于真实活动盈余管理的选择，大部分学者沿着Cohen等（2008）萨班斯法案对盈余管理影响的思路，更多关注两类盈余管理方式之间的相互替代情况。然而，刘启亮等（2011）得出了与Cohen等（2008）不一样的结果，他发现我国国际财务报告准则（IFRS）的强制实施并未产生萨班斯法案的治理效果，趋同的国家会计准则发布后，应计盈余管理反而提高了，真实活动盈余管理水平却没有变化。龚启辉等（2015）发现当一类盈余管理成本增加时，该种盈余管理选择幅度会下降，导致另一类盈余管理选择幅度的上升；反之，另一类盈余管理成本的下降会提高该类盈余管理程度，产生另一类盈余管理幅度随之上升的现象。上升幅度和下降幅度的差异使总的盈余管理程度发生变化。

真实活动盈余管理通过构造正常经济业务，或者改变交易发生的时间等经济活动来调整会计盈余，影响公司现金流量。相比应计盈余管理，真实活动盈余管理给企业带来了更多的负面效应。Gunny（2010）发现，公司实施真实活动盈余管理后，公司价值受到的损害更大。李增福等（2011）发现，真实活动盈余管理会引起公司业绩的长期滑坡。Kim等（2013）发现上市公司进行真实活动盈余管理后，预期公司现金流波动幅度上升，预期现金流水平下降，增加了公司权益资本。王福胜等（2014）发现企业实施真实活动盈余管理后，会对长期经营业绩产生负面影响。王亮亮（2013）发现企业实施三类真实活动操控后会带来更高的权益资本成本。权力较大的管理层意识到真实活动盈余管理所带来的负面效应，实施真实活动盈余管理的成本可能要大于所获得的收益。例如，过度销售虽然通过促销手段提高了当期收益，但会降低消费者对公司未来产品价格的预期，当价格恢复到原来水平，销售量将会产生较大回落，导致利润下滑。过度商业信用通过放宽信用条件的信用政策增加了本期的销售量，虽然产生了当期良好的业绩，却产生了更多的应收账款，造成企业经营活动现金流下降，甚至可能形成坏账，增加公司潜在的坏账损失，影响公司以后各期收益。过量生产会产生存货积压，增加未来的存货持有成本，使存货发生减值，增加存货跌价准备，直接导致未来各期收益的下降，会给管理层带来更大的业绩压力。酌量性费用操控是以牺牲公司未来持续增长性为代价，消减酌量性费用将意味着研发投入和人力资本的减少，而企业生产技术不符合新的发展需要，员工整体素质相对较差，会使公司失去核心竞争力。实施真实活动盈余管理，不但损害了公司长远发展，也给管理层带来了更大业绩压力。拥有较大权力的管理层为了延续其权力，获得更多的私人利益，可能会减少真实活动盈余管理行为。

从利益趋同效应的角度分析，长期在位的 CEO 由于任期较长，甚至持有公司较高比例的股份，能够产生“战壕效应”，从而对其他高管实施控制（Skill，2003）。因此，拥有一定的控制权的管理层也会关心企业的生存和发展，建立一个成功经营企业的积极正面形象，即管理层拥有一定的控制权会产生一定的协同效应。韩亮亮等（2006）发现，当高管持股比例在 8%—25% 时，“战壕效应”占主导地位，持股比例大于 25% 时，高管持股的利益趋同效应占主导地位。高林和宋顺林（2007）发现，高管人员持股规模与企业绩效存在显著的正相关关系。从协同利益的角度考虑，管理层与股东拥有一部分相同的利益取向时，可能会倾向于选择对企业价值损害小的应计盈余管理，降低对企业价值损害较大的真实活动盈余管理水平来满足契约规定。

考虑到管理层会面临解雇或职位被替代的风险，权力较大的高管在任期内往往会通过增加公司投资规模、扩大其所控制的资源巩固地位或减少被替换的可能性（Jensen 和 Meckling，1976），因此，随着任期的延长，权力较大的高管已经在公司树立了较高的威信，形成稳定的地位，被替代的可能性并不高，而真实活动盈余管理仅是一种调控公司盈余的手段，并不能完全避免或降低管理层被替换的可能性。现行法律环境等外部监管机制还不太完善的情况下，在应计盈余管理还存在一定空间的情况下，理性管理层不太可能利用权力实施真实活动盈余管理。本书认为虽然管理层选择真实活动盈余管理能够满足其短期契约目标，达到公司预期盈余，但会损害企业长远价值，同时也损害了管理层自身获得控制权私人利益的来源。在管理层拥有较大权力时，会削弱真实活动盈余管理，从而提出假说 6.2。

假说 6.2：其他条件不变的情况下，管理层权力与真实活动盈余管理负相关。

6.1.2 制度嵌入、管理层权力与盈余管理

盈余管理行为扭曲了企业对外提供的盈余信息，降低了会计信息质

量，不仅误导了外部投资者对公司发展前景的判断，也影响了内部投资决策，导致了公司未来更低的投资效率（任春艳，2011；Savov，2006）。Chung、Sheu 和 Wang（2009）发现，盈余管理严重的公司可能存在高的逆向选择成本，造成更低的股票流动性。陆正飞和魏涛（2006）发现公司配股前的盈余管理行为导致了配股后的业绩滑坡。Kim 等（2013）发现上市公司进行真实活动盈余管理后，预期公司现金流波动幅度上升，预期现金流水平下降，增加了公司权益资本。盈余管理行为损害了股东和外部投资者利益。而高管权力过大，容易造成高管独揽大权，产生高管按照自己的利益目标调整公司盈余的动机。如果不对权力加以限制和约束，那么当权者谋求个人利益的动机就会转化为以权谋私的客观行为。滥用权力谋求个人私利，不仅是个人思想道德层面的问题，更多是体制上的漏洞所导致。因此，建立一个有效的权力制衡机制才是减少高管滥用权力、抑制管理层权力滥用产生的盈余管理行为的有效措施。

要防止权力滥用，就必须以权力制约权力，对权力的支配者进行限制和监督，约束其权力滥用行为。党的十八大以来，有关权力约束的制度嵌入采用政府权力清单和责任清单，规范权力运行边界，形成决策权、执行权和监督权相互制衡的权力结构和运行方式，直接对国有企业高管权力进行了约束和监督，减少权力的不规范操作，使管理层权力在符合利益相关者的轨道上运行。在管理层权力受到一定范围限制和监督后，管理层利用权力操纵公司盈余的能力降低，盈余管理行为会有所减少。权力约束政策要求对权力进行规制，使权力在制度范围内有效运行，官员出于政治升迁动机，会形成循规蹈矩、为人民谋利益的良好风气，良好的党风渗透到非国有企业，并产生示范作用。根据嵌入理论，权力约束政策作为中国情景下的一种制度嵌入形式，可以起到政府与非国有企业的信息沟通作用，发挥政策传导的桥梁作用，增强非国有企业的政策感知能力。因此，非国有企业管理层也自觉约束权力，减少有损公司价值的盈余管理活动，提高公司会计信息质量，促进公司健康发展。

（1）制度嵌入、管理层权力与应计盈余管理

党的十八大以来，权力约束制度的嵌入使上市公司管理层受到的外部监督更加严格，因此管理层利用权力寻租的机会主义行为会有所收敛。刘少华等（2016）认为党的十八大以来，中国在对权力运行的监督形式和措施上保持了不断创新，使中国在监督中前行。从制度嵌入的直接影响来

看，我国政府往往是通过对国有企业的董事长和总经理等关键高管的任命，来确保宏观政治目标和社会目标的如期实现，国有企业受到政府出台的各项政策和行政指令的影响（杨瑞龙等，2013），因此，权力约束的制度嵌入对国有企业管理层具有直接影响，实质上是一种行政命令的直接执行。权力约束政策实施后，党中央能直接监督国有企业高管权力的运行过程，从而减少了权力滥用问题。国有企业的高管大多具有一定的行政级别，往往被视为特定性质的干部，甚至进入国有企业任职的目标可能是出于干部轮岗和历练的需要，待其做出较大政绩时，可以直接从国有企业进入各级政府部门，从而获得提升。根据制度嵌入理论，中央实施权力约束政策以后，相关制度嵌入上市公司，管理层会自己约束自己的权力，包括会计政策方面的自由裁量权，从而减少应计项目方面的自由裁量权。在权力约束的政治环境之下，全国上下全力正风肃纪，对资本市场的监管更加严格，审计师的审查力度也有所加大。审计署会督促事务所提高审计质量。为了考察政府官员及国有企业高管的权力运行状况，审计署会展开更多的审计工作。应计盈余管理是利用调整账面应计盈余来调整公司盈余的一种手段，比较容易被监管部门发现（Cohen，2008），管理层在此时利用权力进行应计盈余管理被审查和揭露的可能性更高。因此，权力约束的制度嵌入会导致管理层实施应计盈余管理的成本大于所获得的收益，在权衡收益与损失后，管理层利用权力进行应计盈余管理的动机将会减弱。

党的十八大以来不断强化权力运行制约的监督机制，提出了“要加强对权力运行的制约和监督，把权力关进制度的笼子里，形成不敢腐的惩戒机制、不能腐的防范机制、不易腐的保障机制”，要求用制度管权管人管事，确保权力规范运行，防止权力膨胀和滥用。为了进一步推进权力运行法治化，党中央提出权力清单制度，要求权力运行程序化与公开透明化，权力运行程序符合规范，公职人员自觉按规定和程序办事。在这种环境下，政府官员会自觉约束自己的行为，认真履行职责。企业是推动国家经济发展的重要力量，资源分配是影响企业发展的重要因素。这一制度嵌入使当政府官员在面临较严格的监督时，会减少权力滥用行为，特别是利用权力给企业提供更多资源便利的行为会有所收敛，从而导致资源更多地通过市场分配给企业，促进了企业的良性公平竞争，使市场竞争环境得到优化。产品市场竞争程度越高，越能降低信息不对称程度，增强对管理层的监督（蒋蓉和陈丽蓉，2007；陈震和汪静，2014），筛选出不称职的经理人。在良好的市场竞争环境下，管理层面临更严格的市场监督，公司财务信息质量也会受到更多来自市场的监管和审计署等相关政府部门的监督，在多重监督下，权力较大的高管出于风险规避的目的，会减少应计盈余管理行为，提高会计信息质量。

制度嵌入的间接影响则通过政治关联关系来实现。党的十八大以来，党中央推进从严治党，加强监督执纪问责力度，执纪范围全覆盖，从党中央到地方各级党政机关，对违反规定的领导干部实施零容忍。杨永康和闫荣国（2019）通过对比 2013—2017 年的数据发现，党纪处分的人数经历了先上升后下降的过程，对违纪干部的处理也越来越严格。严格的惩戒机制将使那些权力滥用行为受到严格的制裁，使违规违纪的官员纷纷落马，企业所建立的由来已久的政治关联纽带发生断链，由政治关联所带来的优惠和特权随之减少，企业面临更多来自政府和市场的监督，使管理层减少容易被监管部门发现的应计盈余管理行为。陈克兢（2016）发现，具有政治关联关系的上市公司为了隐藏在寻求政治关联时所发生的“灰色支出”，会利用应计盈余管理隐藏这些利益交换的信息。在失去政治关联“保护伞”的情况下，政治关联所带来的严重的盈余管理负面效应也会弱化。一方面，管理层无需再对外部投资者故意隐瞒政治关联的灰色收益，从而减少应计盈余管理行为。另一方面，会计信息质量具有引导资源配置的功能，在失去更多外部资源的情况下，管理层为了在竞争中立足，会减少容易被监管部门发现的应计盈余管理行为，提高会计信息质量以获得更多的外部投资者资金支持。

党的十八大以来，科学立法、严格执法、公正司法、全民守法深入推进，法治国家、法治政府、法治社会相互促进，中国特色社会主义法治体系日益完善，全社会法治观念明显增强。国家的法律体系是否健全很大程度上影响公司的内部治理结构和水平，而公司内部治理水平影响了管理层所受到的监督程度。随着我国的法治体系逐步趋于完善，投资者保护程度和市场透明度也会更高。赵玉洁（2013）发现法律环境的改善有利于降低上市公司的应计盈余管理程度。此外，在良好的制度嵌入环境下，一旦高管滥用权力的违法违纪行为被发现，便会受到严厉的制裁，其职业地位和声誉都将受到影响。犯罪学派代表人物贝尔克认为，提高刑法的惩罚概率和严厉程度都能减少犯罪。国家加大对违法行为的司法惩治力度，增加了管理层违法行为的机会成本，产生了较大的威慑效应。在此背景下，管理层规范经营管理的遵从度也会有所提高，减少容易被查处的应计盈余管理行为，提高对外财务报告质量。

通过上述分析，我们认为制度嵌入改善了我国的市场竞争环境，从而对管理层权力进行了有效监督，发挥了外部监督作用。另外，日益健全的法律体系使管理者利用权力实施应计盈余管理的机会主义行为所造成的损失大于所获得的收益，因此，管理层会减少应计盈余管理行为。根据以上分析，提出假说 6.3。

假说 6.3：其他条件不变的情况下，权力约束的制度嵌入抑制了管理层权力与应计盈余管理之间的正相关关系。

（2）制度嵌入、管理层权力与真实活动盈余管理

党的十八大以来，随着我国的权力运行制约和监督体系不断健全，上市公司管理层受到更加严格的监督。随着外部审查力度不断增大，应计盈余管理的相对经济成本也随之增加，管理层实施应计盈余管理的空间变小（Cohen 和 Zarowin，2010）。Zang（2012）认为，代理人对真实活动盈余管理和应计盈余管理的选择是基于两者的相对经济成本，当外部审查力度增大，违纪违规成本提高，应计盈余管理的相对成本增加的情况下，代理人会增加真实活动盈余管理的使用。随着权力约束制度的日趋严格，应计盈余管理空间正在被不断挤压，真实盈余管理活动便可能成为管理层青睐的另一种方式。从违规风险来看，真实活动盈余管理可以通过过度生产、价格折扣等偏离正常真实经营活动的方法来操控公司盈余，具有很强的迷惑性。真实活动盈余管理和公司真实经营活动很难区分，不太容易被监管者和审计师发现，也难以进行处罚，具有更低的违规风险。对比应计盈余管理和真实盈余管理，应计盈余管理的本质是在不同的会计期间平滑收益，增加当期应计盈余的同时也意味着企业未来会计利润的降低，操控应计项目的会计处理方法违反了会计准则的规定，遭受处罚的可能性更高。同时，应计盈余管理比较容易被发现，而真实活动盈余管理则更加隐蔽。因此，管理层选择真实活动盈余管理能够避免更多的监管部门审查。

从制度嵌入的直接影响来看，权力约束的制度嵌入直接对国有企业高管权力进行了约束，国有企业管理层操纵财务信息的行为会受到更多的监督，真实活动盈余管理具有比较隐蔽的特点，国有企业高管为了提高自己

的“政绩”，实现晋升目标，可能会实施更多的真实活动盈余管理。从间接影响来看，权力约束的制度嵌入对政府官员权力进行了限制，间接限制了官员的权力寻租活动，减少了企业的政治关联关系。而政治关联程度高的企业拥有更多的政策资源，融资约束程度更低（罗党论和唐清泉，2009），会弱化相关债务契约的制约作用，导致管理层从事更多的真实活动盈余管理。党的十八大以来的一系列权力约束的制度嵌入减少了企业的政治关联关系，使企业由政治关联获取的各种融资便利逐渐减少，企业需要通过市场获得投资者的资金支持，从而优化了市场竞争环境，债务契约相关的制约机制也会发挥更多监督作用。如此一来，应计盈余管理会受到更多债务契约相关的监督，被外部监管部门发现的可能性较高，较隐蔽的真实活动盈余管理便成为管理层掩盖公司业绩的有力手段。在应计盈余管理空间越来越小的情况下，为了融到更多的资本，为了完成更多的契约目标，管理层可能会实施更为隐蔽的真实活动盈余管理。根据以上分析，提出假说 6.4。

假说 6.4：其他条件不变的情况下，制度嵌入的权力约束越严格，越可能弱化管理层权力与真实活动盈余管理的负相关关系。

6.1.3　不同产权性质下的制度嵌入、管理层权力与盈余管理

不同产权性质下，制度嵌入对管理层权力的影响路径有所不同，导致其对管理层权力与盈余管理之间关系的影响也会存在差别。与非国有企业相比，国有企业管理层的选拔机制存在较大的差异。长期以来，政府为了能够更好地管理国有企业，往往选拔在政府机构任职的官员担任国有企业高管，使国有企业高管具有“政治人”特征。杨瑞龙等（2013）调查发现，国有企业领导虽然不是公务员编制，但享受同级别的政府官员待遇。“政治人”身份使他们更看重职位晋升的政治理想，在严格的权力约束环境下，为了避免自己的声誉受到损失，为了使自己得以晋升，管理层会减少容易被审计师发现的应计盈余管理行为。从另一层逻辑来看，党的十八大以来权力约束的制度嵌入是一项限制权力滥用的行动，该项措施使国有企业高管受到比非国有企业高管更加严格的监督。为了充分发挥领导干部的带头作用，管理层会自觉执行行政命令，率先树立守法经营的观念和正确的业绩观，减少片面追求眼前利益却损害未来绩效的短期行为。

制度嵌入对非国有企业管理层的影响是间接影响，一方面通过文化嵌入的形式渗透到非国有企业影响管理层的会计行为，尤其是通过党员高管嵌入非国有企业中，使管理层自觉减少会计选择的自由裁量权，抑制盈余管理的机会主义行为。另一方面通过政治关联关系的间接影响，使非国有企业管理层权力受到的影响相对较小。因此，制度嵌入对管理层权力与应计盈余管理之间关系的影响在国有企业会更加明显。

应计与真实活动盈余管理之间存在替代关系，一种盈余管理成本的提高会导致该类盈余管理程度呈下降趋势，而另一种盈余管理程度随之上升（龚启辉等，2015）。由于制度嵌入对国有企业高管利用权力操纵应计盈余管理的影响更大，那么，相比非国有企业，应计盈余管理在国有企业操纵的成本将会更大，从而导致国有企业管理层更倾向于利用权力实施真实活动盈余管理。另外，从影响路径来看，制度嵌入仅通过间接路径影响非国有企业，对国有企业的影响则是直接路径。

政府主要通过业绩对国有企业高管努力程度进行考核，王曾等（2014）发现对于国有企业高管来说，政治晋升比经济利益更重要。业绩出色的国有企业高管拥有比同级别政府官员更多的政治晋升空间。陈冬华（2011）认为国有企业高管政治晋升已经成为货币薪酬激励的有益补充。为了获得政治晋升，国有企业高管存在着较大的盈余管理动机。然而，制度嵌入使应计盈余管理空间不断变小。真实活动盈余管理具有隐蔽性强、不易被监管部门发现的特征，因而国有企业高管存在通过真实活动盈余管理调控公司盈余，提高业绩实现升迁目标的动机。此外，国有企业经营机制存在特殊性。政府需要通过国有企业实现促进地方经济发展，解决当地就业等政治目标，即便真实活动盈余管理损害了公司将来的价值，国有企业高管仍然可以将其归因于政治目标的结果。于是提出假说 6.5、假说 6.6。

假说 6.5：其他条件不变的情况下，相对于非国有企业，制度嵌入对管理层权力与应计盈余管理之间关系的影响在国有企业中更加明显。

假说 6.6：其他条件不变的情况下，相对于非国有企业，制度嵌入弱化管理层权力与真实活动盈余管理的负相关关系在国有企业更加明显。

6.2 研究设计

为了验证以上假说，本节采用应计盈余管理和真实活动盈余管理模型，并借鉴以前学者的研究模型进行了拓展。应计盈余管理的度量方法有多种，主要思想为将企业总盈利分为两个部分：经营活动现金流和应计利润（Schipper，2003）。由于经营活动现金流不易操纵，管理层会通过调整应计利润来实现目标盈余，应计利润模型将从总应计利润中分离出的可操纵应计利润作为应计盈余管理程度大小的衡量标准，其中总应计利润用净利润和经营活动现金流量的差额来表示。常见的应计利润模型包括希利模型（Healy，1985）、琼斯模型（Jones，1991）、修正的琼斯模型（Dechow 等，1995）、DD 模型（Dechow 和 Dichev，2003）以及业绩配比的琼斯模型（Kothari 等，2005）等。以上应计模型大多基于 Jones 模型，或者在 Jones 模型的基础上进行拓展。应计模型除了以上几种，还存在其他与以上模型不同的计量方法，例如迪安杰洛模型和 KS 模型。应计利润的模型有许多种，但在检验的效果上各有利弊，适用情况还存在分歧，还处于不断探索的过程中。我国学者对应计盈余管理模型应用较多的是修正后的琼斯模型。陈信元和夏立军（2006）通过比较多种应计模型，发现修正的 Jones 模型具有较强的解释力度，能够对我国资本市场的盈余管理进行有效计量。

真实活动盈余管理模型主要包括了 Gunny（2005）、Roychowdhury（2006）、Cohen（2008）、Cohen 和 Zarowin（2010）等的模型。科恩模型认为传统的真实盈余管理模型都是基于假设企业未采取真实活动盈余管理行为，没有指出管理层是在应对不同经济形势下做出的理性盈余管理活动，同时将同行业中资产回报率相差在 10% 左右的公司作为业绩配对公司，计算出总体真实盈余管理水平（Cohen 和 Zarowin，2010）。我国学者对于真实活动盈余管理的研究大多选用的是 Roychowdhury 的模型，Roychowdhury 的模型成为真实活动盈余管理研究的主流模型。因此，在后续章节的检验中，应计盈余管理模型使用主流的修正 Jones 模型，真实活动盈余管理使用 Roychowdhury（2006）的模型，并结合 Cohen 和 Zarowin（2010）的模型进行检验。

6.2.1 模型设计

（1）应计盈余管理估计

应计盈余管理模型选用修正的 Jones 模型，计算出总的应计利润，对公式（6-1）进行不同行业、不同年份的 OLS 回归，然后根据取得的回归系数计算正常应计利润，得到不可操纵性应计盈余管理 *NTAC*，最后将 *NTAC* 代入公式（6-2）进行估计，可以得出可操纵性应计数额 *ADC*，模型如下。

$$\frac{TAC_{it}}{A_{it-1}} = \beta_0 \times \frac{1}{A_{it-1}} + \beta_1 \times \frac{\Delta Rev_{it} - \Delta Rec_{it}}{A_{it-1}} + \beta_3 \times \frac{PPE_{it}}{A_{it-1}} + \varepsilon \qquad (6-1)$$

$$ADC_{it} = \frac{TAC_{it}}{A_{it-1}} - NTAC_{it} \qquad (6-2)$$

其中，TAC_{it}表示公司总的应计项目，用净利润减去经营活动现金流量得出，A_{it-1}为期初资产总额，PPE_{it}为固定资产原值，ΔRev_{it}为本期营业收入的增加额，ΔRec_{it}为本期应收账款的增加额，$NTAC_{it}$为不可操控应计利润，通过方程（6-1）计算得出，ADC_{it}为操纵性应计利润。计算出的可操纵性应计利润，正数为正向盈余管理，表示进行了增加公司会计利润的盈余操控。负数为负向盈余管理，表示进行了减少公司会计利润的盈余操控。本书应计盈余管理的测度用可操控应计利润取其绝对值表示。

（2）真实活动盈余管理估计

对于真实活动盈余管理模型，目前研究中使用较多的是 Roychowdhury 的模型，该模型的研究实现了将真实盈余管理量化，为盈余管理领域的研究搭上了一座重要桥梁。借鉴 Roychowdhury（2006）的做法，利用销售操控、酌量性费用操控、生产性操控三种方式来衡量真实活动盈余管理，分别采用经营现金流量模型、生产成本模型和酌量性费用模型刻画。

①经营现金净流量模型

经营现金流量模型主要衡量销售活动操控行为，销售操控的方法主要表现为企业采用放宽销售信用条件、降价销售或者给予更高的销售折扣等方法来扩大产品销售量。销售操控的方法虽然导致了单位产品销售所产生的经营现金流量的减少，但却带来了扩大销售量所增加的报告期盈余。根据 Dechow 等（1998）的研究，经营活动现金流量与销售额之间存在稳定的线性关系。因此，可以按照方程（6－3）来估计异常经营活动现金流量。

$$\frac{CFO_{it}}{A_{it-1}} = K_o + K_1 \times \frac{1}{A_{it-1}} + K_2 \times \frac{Sale_{it}}{A_{it-1}} + K_3 \times \frac{\Delta Sale_{it}}{A_{it-1}} + \varepsilon \qquad (6-3)$$

方程（6－3）中，CFO_{it}表示经营活动现金流量净额，$Sale_{it}$为本期期末营业收入，$\Delta Sale_{it}$为本期营业收入的增加额，A_{it-1}为期初资产总额。利用方程（6－3）进行分行业和分年度回归，估计出正常经营活动现金流量，用实际值减去估计值，从而计算出异常经营活动现金流量。使用销售操控方法的公司通常会有一个很低的异常经营活动现金流量，因此该项指标是真实活动盈余管理的一个反向指标。

②生产成本模型

生产成本操控是指企业通过大量生产产品分摊更多的固定成本，达到降低单位成本、提高企业会计利润的目的。生产操控的方法做大了利润，却增加了生产总成本。根据 Roychowdhury（2006）的思路，按照方程(6－4)来估计异常生产成本。

$$\frac{PROD_{it}}{A_{it-1}} = K_0 + K_1 \times \frac{1}{A_{it-1}} + K_2 \times \frac{Sale_{it}}{A_{it-1}} + K_3 \times \frac{\Delta Sale_{it}}{A_{it-1}} + K_4 \times \frac{\Delta Sale_{it-1}}{A_{it-1}} + \varepsilon \qquad (6-4)$$

其中，$PROD_{it}$表示产品总成本，为产品销售成本与本期库存商品变动之和。$Sale_{it}$为本期营业收入金额，其他变量同方程（6－1）。利用方程（6－4）进行分行业和分年度回归，估计出正常生产成本，用实际值减去估计值，得到异常生产成本。使用生产成本进行操控的公司往往会有一个较高的异常生产成本，因此该项指标是真实活动盈余管理的正向指标。

③酌量性费用模型

酌量费用操控是指企业通过削减研发支出和广告支出等费用，或者推迟研发和销售活动减少企业当期销售费用和管理费用，达到做大利润的目的。由于这些支出在当期不会立即产生收入，企业减少这些支出避免费用化，从而降低了盈余。模型中的酌量性费用支出为销售费用与管理费用之和，包括研发费用和广告费用。由于我国上市公司的研发费用和广告费用未单独披露，本书借鉴方红星等（2011）和程小可（2013）的方法，用销售费用和管理费用之和近似地衡量酌量性费用。异常酌量性费用可以通过方程（6－5）估计。

$$\frac{DISEXP_{it}}{A_{it-1}} = K_0 + K_1 \times \frac{1}{A_{it-1}} + K_2 \times \frac{Sale_{it-1}}{A_{it-1}} + \varepsilon \tag{6-5}$$

其中，$DISEXP_{it}$表示异常酌量性费用，其他变量同上。利用方程（6－5）进行分行业和分年度回归，估计出正常的酌量性费用，再用实际酌量性费用减去估计值，得到异常酌量性费用。酌量性费用和当期销售收入存在线性关系，会导致残差低估，因此用滞后一期的销售收入进行回归（Roychowdhury，2006）。公司为了提高报告期盈余，往往会产生一个较低的酌量性费用，因此，该指标是真实活动盈余管理的一个反向指标。

为了更准确地捕获真实活动盈余管理总效应，书中采用 Cohen 和 Zarowin（2010）的方法，将 3 个费用操控变量整理计算出 2 个综合指标 *RM*1 和 *RM*2 来度量真实活动盈余管理。第一种综合变量 *RM*1，借鉴 Zang（2006）的做法，本书用异常酌量性费用乘以－1，再加上异常生产成本。*RM*1 越高，说明公司真实活动盈余管理程度越高。第二种综合变量 *RM*2 采用将异常经营活动现金流量和异常酌量性费用均乘以－1 的方法。在综合变量中三种费用操控可能会抵消一部分，影响结果的准确性，因此，本书报告 2 个综合变量的回归结果，同时分别报告三种操控活动的影响结果。

本书借鉴 Cohen（2010）和 Zang（2012）的模型，在检验各因素是否对其中一种盈余管理造成影响时，控制另一种盈余管理方式。拓展之后的管理层权力与盈余管理的实证模型如下。

$$\begin{aligned} ADC_{it} &= \beta_0 + \beta_1 \times Power_{it} + \beta_2 \times MB + \beta_3 \times Lev_{it} + \beta_4 \times Size_{it} + \beta_5 \times Roa_{it} \\ &+ \beta_6 \times Growth_{it} + \beta_7 \times Loss_{it} + \beta_8 \times Cycle_{it} + \beta_9 \times Age + \beta_{10} \times RM_{it} + \beta_{11} \times Big4_{it} \\ &+ \sum Year + \sum Industry + \varepsilon \end{aligned} \tag{6-6}$$

$$\begin{aligned} RM_{it} &= \beta_0 + \beta_1 \times Power_{it} + \beta_2 \times MB_{it} + \beta_3 \times Lev_{it} + \beta_4 \times Size_{it} + \beta_5 \times Roa_{it} \\ &+ \beta_6 \times Growth_{it} + \beta_7 \times Loss_{it} + \beta_8 \times Age_{it} + \beta_9 \times ADC_{it} + \beta_{10} \times Big4_{it} + \sum Year \\ &+ \sum Industry + \varepsilon \end{aligned} \tag{6-7}$$

制度嵌入、管理层权力与盈余管理的研究模型借鉴叶康涛和藏文佼（2016）的做法，将制度嵌入前后进行差分，并以高管权力较大的企业为处理组，采用双重差分模型进行估计，以消除不随时间变化的个体异质性特征，拓展之后的模型如下。

$$ADC_{it} = \beta_0 + \beta_1 \times Power_{it} + \beta_2 \times PG + \beta_3 \times PG \times Power_{it} + \beta_4 \times MB_{it} + \beta_5 \times Lev_{it} + \beta_6 \times Size_{it} + \beta_7 \times Roa_{it} + \beta_8 \times Growth_{it} + \beta_9 \times Loss_{it} + \beta_{10} \times Cycle_{it} + \beta_{11} \times Age + \beta_{12} \times RM_{it} + \beta_{13} \times Big4_{it} + \sum Year + \sum Industry + \varepsilon \tag{6-8}$$

$$RM_{it} = \beta_0 + \beta_1 \times Power_{it} + \beta_2 \times PG + \beta_3 \times PG \times Power_{it} + \beta_4 \times MB_{it} + \beta_5 \times Lev_{it} + \beta_6 \times Size_{it} + \beta_7 \times Roa_{it} + \beta_8 \times Growth_{it} + \beta_9 \times Loss_{it} + \beta_{10} \times Cycle_{it} + \beta_{11} \times Age + \beta_{12} \times ADC_{it} + \beta_{13} \times Big4_{it} + \sum Year + \sum Industry + \varepsilon \tag{6-9}$$

6.2.2　变量定义

（1）因变量

因变量包括应计利润（*ADC*）和真实活动盈余管理（*RM*1 和 *RM*2）。应计盈余管理 *ADC* 为操控性应计利润的绝对值。上市公司会计利润包括现金利润和应计利润两部分，现金利润一般不太容易调整，因此盈余管理的计量主要关注应计利润。根据 Jones 模型的思路，应计利润中包含了一部分不容易操控的非操控性应计利润，从应计利润中分离出来非操控性应计利润，剩下的即操控性应计利润。真实活动盈余管理的计量包括 3 个指标，异常现金流量 *E_CFO*、异常生产成本 *E_PRO* 和异常酌量性费用 *E_DISP*，3个变量分别根据 3 个异常费用的模型计算残差值得出。参考 Cohen 和 Zarowin（2010）的方法，衡量真实活动盈余管理需要计算出 *RM*1 和 *RM*2。*RM*1 用异常酌量性费用乘以 -1，再加上异常生产成本计算得出。*RM*2 为异常经营活动现金流量和异常酌量性费用的和乘以 -1 计算得出。

（2）自变量

自变量为管理层权力（*Power*）和制度嵌入（*PG*）。管理层权力的具体刻画方法在之前的章节已经详细论述。制度嵌入为虚拟变量，2013 年前取 0，之后取 1。

（3）控制变量

公司规模（*Size*），是由公司总资产取对数得出。Watts 和 Zimmerman（1986）提出规模假说，认为较大的企业可能有着较高的获利能力，容易被相关部门关注，产生较大的政治成本，因此，会采用将盈余递延到以后各期的方法来减少当期盈余，从而达到降低政治成本的目的。李增福和周婷（2013）发现上市公司规模大小和盈余管理存在显著的相关关系。

资产负债率（*Lev*）。根据契约理论，债权人为了保证债务人能够及时地偿还债务，会对资产负债率较高的公司进行更多监督；而债务人为了表明自身有足够的还款能力，有通过盈余管理达到债权人要求的动机。李增福等（2011）发现，公司债务水平与应计盈余管理和真实活动盈余管理存在显著的正相关关系。

总资产收益率（*Roa*），用来控制企业的盈利水平。根据王福胜等（2013）的研究，公司盈利水平和盈余管理存在相关关系，公司盈余分布有断层现象，微利公司和微损公司会在第四季度调整盈余。这表明了公司盈利状况较好时会调低利润，盈利状况较差时会调增盈余。

公司成长机会（*Growth*），用营业收入的增长率来表示，用来控制公司的成长性。罗琦和王悦歌（2015）的研究发现，高成长性的公司可能利用真实活动盈余管理手段调整公司盈余向市场传递信号。

控制人性质（*Soe*），用来控制企业产权性质。薄仙慧和吴联生（2009）的研究发现企业产权和盈余管理存在显著相关关系，国有企业正向盈余管理水平显著低于非国有企业。

营业周期（*Cycle*）。根据程小可（2013）的研究，公司经营周期与真实盈余管理呈现显著的正相关关系。

公司是否发生亏损（*loss*）。陆建桥（1999）的研究表明，发生亏损的公司会在亏损年度和前后年度进行盈余管理行为。

市场价值与账面价值的比（*MB*）。袁知柱等（2014）的研究表明股权价值高估的企业会采用盈余管理手段迎合市场预期，但为了避免股价泡沫破裂受到惩罚，也会调低盈余使股票价格回归内在价值。

上市公司年龄（*Age*）。李远慧等（2016）认为上市公司年龄、成长性、市场竞争性等公司特征与盈余管理存在相关关系。

此外，为了更准确地考察管理层权力对盈余管理的影响，本书还控制了是否聘请四大国际会计师事务所的变量（*Big*4），上市公司聘请了四大会计师事务所审计师进行审计时，取值为1，否则取值为0。最后我们进一步控制了不同行业和年度对盈余管理的影响。表6－1为各变量定义。

表6-1　　变量定义表

变量		变量含义及计算方法	文献依据
因变量	*ADC*	操控性应计，根据盈余管理模型计算残差，取绝对值	Jones，1991； 林永坚等，2013
	E_CFO	异常经营现金流量。根据销售操控模型计算	Roychowdhury，2006
	E_PRO	异常生产成本，根据生产成本模型计算	Roychowdhury，2006
	E_DISP	异常酌量性费用，根据酌量性费用模型计算	Roychowdhury，2006
	*RM*1	真实活动盈余管理，*RM*1 为酌量性费用乘以 -1，加上异常生产成本	Cohen 和 Zarowin，2010
	*RM*2	真实活动盈余管理，*RM*2 为异常经营现金流和异常酌量性费用的和乘以 -1	Cohen 和 Zarowin，2010
自变量	*Power*	管理层权力，采用主成分分析计算得出	Finkelstein，1992； 卢锐，2008
	PG	制度嵌入，将2013年及以后定义为1，之前定义为0	—
控制变量	*MB*	市场价值与账面价值的比	李增福等，2011； 王克敏等，2014
	Lev	资产负债率，用负债总额除以资产总额	杨兴全等，2014； 童盼和陆正飞，2005； 张纯和吕伟，2007
	Size	公司规模，用公司当年总资产的自然对数表示	杨兴全等，2014； 李增福和周婷，2013
	Roa	总资产收益率，净利润与资产总额的比	沈艺峰等，2009； Cohen 等，2008
	Age	上市公司年份，用公司上市时间表示，公司上市时间到样本公司年度的天数除以360	李增福等，2011
	Growth	公司成长机会，用本期期末主营业务收入总额减去期初营业收入总额得到的数值除以期初营业收入总额表示	杨兴全等，2014； 李增福等，2011
	Loss	公司当年发生亏损为1，否则为0	陈小林等，2011

续表

变量		变量含义及计算方法	文献依据
控制变量	*Big*4	审计单位变量，当审计单位为国际四大会计师事务所时，取值为1，否则为0	袁知柱等，2014
	Cycle	营业周期，存货周转天数加上应收账款周转天数之和取对数	王良成，2014
	Soe	控制人性质，国有企业取0，非国有企业取1	薄仙慧和吴联生，2009
	$\sum$ *Year*	年度虚拟变量，用来控制宏观经济的可能影响	—
	$\sum$ *Industry*	行业虚拟变量	—

本书主要关注的变量为管理层权力变量（*Power*）。管理层权力变量采用主成分分析法将8个指标合成计算得出，综合指标越大，表示管理层权力越大。如果回归结果中该变量系数越大，表明管理层权力越大，盈余管理程度越高。

6.2.3 数据来源和样本选择

我国上市公司从2007年开始全面实施现行会计准则，因此，本书选取2008—2016年沪深两市A股上市公司数据进行研究，本书相关数据均来自CCER、国泰安数据库和Wind数据库。具体而言，我们对样本进行如下筛选得到所需样本。一是剔除金融类上市公司样本。因为金融类公司与一般上市公司财务指标和会计制度存在很大差别，所以剔除金融类公司。二是剔除控制变量缺失数据。三是删除ST公司。由于被“ST”的公司是被中国证监会特别处理的公司，财务状况不符合相关标准。四是删除当年IPO的公司。因其无法获得前后年度财务数据，盈余管理计量模型需要用到公司前后年度财务指标的变化数据，因此，书中剔除了当年新上市的公司。经过上述步骤筛选最终得到18320个样本（见表6-2）。

表6-2　　变量筛选过程

样本筛选过程		样本观测值
初始样本	2008—2016年沪深A股上市公司	29550

续表

样本筛选过程		样本观测值
删除	金融类公司	610
	ST 公司	3232
	当年首次公开募股的公司	7406
	数据缺失的样本	3844
最终样本		18320

为了排除异常值影响，我们对回归模型中使用的所有连续变量在 1% 和 99% 的水平上进行了缩尾处理。本书的数据处理和分析采用 Stata 12.0 软件。

6.3 实证结果分析

6.3.1 描述性统计

主要变量描述性统计见表 6－3，表 6－3 展示了各变量的均值、标准差、最小值、最大值、中位数等。从表 6－3 可知，可操控应计变量 *ADC* 的均值为 0.112，最大值为 0.610，最小值为 0.001，说明上市公司应计盈余管理水平差异较大。真实活动盈余管理变量 *RM*1 和 *RM*2 的均值分别为 0.024 和 0.006，最大值为 0.608 和 0.589，最小值为 －0.190 和 －0.451。异常生产成本 *E_PRO* 均值为 0.010，最大值为 0.724，最小值为 －0.633；异常经营活动现金流 *E_CFO* 均值为 0.007，最大值为 0.313，最小值为 －0.315；异常酌量性费用 *E_DISP* 均值为 －0.013，最大值为 0.376，最小值为 －0.684，说明了真实活动盈余管理既存在向上的操纵，也存在向下的操纵。应计盈余管理均值均大于真实活动盈余管理均值，说明了我国上市公司实施应计盈余管理手段多于真实活动盈余管理手段，同时也说明了上市公司普遍存在盈余管理行为。

表6-3　　主要变量描述性统计

变量	均值	中位数	标准差	最小值	最大值
ADC	0.112	0.078	0.114	0.001	0.610
*RM*1	0.024	0.003	0.118	-0.190	0.608
*RM*2	0.006	-0.004	0.165	-0.451	0.589
E_PRO	0.010	-0.003	0.102	-0.633	0.724
E_CFO	0.007	0.008	0.102	-0.315	0.313
E_DISP	-0.013	-0.004	0.125	-0.648	0.376
Power	-0.111	-0.146	0.226	-1.090	3.826
Soe	0.487	0	0.500	0	1
MB	0.393	0.330	0.262	0	1.338
Lev	0.455	0.460	0.207	0.048	0.897
Size	21.41	21.32	1.464	13.08	28.51
Roa	9.059	7.264	8.920	-17.07	44.10
Growth	0.132	0.068	0.419	-0.837	2.844
Loss	0.075	0	0.264	0	1
Cycle	5.059	5.073	0.964	2.491	7.904
Age	8.459	8.569	6.311	-3.177	21.058
*Big*4	0.064	0	0.244	0	1

管理层权力变量 *Power* 的均值为 -0.111，最大值和最小值分别为 3.826 和 -1.090，说明我国各上市公司管理层权力大小存在较大的差异。控制人性质变量非国有企业 *Soe* 的均值为 0.487，说明我国上市公司仍然有半数以上的国有控股公司。审计师变量 *Big*4 均值为 0.064，中位数为 0，说明了有 6% 的上市公司选择国际四大会计师事务所作为外部审计师，大部分上市公司没有聘请国际四大会计师事务所审计。公司财务特征变量包括了资产报酬率 *Roa*、公司成长机会 *Growth*、是否发生亏损 *Loss* 等指标，样本公司资产负债率 *Lev* 均值为 0.455，说明了大部分公司资产与负债几乎维持在持平的状态，*Roa* 指标均值达到 9.059，*Growth* 均值达到 0.132，说明了我国上市公司大部分样本平均财务状况良好，而 *Loss* 指标均值为 0.075，说明了仅有约 7% 的公司存在亏损。

表 6-4 展示了权力约束的制度嵌入前后各变量的均值和中值差异性检验结果，从表中看出权力约束的制度嵌入前后应计盈余管理变量均值和

中位数差异 T 值和 Z 值在 1% 水平显著，初步说明了制度嵌入前后应计盈余管理存在显著差异；真实活动盈余管理变量差异性检验 T 值和 Z 值在 1% 水平显著，*RM*1 中位数从 -0.002 上升到 0.015，均值从 0.017 上升到 0.053；*RM*2 的均值从 -0.001 上升到 0.043。这说明了在制度嵌入前后真实活动盈余管理存在显著差异，但真实活动盈余管理在制度嵌入后，均值和中位数并没有下降，反而有所上升，这可能是由于真实活动盈余管理比较隐蔽，很难和真实经营活动分开，不易被监管部门发现，成为管理层逃避外部监督谋取个人利益的有力武器。但也有可能是没有控制其他变量所致，还需进一步回归分析。另外，制度嵌入前后其他财务指标变量 T 值和 Z 值大都在 1% 水平上显著，说明了制度嵌入前后上市公司财务特征存在显著差异。

表 6-4　　单变量对比分析 T 检验和 Z 检验

变量	*PG*=0		*PG*=1		差异性	
	均值	中位数	均值	中位数	T 值	Z 值
ADC	0.108	0.077	0.082	0.059	0.026***	-35.463***
*RM*1	0.017	-0.002	0.053	0.015	-0.036***	-37.369***
*RM*2	-0.001	-0.009	0.043	0.018	-0.044***	-33.170***
Power	0.001	0.001	-0.046	-0.127	0.046**	2.577**
MB	0.426	0.350	0.508	0.382	-0.081***	-14.976***
Lev	0.412	0.480	0.450	0.444	-0.038***	11.988***
Size	0.466	21.539	0.449	21.815	0.017***	-32.519***
Roa	21.68	6.646	22.00	5.456	-0.319***	32.808***
Growth	7.739	0.083	6.261	0.052	1.478***	30.328***
Loss	0.151	0	0.099	0	0.052***	-7.582***
Cycle	0.079	5.002	0.094	5.174	-0.015***	-24.500***
*Big*4	4.991	0	5.148	1	-0.157***	-47.654***
Age	0.377	8.553	0.547	9.003	-0.170***	-34.979

注：表中*、**、*** 分别表示在 10% 水平、5% 水平和 1% 水平显著。

6.3.2　相关性分析

表 6-5 展示了文章主要变量的相关系数分析结果，图表下三角表示皮尔森（pearson）相关系数，上三角表示斯皮尔曼（spearman）相关系

表 6-5 主要变量的相关系数

变量	ADC	RM1	RM2	PG × Power	Power	Roa	Size	Growth	Cfo	Lev	Ret	Age
ADC	1	0.070***	0.18***	-0.036***	0.160***	0.312***	-0.527***	0.192***	-0.036***	-0.220***	0.031***	-0.347***
RM1	0.127***	1	0.351***	0.091***	0.027*	0.011	0.032***	-0.012	-0.061***	0.081***	0.008	-0.068***
RM2	-0.201***	0.527***	1	0.050***	0.018	-0.129***	-0.080***	0.019*	-0.637***	0.125***	0.013*	-0.005
PG × Power	-0.043*	0.138*	0.094*	1	0.331***	0.071*	-0.197***	-0.013***	-0.024***	-0.109*	0.024***	0.130***
Power	0.235***	0.047***	0.023*	0.16***	1	0.16***	-0.29***	0.042***	-0.003	-0.098***	0.016*	-0.039***
Roa	0.401***	0.069***	-0.083***	-0.007	0.220***	1	-0.21***	0.450***	0.330***	-0.250***	0.015**	-0.421***
Size	-0.470***	-0.025**	-0.067***	0.082***	-0.327***	-0.264***	1	-0.063***	-0.091***	0.310***	-0.065***	0.450***
Growth	0.357***	0.060***	0.024**	0.037***	0.049***	0.298***	-0.028***	1	0.17***	-0.034***	0.009	-0.325***
Cfo	0.045***	-0.017*	-0.646***	-0.056***	0.055***	0.302***	-0.140***	0.154***	1	-0.17***	-0.006	-0.221***
Lev	-0.174***	0.052***	0.084***	-0.120***	-0.103***	-0.261***	0.306***	-0.013	-0.13***	1	-0.015**	0.165***
Ret	0.026***	0.001	0.014*	0.019***	0.008	0.012*	-0.048***	0.004	-0.007	-0.005	1	-0.012*
Age	-0.29***	-0.046***	0.009	0.140***	-0.260***	-0.380***	0.400***	-0.160***	-0.190***	0.172***	-0.072	1

注：*、**、*** 分别表示在 10% 水平、5% 水平和 1% 水平显著。

数。从表6－5中我们发现管理层权力变量*Power*和可操控应计*ADC*、真实活动盈余管理变量*RM*1、*RM*2均存在显著的相关关系，相关系数分别为0.235、0.047和0.023，并在1%水平显著，方向与预期一致，初步说明了管理层权力影响了盈余管理程度。从表6－5中看出，制度嵌入与管理层权力的交乘项系数与应计盈余管理活动显著负相关，与真实活动盈余管理显著正相关，为制度嵌入影响管理层权力所引发的盈余管理活动提供了初步支持。另外，我们进一步检验了模型是否存在多重共线性问题。通过相关系数表看出，各变量间的相关系数基本小于50%，说明了各变量间不存在严重的多重共线性关系。书中还采用方差膨胀因子检验了各变量的多重共线性，从检验结果可以看出，各变量的方差膨胀因子均小于5，进一步说明模型中各变量的多重共线性问题不严重。

6.3.3　多元回归分析

（1）管理层权力与盈余管理的回归结果

表6－6展示了管理层权力对盈余管理影响的多元回归结果，基本与预期结果一致。从表中看出，管理层权力变量*Power*系数为0.154，在1%水平与应计盈余管理变量*ADC*存在显著的正相关关系，说明了管理层权力越大应计盈余管理程度越高。从表6－6中展示的管理层权力与真实活动盈余管理的回归结果看出，管理层权力变量与*RM*1的系数是－0.007，与真实活动盈余管理*RM*1在1%水平存在显著的负相关关系；与*RM*2的系数为－0.013，在1%水平存在显著的负相关关系，说明了管理层权力越大，真实活动盈余管理程度越低，初步验证了书中假说。

表6－6　管理层权力与盈余管理

变量	预期符号	*ADC*	预期符号	*RM*1	*RM*2
Power	+	0.154*** (8.93)	−	−0.007*** (−3.41)	−0.013*** (−5.22)
MB	+	0.130*** (23.89)	+	0.139*** (27.77)	0.069*** (13.33)
Lev	+	0.094*** (16.54)	+	0.106*** (19.65)	0.034*** (6.46)
Size	+	−0.220*** (−35.82)	+	−0.057*** (−9.95)	−0.023*** (−21.02)

续表

变量	预期符号	*ADC*	预期符号	*RM*1	*RM*2
Roa	+	0.359 *** (67.12)	+	0.075 *** (14.98)	0.000 (0.14)
Growth	+	0.017 *** (3.42)	+	0.053 *** (11.41)	0.073 *** (31.11)
Loss	+	0.400 *** (48.47)	+	0.064 *** (8.31)	-0.016 *** (-3.55)
Cycle	+	0.141 *** (30.47)	+	0.202 *** (46.85)	-1.058 *** (-25.78)
*Big*4	-	0.024 *** (4.77)	-	-0.006 *** (-2.17)	0.005 (0.89)
Age	+	-0.058 *** (-10.96)	+	-0.046 *** (-9.27)	0.020 *** (4.96)
Industry	—	已控制	—	已控制	已控制
year	—	已控制	—	已控制	已控制
_cons	—	0.516 *** (21.75)	—	-0.181 *** (-8.66)	0.678 *** (28.07)
Adj_R^2	—	0.6840	—	0.6224	0.6359
F	—	138.218	—	232.21	92.688

注：表中 *** 表示在1%水平显著。

控制变量资产负债率与应计盈余管理的系数是0.094，与真实活动盈余管理 *RM*1 和 *RM*2 的系数是0.106 和0.034，在1%水平显著负相关，说明了资产负债率越高，盈余管理程度越高，可能是管理层为了达到借款契约条款的要求，进行了更多的盈余管理行为。公司规模 *Size* 变量在应计盈余管理回归模型中的系数是-0.220，与应计盈余管理在1%水平存在负相关的关系；在真实活动盈余管理回归模型中的系数是-0.057和-0.023，在1%水平与真实活动盈余管理存在负相关的关系。说明了规模较大的公司会减少应计盈余管理和真实活动盈余管理，可能是我国的监管制度逐渐严格，规模较大的公司更注重声誉和影响力，而降低了盈余管理活动。公司成长性 *Growth* 与应计盈余管理的回归系数是0.017，与真实活动盈余管理 *RM*1 和 *RM*2 的回归系数是0.053 和0.073，分别在1%水平显著正相关，说明了成长性越好的公司越可能采用盈余管理手段向外界传递公司发展较好的积极信号。审计师变量 *Big*4 与应计盈余管理在 1% 水平显著正相关，与预期结果相反，而仅与真实活动盈余 *RM*1 在 1% 显著负相关，与 *RM*2 并不显著，说明聘请国际四大会计师事务所进行审计对抑制盈余管理的效果并不是很理想。

表 6－7 报告了控制其中一种盈余管理后，管理层权力与盈余管理的回归结果。从第（1）栏可以看到，在控制了真实活动盈余管理后，管理层权力与应计盈余管理活动的系数是 0. 158，仍然在 1% 水平与应计盈余管理活动显著正相关，说明了管理层权力越大，应计盈余管理程度越高。第（2）栏和第（3）栏中在控制了应计盈余管理活动后，管理层权力变量与 *RM*1 系数是 －0. 009，与 *RM*2 的系数为 －0. 015，均在 1% 水平显著负相关，说明了管理层权力越大，真实活动盈余管理现象越少。从表 6－7 列示结果中，我们发现真实活动盈余管理 *RM*1 与应计盈余管理 *ADC* 显著负相关，而真实活动盈余管理 *RM*2 与应计盈余管理 *ADC* 显著负相关，说明了两类盈余管理之间没有一致的互补关系和替代关系，可能是管理层会同时使用多种盈余管理方式的原因。

表 6－7　　管理层权力与盈余管理（控制另一种盈余管理）

变量	(1) *ADC*	(2) *RM*1	(3) *RM*2
Power	0. 158 *** (8. 69)	－0. 009 *** (－4. 07)	－0. 015 *** (－5. 99)
*RM*1	－0. 052 *** (－2. 21)	—	—
*RM*2	0. 096 *** (10. 44)	—	—
ADC	—	－0. 013 *** (－2. 21)	0. 109 *** (13. 27)
MB	0. 097 *** (16. 74)	0. 237 *** (46. 98)	0. 063 *** (12. 28)
Lev	0. 075 *** (12. 05)	0. 186 *** (35. 07)	0. 041 *** (7. 62)
Size	－0. 224 *** (－33. 92)	－0. 107 *** (－18. 58)	－0. 021 *** (－18. 83)

续表

变量	(1) *ADC*	(2) *RM*1	(3) *RM*2
Roa	0.322 *** (55.64)	-0.210 *** (-40.79)	-0.001 *** (-3.05)
Growth	0.021 *** (3.98)	0.206 *** (44.31)	0.065 *** (26.79)
Loss	0.330 *** (37.30)	0.111 *** (14.17)	-0.021 *** (-4.71)
Cycle	0.107 *** (21.18)	0.093 *** (21.48)	-1.017 *** (-23.67)
Big4	0.005 (1.01)	0.034 *** (7.39)	-0.029 *** (-24.07)
Age	-0.038 *** (-6.69)	-0.059 *** (-11.86)	0.019 *** (4.63)
Industry	已控制	已控制	已控制
year	已控制	已控制	已控制
_cons	0.458 *** (18.54)	-0.221 *** (-10.43)	0.625 *** (25.67)
Adj_R^2	0.708	0.6142	0.6407
F	197.50	312.482	52.43

注：表中 *** 表示在1%水平显著。

表6-8展示了管理层权力与三类真实活动盈余管理的回归结果。从表6-8可以看出，管理层权力 *Power* 与异常生产成本的系数为0.006，并在5%水平显著正相关，说明了管理层权力越大，从事了越多的异常生产操控。管理层权力与异常经营活动现金流量和异常酌量性费用的回归系数分别为-0.009和-0.019，在1%水平显著负相关，说明了管理层权力变大，异常生产操控和酌量性费用操控有所减少。市场价值与账面价值的比、公司成长机会和财务杠杆分别与异常生产成本在1%水平显著负相关，说明发展前景较好的公司、价值较高的公司以及资产负债率较高的公司降低了异常生产操控。审计师变量与异常生产操控的回归系数是-0.016，并在1%水平显著负相关，说明了高质量的审计师能够降低管

理层的异常生产操控行为。第（2）栏是管理层权力与异常经营活动现金流的回归结果，管理层权力与异常经营现金流在 1% 水平显著负相关，说明了管理层权力变大，降低了公司的异常经营现金流量现象。第（3）栏是管理层权力变量与异常酌量性费用的回归结果，管理层权力变量与酌量性费用在 1% 水平显著负相关，说明了管理层权力变大，异常酌量性操控活动有所降低。酌量性费用主要包括研发或广告支出，酌量性费用操控会给企业带来更多的损害，如本期给予了客户销售折扣，会导致客户要求长期的折扣；而长期降低研发费用会导致公司创新能力降低，失去竞争优势等。可能的解释为经营活动现金流会影响管理层的投资活动，而投资活动是企业最重要的财务活动之一，影响着企业的生存与发展，权力较大的高管基于公司长远利益考虑，降低了异常经营现金流操控和异常酌量性费用操控。

表 6-8　　管理层权力与三类真实活动盈余管理

变量	(1) *EM_prod*	(2) *EM_cfo*	(3) *EM_dise*
Power	0.006** (2.51)	-0.009*** (-3.84)	-0.019*** (-7.13)
MB	-0.062*** (-12.52)	-0.015*** (-3.41)	0.054*** (10.15)
Lev	-0.013** (-2.48)	0.051*** (10.17)	0.049*** (8.42)
Size	0.023*** (21.97)	0.003*** (2.65)	-0.015*** (-12.97)
Roa	0.002*** (8.43)	-0.008*** (-45.99)	-0.002*** (-11.66)
Growth	-0.006** (-2.43)	0.019*** (8.68)	0.009*** (3.68)
Loss	0.001 (0.15)	-0.061*** (-15.52)	-0.031*** (-6.80)
Cycle	0.044*** (38.84)	0.020*** (19.42)	-0.018*** (-15.09)
Big4	-0.016*** (-4.06)	-0.003 (-0.90)	0.009** (2.29)

续表

变量	(1) *EM_prod*	(2) *EM_cfo*	(3) *EM_dise*
Age	-0.000 (-1.24)	-0.002*** (-10.91)	-0.001*** (-3.17)
ADC	-0.127*** (-17.06)	-0.422*** (-61.92)	-0.041*** (-5.16)
Industry	已控制	已控制	已控制
year	已控制	已控制	已控制
_cons	-0.545*** (-33.91)	0.701*** (43.10)	0.285 (0.24)
Adj_R^2	0.1751	0.3556	0.1699
F	107.475	288.539	104.584

注：表中**、***分别表示在5%水平和1%水平显著。

（2）制度嵌入、管理层权力与盈余管理的回归结果

表6-9报告了制度嵌入、管理层权力与盈余管理的回归结果，从表6-9第（1）栏可以看出制度嵌入与管理层权力的交乘项系数是-0.036，在5%水平与应计盈余管理显著负相关，说明制度嵌入显著降低了管理层权力与应计盈余管理的负相关关系，与预期结果一致。表明党的十八大以来严格的权力约束制度嵌入政策对高管起到了震慑作用，并对高管权力进行限制和约束，降低了管理层权力所导致的应计盈余管理行为，发挥了对管理层权力的外部监督作用。在第（2）栏中，制度嵌入*PG*与应计盈余管理的系数是-0.011，在1%水平存在负相关关系，说明制度嵌入降低了上市公司应计盈余管理水平，发挥了外部监督的作用。其他控制变量回归结果和之前章节变化不大，不再赘述。

表6-9 制度嵌入、管理层权力与应计盈余管理

变量	预期符号	(1) *ADC*	(2) *ADC*
Power	+	0.013*** (6.31)	—
PG	-	0.001 (0.60)	-0.011*** (-7.20)

续表

变量	预期符号	(1) ADC	(2) ADC
$PG \times Power$	-	-0.036** (-2.29)	—
MB	+	0.015*** (4.10)	-0.011*** (-9.25)
Lev	+	-0.027*** (-6.53)	0.028*** (20.76)
$Size$	+	-0.017*** (-22.76)	-0.005*** (-20.55)
Roa	+	0.002*** (17.76)	0.002*** (37.97)
$Growth$	+	0.061*** (32.32)	0.042*** (63.68)
$Loss$	+	0.023*** (7.76)	0.041*** (44.46)
$Cycle$	+	0.014*** (16.18)	0.007*** (24.92)
$Big4$	-	-0.004*** (-3.25)	-0.005*** (-11.43)
Age	+	-0.003*** (-17.94)	-0.000*** (-4.74)
$Industry$	—	已控制	已控制
$year$	—	已控制	已控制
_cons	—	0.397*** (23.51)	0.121*** (22.84)
Adj_R^2	—	0.1802	0.1470
F	—	178.612	98.924

注：表中**、***分别表示在5%水平和1%水平显著。

表6-10展示了制度嵌入、管理层权力与真实活动盈余管理的回归结果，我们发现在第（1）栏中制度嵌入与管理层权力的交乘项系数是0.042，并在1%水平显著正相关，第（2）栏中制度嵌入与管理层权力的

交乘项系数为0.012，与真实活动盈余管理也在5%水平显著正相关，说明制度嵌入导致管理层更多利用权力操控真实活动盈余管理，表明了制度嵌入改变了管理层权力与真实活动盈余管理的关系，使管理层的盈余管理策略从应计盈余管理转向真实活动盈余管理。表6－11展示了制度嵌入、管理层权力与三类真实活动的回归结果，从展示的结果发现制度嵌入与管理层权力系数分别为0.015、－0.004和－0.016，与生产活动操控在1%水平显著正相关，与销售活动操控在10%水平显著负相关，与酌量性费用在1%水平显著负相关，可能是制度嵌入导致了严格的外部监督环境，高管可能实施了较多的生产活动操控来获取私人利益。

表6－10　　制度嵌入、管理层权力与真实活动盈余管理

变量	预期符号	(1) *RM*1	(2) *RM*2	(3) *RM*1	(4) *RM*2
Power	－	－0.010*** (－4.73)	－0.002 (－0.74)	—	—
PG	＋	0.009*** (4.59)	0.019*** (6.71)	0.010*** (2.95)	0.017*** (7.54)
PG×*Power*	＋	0.042*** (4.06)	0.012** (2.14)	—	—
MB	＋	－0.004 (－0.99)	0.055*** (9.91)	0.004 (1.50)	0.067 (0.97)
Lev	＋	0.030*** (6.92)	0.094*** (15.38)	0.047*** (13.67)	0.448*** (5.33)
Size	＋	0.006*** (7.58)	－0.017*** (－16.16)	0.014*** (23.25)	0.002 (0.16)
Roa	＋	0.000 (0.52)	－0.007*** (－37.84)	－0.001*** (－8.83)	0.001 (0.21)
Growth	＋	0.010*** (4.83)	0.053*** (19.30)	－0.144*** (－25.57)	－1.265*** (－31.82)
Loss	＋	－0.028*** (－9.16)	－0.077*** (－17.55)	－0.038*** (－16.82)	－0.100* (－1.79)
Cycle	＋	0.023*** (25.33)	0.001 (1.13)	0.041*** (59.58)	－0.091*** (－5.56)

续表

变量	预期符号	(1) RM1	(2) RM2	(3) RM1	(4) RM2
Big4	-	-0.008 *** (-5.87)	-0.007 *** (-3.55)	-0.005 *** (-4.10)	0.042 (1.49)
Age	+	-0.001 *** (-8.24)	-0.004 *** (-18.51)	-0.002 *** (-19.07)	-0.016 *** (-5.80)
Industry	—	已控制	已控制	已控制	已控制
year	—	已控制	已控制	已控制	已控制
_cons	—	-0.193 *** (-10.77)	0.417 *** (16.59)	-0.489 *** (-35.61)	0.453 (1.37)
Adj_R^2	—	0.1950	0.1604	0.0169	0.0165
F	—	170.842	150.191	21.179	48.242

注：表中 *、**、*** 分别表示在 10% 水平、5% 水平和 1% 水平显著。

表 6-11 制度嵌入、管理层权力与三类真实活动操控

变量	(1) EM_prod	(2) EM_cfo	(3) EM_disp
PG	-0.010 *** (-11.67)	0.003 *** (3.42)	0.042 *** (42.50)
Power	0.001 (1.46)	0.005 *** (6.38)	-0.003 *** (-2.79)
PG × Power	0.015 *** (5.93)	-0.004 * (-1.77)	-0.016 *** (-3.09)
MB	-0.030 *** (-20.18)	0.009 *** (6.46)	0.034 *** (19.64)
Lev	-0.007 *** (-3.47)	0.046 *** (25.87)	0.048 *** (20.55)
Size	0.011 *** (30.71)	-0.008 *** (-25.87)	-0.014 *** (-34.69)
Roa	0.002 *** (24.51)	-0.005 *** (-30.42)	-0.002 *** (-19.44)
Growth	-0.003 *** (-3.27)	0.044 *** (29.92)	0.016 *** (13.75)

续表

变量	(1) *EM_prod*	(2) *EM_cfo*	(3) *EM_disp*
Loss	-0.002 (-1.26)	-0.027 *** (-22.00)	-0.019 *** (-11.79)
Cycle	0.029 *** (26.06)	0.012 *** (39.62)	-0.008 *** (-19.79)
Big4	-0.003 *** (-4.56)	-0.000 (-0.43)	0.004 *** (4.61)
Age	-0.000 *** (-5.86)	-0.001 *** (-19.18)	-0.001 *** (-7.72)
Industry	已控制	已控制	已控制
year	已控制	已控制	已控制
_cons	-0.359 *** (-50.07)	0.136 *** (21.42)	0.328 *** (39.63)
Adj_R^2	0.1073	0.1349	0.0455
F	98.775	180.696	51.371

注：表中 *、*** 分别表示在 10% 水平、1% 水平显著。

表 6-12 展示了不同产权性质下制度嵌入、管理层权力与盈余管理的回归结果，从第（2）栏、第（4）栏和第（6）栏可以看出，制度嵌入与管理层权力的交乘项系数分别为 -0.039、0.004 和 0.009，与应计盈余管理在 1% 水平负相关，与真实活动盈余管理在 1% 水平显著正相关。表明了制度嵌入在国有企业中的治理效果更加明显。

表 6-12　不同产权性质下制度嵌入、管理层权力与盈余管理

变量	非国有企业 (1) *ADC*	国有企业 (2) *ADC*	非国有企业 (3) *RM1*	国有企业 (4) *RM 1*	非国有企业 (5) *RM 2*	国有企业 (6) *RM 2*
Power	0.007 * (1.70)	0.007 (0.86)	-0.006 (-1.29)	-0.006 ** (-2.19)	0.004 (0.49)	-0.008 (-0.55)
PG	0.012 *** (2.89)	0.045 *** (5.70)	-0.007 (-0.91)	-0.011 * (-1.82)	0.062 *** (4.35)	0.013 (1.32)
PG × Power	-0.013 * (-1.83)	-0.039 *** (-3.25)	-0.003 (-0.24)	0.004 * (1.66)	0.004 (0.21)	0.009 * (1.91)

续表

变量	非国有企业 (1) *ADC*	国有企业 (2) *ADC*	非国有企业 (3) *RM*1	国有企业 (4) *RM* 1	非国有企业 (5) *RM* 2	国有企业 (6) *RM* 2
ADA	—	—	-0. 059 *** (-9. 76)	-0. 024 *** (-2. 98)	-0. 282 *** (-27. 42)	-0. 008 (-2. 75)
MB	0. 003 (0. 56)	0. 032 ** (2. 52)	0. 024 *** (3. 11)	0. 014 *** (3. 07)	0. 093 *** (6. 08)	0. 041 *** (3. 96)
Lev	0. 000 *** (3. 91)	-0. 000 *** (-2. 98)	0. 000 *** (5. 80)	-0. 000 (-0. 04)	0. 002 *** (15. 77)	0. 001 *** (8. 88)
Size	-0. 034 *** (-23. 21)	-0. 100 *** (-34. 71)	0. 016 *** (9. 28)	0. 015 *** (13. 67)	-0. 007 ** (-2. 06)	-0. 010 *** (-3. 66)
Roa	0. 005 *** (16. 48)	0. 009 *** (22. 52)	-0. 002 *** (-9. 00)	-0. 002 *** (-7. 78)	-0. 008 *** (-19. 66)	-0. 007 *** (-13. 45)
Growth	0. 081 *** (23. 94)	0. 169 *** (43. 21)	-0. 034 *** (-14. 56)	-0. 027 *** (-11. 21)	-0. 119 *** (-28. 89)	-0. 039 *** (-6. 64)
Loss	0. 047 *** (8. 67)	0. 049 *** (4. 72)	-0. 042 *** (-7. 34)	-0. 019 *** (-5. 03)	-0. 085 *** (-7. 73)	-0. 070 *** (-6. 73)
Cycle	0. 004 ** (2. 49)	0. 040 *** (15. 26)	0. 049 *** (31. 35)	0. 038 *** (33. 33)	-0. 017 *** (-5. 95)	0. 004 (1. 51)
*Big*4	0. 002 (0. 69)	-0. 003 (-0. 54)	-0. 009 *** (-3. 20)	-0. 009 *** (-4. 23)	-0. 020 *** (-3. 80)	0. 003 (0. 46)
Age	-0. 001 *** (-2. 83)	0. 000 (0. 57)	-0. 002 *** (-6. 35)	-0. 001 *** (-4. 99)	-0. 001 * (-1. 77)	0. 002 *** (2. 64)
*RM*1	-0. 070 *** (-4. 28)	-0. 300 *** (-14. 35)	—	—	—	—
*RM*2	0. 062 *** (6. 64)	0. 277 *** (24. 92)	—	—	—	—
Industry	已控制	已控制	已控制	已控制	已控制	已控制
year	已控制	已控制	已控制	已控制	已控制	已控制
_cons	0. 790 *** (25. 32)	2. 007 *** (33. 65)	-0. 592 *** (-15. 97)	-0. 528 *** (-21. 93)	0. 088 (1. 25)	0. 107 * (1. 93)
Adj_R^2	0. 0802	0. 0688	0. 3471	0. 3708	0. 1091	0. 1089
F	134. 258	487. 481	119. 469	123. 273	66. 917	50. 262

注：表中 * 、** 、*** 分别表示在 10% 水平、5% 水平和 1% 水平显著。

(3) 进一步检验：政治关联的影响

为了进一步检验制度嵌入影响管理层权力与盈余管理的关系，本章引入政治关联变量，借鉴杜兴强等（2009）的做法，书中将公司管理层曾经或现在担任党代表、人民代表大会代表或政协委员定义为具有政治关联（*PC*），赋值为1，否则赋值为0。已有研究发现企业与政府的关联关系会降低对外报告的会计信息质量，如杜兴强等（2009）发现民营上市公司的政治关联关系降低了会计稳健性。陈克兢（2016）认为企业的政治关联关系与应计盈余管理存在正相关的关系。而党的十八大以来的权力约束减少了企业的政治关联关系（第5章已经验证），那么，随着政治关联关系的减少，政治关联关系所导致操纵财务报告的行为可能也会随之减少。因此，书中进一步检验了政治关联关系对盈余管理的影响，回归结果见表6-13，从表中看出政治关联关系（*PC*）与应计盈余管理（*ADC*）的系数为0.005，*t*值为1.98，在10%水平显著正相关。在第（2）栏中政治关联关系（*PC*）与真实活动盈余管理*RM*1的系数为0.006，在5%水平显著正相关，说明了政治关联关系可能造成管理层更加严重的盈余管理行为。而我们已经发现权力约束的制度嵌入可能导致政治关联关系有所减少，因此，在政治关联关系有所减少的情况下，政治关联关系所带来的盈余管理的负面效应可能会有所降低。

表6-13　　　　政治关联与盈余管理

变量	(1) *ADC*	(2) *RM*1	(3) *RM*2
PC	0.005* (1.98)	0.006** (2.00)	0.000 (0.02)
MB	0.040*** (4.99)	0.014*** (3.16)	0.058*** (6.25)
Lev	0.000** (2.13)	0.000*** (2.78)	0.001*** (13.09)
Size	-0.067*** (-36.72)	0.016*** (14.74)	-0.002 (-0.85)
Roa	0.009*** (31.22)	-0.002*** (-11.70)	-0.008*** (-25.27)
Growth	0.114*** (34.15)	-0.030*** (-15.76)	-0.084*** (-22.95)

续表

变量	(1) *ADC*	(2) *RM*1	(3) *RM*2
Loss	0.074 *** (11.44)	−0.032 *** (−8.79)	−0.080 *** (−10.83)
Cycle	0.017 *** (8.76)	0.041 *** (41.02)	−0.009 *** (−4.38)
*Big*4	0.061 *** (8.23)	−0.025 *** (−6.06)	−0.034 *** (−4.04)
Age	−0.003 *** (−9.14)	−0.001 *** (−4.29)	0.000 (0.48)
*RM*1	−0.172 *** (−10.27)	—	—
*RM*2	0.214 *** (25.34)	—	—
ADA	—	−0.038 *** (−7.60)	0.272 *** (30.45)
Industry	已控制	已控制	已控制
year	已控制	已控制	已控制
_cons	1.453 *** (36.41)	−0.555 *** (−24.20)	−0.037 (−0.81)
Adj_R^2	0.3985	0.3675	0.1641
F	219.249	198.022	76.927

注：表中 *、**、*** 分别表示在 10% 水平、5% 水平和 1% 水平显著。

为了进一步检验政治关联关系的影响，我们考察了制度嵌入对政治关联与盈余管理之间关系的影响。从表 6－14 中的第（2）栏看出，政治关联对应计盈余管理影响的回归结果在制度嵌入后的样本中 1% 水平显著负相关，表明制度嵌入使政治关联所带来的应计盈余管理的负面行为有所减少。从表 6－14 可以看出，政治关联对真实活动盈余管理影响的回归结果在权力约束制度后的样本中显著正相关，可能是真实活动盈余管理比较隐蔽，很难被发现的原因。

表 6－14　　　　　　　制度嵌入、政治关联与盈余管理

变量	制度嵌入前（1） *ADC*	制度嵌入后（2） *ADC*	制度嵌入前（3） *RM1*	制度嵌入后（4） *RM2*
PC	-0.006 (-1.01)	-0.010* (-1.68)	0.002 (0.47)	0.010*** (2.97)
MB	0.003 (0.34)	0.072*** (5.92)	0.014** (2.36)	0.027*** (3.56)
Lev	0.000** (1.99)	-0.000*** (-3.38)	0.000*** (3.83)	0.000** (2.47)
Size	-0.055*** (-24.07)	-0.080*** (-29.95)	0.019*** (13.77)	0.012*** (7.17)
Roa	0.007*** (17.49)	0.010*** (23.32)	-0.001*** (-6.29)	-0.002*** (-8.21)
Growth	0.091*** (19.22)	0.161*** (43.19)	-0.038*** (-14.13)	-0.027*** (-11.48)
Loss	0.052*** (6.06)	0.085*** (8.80)	-0.030*** (-6.14)	-0.030*** (-5.62)
Cycle	0.013*** (6.05)	0.037*** (14.42)	0.042*** (31.93)	0.047*** (29.67)
Big4	0.056*** (5.88)	0.097*** (8.07)	-0.026*** (-4.76)	-0.025*** (-3.72)
Age	-0.002*** (-4.24)	-0.001*** (-3.10)	-0.000 (-0.55)	-0.002*** (-6.36)
RM1	-0.036* (-1.65)	-0.354*** (-16.95)	—	—
RM2	0.141*** (13.51)	0.293*** (23.72)	—	—
ADC	—	—	-0.011 (-1.50)	-0.080*** (-12.61)
Industry	已控制	已控制	已控制	已控制
year	已控制	已控制	已控制	已控制
_cons	1.230*** (25.79)	1.632*** (28.70)	-0.654*** (-21.54)	-0.506*** (-13.82)
Adj_R^2	0.4035	0.3249	0.1497	0.2118
F	192.240	526.277	129.398	114.243

注：表中*、**、***分别表示在10%水平、5%水平和1%水平显著。

6.4 稳健性检验

6.4.1 考虑内生性问题

由于管理层权力变量的计量还存在很大的困难，至今尚未统一，为了研究结果的稳健，本书借鉴刘星等（2012）的做法，将管理层权力的 8 个变量求平均值作为管理层权力的替代变量进行重新回归。另外，管理层权力与盈余管理存在内生性问题，为了排除内生性问题造成结果的偏误，我们对模型进行二阶段回归。表 6-15 展示了赫克曼（Heckman）二阶段回归结果，从结果看出在考虑了内生性问题后，管理层权力变量与盈余管理系数依然显著，控制变量的细微变化不影响结果的稳健性。表 6-16 展示了管理层权力 8 个变量平均值作为替代变量的稳健性回归结果，从表中结果看出，管理层变量的回归系数显著，结果稳健，仍然支持前述结果。

表 6-15　　　　管理层权力与盈余管理的二阶段回归

变量	(1) *ADC*	(2) *RM*1	(3) *RM*2
Power	0.078 *** (3.75)	-0.020 *** (-5.18)	-0.146 *** (-5.06)
*RM*1	-0.281 *** (-6.37)	—	—
*RM*2	0.621 *** (14.23)	—	—
ADC	—	0.091 *** (3.01)	0.164 *** (3.89)
MB	-0.063 *** (-6.46)	-0.084 *** (-5.79)	-0.112 *** (-5.06)
Lev	-0.257 *** (-19.55)	-0.233 *** (-11.93)	-0.225 *** (-8.06)

续表

变量	(1) ADC	(2) RM1	(3) RM2
Size	0.063*** (17.48)	0.080*** (14.87)	0.102*** (12.01)
Roa	0.000 (0.30)	−0.000 (−0.42)	−0.002** (−2.20)
Growth	0.010* (1.65)	0.005 (0.52)	0.009 (0.75)
Loss	0.021** (2.12)	0.013 (0.88)	−0.049** (−2.17)
Cycle	0.014*** (5.96)	0.007* (1.95)	0.009* (1.75)
Big4	0.018* (1.90)	0.014 (1.01)	0.016 (0.81)
Age	−0.010*** (−21.47)	−0.009*** (−14.44)	−0.009*** (−9.90)
Industry	已控制	已控制	已控制
year	已控制	已控制	已控制
_cons	−0.519*** (−8.11)	−0.452*** (−4.81)	1.581*** (16.46)
mills *lambda*	−0.667*** (−25.12)	−0.925*** (−22.87)	−0.045*** (−1.86)
rho	−1.000	− −0.4685	−0.3101
sigma	0.007	0.1012	0.1475

注：表中*、**、***分别表示在10%水平、5%水平和1%水平显著。

表6−16　制度嵌入、管理层权力与盈余管理

变量	(1) ADC	(2) RM1	(3) RM2
Power	0.012* (1.79)	−0.008 (−1.53)	−0.017** (−2.04)
PG	0.042*** (7.61)	0.003 (0.76)	0.010 (1.43)
PG×Power	−0.028*** (−3.26)	0.077*** (10.58)	0.083*** (7.81)

续表

变量	(1) *ADC*	(2) *RM*1	(3) *RM*2
*RM*1	-0.308 *** (-16.18)	—	—
*RM*2	0.214 *** (20.38)	—	—
ADC	—	-0.078 *** (-9.17)	0.237 *** (22.75)
MB	0.005 (0.59)	0.009 (1.31)	0.085 *** (7.84)
Lev	-0.000 (-1.54)	0.001 *** (8.14)	0.002 *** (12.74)
Size	-0.054 *** (-26.64)	-0.000 (-0.26)	-0.018 *** (-7.14)
Roa	0.003 *** (22.52)	-0.000 * (-1.73)	-0.001 *** (-8.36)
Growth	0.031 *** (26.94)	-0.001 (-1.27)	-0.000 *** (-6.33)
Loss	-0.006 (-0.92)	-0.028 *** (-4.87)	-0.019 ** (-2.19)
Cycle	0.018 *** (9.46)	0.015 *** (10.43)	-0.008 *** (-3.57)
*Big*4	0.002 (0.40)	-0.008 *** (-2.58)	-0.010 ** (-2.05)
Age	-0.006 *** (-17.30)	-0.002 *** (-5.22)	0.002 *** (3.86)
Industry	已控制	已控制	已控制
year	已控制	已控制	已控制
_cons	1.262 *** (29.70)	-0.066 * (-1.82)	0.283 *** (5.44)
Adj_R^2	0.3719	0.0679	0.1039
F	173.100	49.408	83.845

注：表中 *、**、*** 分别表示在 10% 水平、5% 水平和 1% 水平显著。

同时，本章还检验了管理层权力各变量分别对应计盈余管理和真实活动的回归结果，因篇幅有限未做阐述。应计盈余管理的回归结果中，仅存在董事会规模和独立董事比例与应计盈余管理显著负相关，其他变量与应计盈余管理均是显著正相关的关系。可能是较大规模的董事会对管理层权力起到了削弱作用，减少了应计盈余管理行为。独立董事比例越大，越能发挥对管理层的监督作用，减少应计盈余管理行为。真实活动盈余管理回归结果中，仅存在独立董事工作地点与上市公司办公地点一致性与真实活动盈余管理存在正相关的关系，其他权力变量如独立董事比例、高管持股比例、股权分散度、高管薪酬份额与真实活动盈余管理是负相关的关系。这些结果表明了本书的研究结果是稳健的。

6.4.2 考虑各变量的序列相关和异方差问题

为了排除模型自变量之间可能存在的异方差问题造成结果的偏误，本书采用了稳健（robust）检验来消除异方差对研究模型系数估计的偏误。另外，为了消除模型中各变量自相关性的影响，我们进行了稳健标准误聚类调整，对研究模型进行了 cluster 公司层面的回归。回归结果见表 6-17 至表 6-19，结果表明 robust 回归和 cluster 层面的回归结果几乎没有差异，仅在 *t* 值上有细微变化。

表 6-17 制度嵌入、管理层权力与应计盈余管理 robust 与 cluster 层面

变量	Robust		Cluster	
	(1) *ADC*	(2) *ADC*	(3) *ADC*	(4) *ADC*
Power	0.008*** (9.05)	—	0.008** (2.87)	—
PG	0.001 (0.68)	-0.011*** (-7.67)	0.001 (0.27)	-0.011*** (-3.94)
PG × *Power*	-0.006*** (-3.25)	—	-0.006** (-2.57)	—
MB	0.013*** (8.59)	-0.011*** (-9.12)	0.013 (1.28)	-0.011** (-2.48)
Lev	0.027*** (12.09)	0.028*** (18.43)	0.027 (1.79)	0.028*** (3.92)

续表

变量	Robust		Cluster	
	(1) *ADC*	(2) *ADC*	(3) *ADC*	(4) *ADC*
Size	-0.019*** (-48.00)	-0.005*** (-19.23)	-0.019*** (-7.57)	-0.005** (-3.19)
Roa	0.003*** (27.90)	0.002*** (25.28)	0.003*** (6.62)	0.002*** (7.59)
Growth	0.056*** (34.57)	0.042*** (34.31)	0.056*** (12.31)	0.042*** (12.23)
Loss	0.025*** (20.96)	0.041*** (42.43)	0.025*** (4.08)	0.041*** (9.83)
Cycle	0.005*** (13.13)	0.007*** (22.88)	0.005** (2.38)	0.007*** (4.64)
Big4	-0.003*** (-5.20)	-0.005*** (-11.45)	-0.003 (-1.51)	-0.005*** (-6.25)
Age	-0.001*** (-16.57)	-0.000*** (-4.46)	-0.001 (-1.61)	-0.000 (-0.63)
Industry	已控制	已控制	已控制	已控制
year	已控制	已控制	已控制	已控制
_cons	0.439*** (54.93)	0.121*** (22.18)	0.447*** (10.63)	0.121*** (3.69)
Adj_R^2	0.1470	0.2159	0.1550	0.1407
F	30.763	32.992	48.567	52.378

注：表中**、***分别表示在5%水平和1%水平显著。

表 6-18　制度嵌入、管理层权力与真实活动盈余管理 robust 回归

变量	(1) *RM1*	(2) *RM2*	(3) *RM1*	(4) *RM2*
Power	-0.004*** (-3.82)	-0.003** (-1.97)	—	—
PG	0.022*** (6.45)	0.025 (0.47)	-0.010*** (-3.91)	-0.020 (-1.37)
PG × Power	0.035*** (3.22)	0.039*** (2.77)	—	—

续表

变量	(1) *RM*1	(2) *RM*2	(3) *RM*1	(4) *RM*2
MB	-0.017*** (-8.59)	0.034*** (14.08)	0.004** (2.03)	0.067*** (5.43)
Lev	0.042*** (15.78)	0.108*** (33.29)	0.047*** (16.08)	0.448*** (3.36)
Size	-0.004*** (-8.34)	-0.024*** (-41.32)	0.014*** (22.68)	0.002 (0.72)
Roa	-0.000*** (-4.02)	-0.007*** (-51.57)	-0.001*** (-5.32)	0.001 (0.18)
Growth	0.022*** (9.99)	0.056*** (19.13)	-0.144*** (-12.95)	-1.265*** (-4.10)
Loss	-0.021*** (-12.78)	-0.047*** (-23.99)	-0.038*** (-25.54)	-0.100*** (-8.62)
Cycle	0.017*** (28.36)	-0.005*** (-7.19)	0.041*** (32.46)	-0.091** (-2.55)
*Big*4	-0.004*** (-4.50)	-0.005*** (-4.51)	-0.005*** (-3.39)	0.042 (1.50)
Age	-0.001*** (-16.17)	-0.002*** (-22.29)	-0.002*** (-9.61)	-0.016*** (-5.19)
Industry	已控制	已控制	已控制	已控制
year	已控制	已控制	已控制	已控制
_cons	-0.001 (-0.11)	0.502*** (40.14)	-0.489*** (-37.38)	0.453** (2.08)
Adj_R^2	0.1601	0.1457	0.1252	0.0168
F	94.537	50.230	32.527	10.893

注：表中**、***分别表示在5%水平和1%水平显著。

表6-19 制度嵌入、管理层权力与真实活动盈余管理cluster回归

变量	(1) *RM*1	(2) *RM*2	(3) *RM*1	(4) *RM*2
Power	-0.004* (-2.33)	-0.003*** (-5.64)	—	—

续表

变量	(1) RM1	(2) RM2	(3) RM1	(4) RM2
PG	0. 022 *** (3. 08)	0. 028 *** (7. 08)	0. 032 ** (2. 24)	0. 020 *** (3. 16)
PG × Power	0. 025 *** (4. 17)	0. 039 *** (3. 63)	—	—
MB	-0. 017 (-1. 32)	0. 034 * (1. 94)	0. 004 (0. 60)	0. 067 (1. 83)
Lev	0. 042 *** (11. 65)	0. 108 *** (8. 93)	0. 047 *** (6. 57)	0. 448 (1. 52)
Size	-0. 004 (-0. 69)	-0. 024 *** (-4. 05)	0. 014 *** (11. 07)	0. 002 (0. 26)
Roa	-0. 000 (-0. 85)	-0. 007 *** (-13. 33)	-0. 001 (-1. 80)	0. 001 (0. 08)
Growth	0. 022 * (1. 99)	0. 056 *** (4. 58)	-0. 144 ** (-3. 00)	-1. 265 * (-2. 18)
Loss	-0. 021 *** (-7. 46)	-0. 047 *** (-6. 03)	-0. 038 *** (-8. 57)	-0. 100 *** (-4. 66)
Cycle	0. 017 ** (3. 37)	-0. 005 (-1. 20)	0. 041 *** (14. 85)	-0. 091 (-1. 16)
Big4	-0. 004 (-1. 86)	-0. 005 ** (-2. 64)	-0. 005 (-1. 40)	0. 042 (0. 67)
Age	-0. 001 *** (-6. 88)	-0. 002 *** (-9. 84)	-0. 002 ** (-2. 74)	-0. 016 ** (-2. 72)
_cons	-0. 001 (-0. 01)	0. 502 *** (4. 37)	-0. 489 *** (-11. 89)	0. 453 (0. 92)
Adj_R^2	0. 1463	0. 1330	0. 2158	0. 0168
F	69. 672	48. 781	56. 943	31. 024

注：表中 * 、** 、*** 分别表示在 10% 水平、5% 水平和 1% 水平显著。

表 6 -20 和表 6 -21 列示了制度嵌入、管理层权力与三类真实活动盈余管理的 robust 和 cluster 公司层面的回归。我们发现在控制了异方差和序列相关问题后，结果和前述结果基本一致，在实施严格的权力约束政策

后，管理层实施了更多的生产活动操控。可能是由于过量生产隐蔽性较强，不但可以降低单位成本，还能迅速提高企业当期盈余，因此许多管理层会采用过量生产来调整盈余。

表 6－20　制度嵌入、管理层权力与三类真实活动盈余管理 robust 回归

变量	(1) *EM_prod*	(2) *EM_cfo*	(3) *EM_disp*
PG	－0.010*** (－12.10)	0.003*** (3.65)	0.042*** (36.20)
Power	0.001 (1.45)	0.005*** (6.14)	－0.003*** (－3.01)
PG × *Power*	0.015*** (5.68)	－0.004** (－2.07)	－0.004 (－4.90)
MB	－0.030*** (－21.01)	0.009*** (6.80)	0.034*** (22.62)
Lev	－0.007*** (－3.29)	0.046*** (23.81)	0.048*** (19.39)
Size	0.011*** (30.31)	－0.008*** (－24.68)	－0.014*** (－32.06)
Roa	0.002*** (19.34)	－0.005*** (－28.77)	－0.002*** (－14.70)
Growth	－0.003* (－1.82)	0.044*** (26.19)	0.016*** (6.15)
Loss	－0.002 (－1.35)	－0.027*** (－22.40)	－0.019*** (－11.45)
Cycle	0.029*** (35.15)	0.012*** (33.49)	－0.008*** (－16.54)
Big4	－0.003*** (－4.58)	－0.000 (－0.44)	0.004*** (4.53)
Age	－0.000*** (－5.55)	－0.001*** (－17.90)	－0.001*** (－6.94)
Industry	已控制	已控制	已控制
year	已控制	已控制	已控制
_cons	－0.359*** (－48.77)	0.136*** (20.68)	0.328*** (37.24)
Adj_R^2	0.1073	0.1349	0.0455
F	38.134	44.117	68.341

注：表中*、**、***分别表示在10%水平、5%水平和1%水平显著。

表 6-21　制度嵌入、管理层权力与三类真实活动盈余管理 cluster 回归

变量	(1) EM_prod	(2) EM_cfo	(3) EM_disp
PG	-0.010** (-2.53)	0.003 (1.30)	-0.043 (-0.44)
power	0.001 (0.89)	0.005** (2.84)	-0.135 (-0.98)
PG × Power	0.015*** (7.38)	-0.004* (-2.17)	0.145 (0.96)
MB	-0.030*** (-4.51)	0.009** (2.31)	-0.107*** (-2.70)
Lev	-0.007 (-0.84)	0.046*** (5.26)	-0.004* (-1.82)
Size	0.011*** (6.01)	-0.008*** (-4.15)	0.016 (0.98)
Roa	0.002*** (5.63)	-0.005*** (-12.88)	-0.003 (-1.18)
Growth	-0.003 (-0.65)	0.044*** (9.51)	0.552 (1.42)
Loss	-0.002 (-0.88)	-0.027*** (-3.95)	0.041 (1.41)
Cycle	0.029*** (8.94)	0.012*** (4.49)	0.081 (1.49)
Big4	-0.003 (-1.59)	-0.000 (-0.15)	0.052 (0.80)
Age	-0.000* (-2.24)	-0.001** (-2.45)	0.020 (1.61)
Industry	已控制	已控制	已控制
year	已控制	已控制	已控制
_cons	-0.359*** (-8.11)	0.136** (3.27)	0.136** (3.27)
Adj_R^2	0.1062	0.1328	0.0467
F	37.032	42.157	64.563

注：表中 *、**、*** 分别表示在 10% 水平、5% 水平和 1% 水平显著。

6.4.3 改变样本区间

为了检验结果的稳健，同前述章节做法相同，缩短样本时间，剔除2012年样本作为制度嵌入*PG*的替代变量，选择2013年、2014年为事件后的时间窗口，定义为1，选择2010年、2011年为事件前的时间窗口，定义为0，重新检验以上结果（见表6-22），以此排除随着样本时间的延长，书中结果受到其他政策或事件的影响。

表6-22 制度嵌入、管理层权力与盈余管理（缩短时间窗口）

变量	(1) *ADA*	(2) *RM*1	(3) *RM*2
PG	0.018 *** (4.46)	0.006 * (1.84)	0.014 *** (2.90)
Power	0.015 *** (3.25)	-0.007 * (-1.93)	0.007 (1.33)
PG × *Power*	-0.019 *** (-3.21)	-0.005 (-1.09)	-0.022 (-1.07)
*RM*1	-0.200 *** (-15.18)	—	—
*RM*2	0.196 *** (29.08)	—	—
MB	0.044 *** (6.19)	0.002 (0.32)	0.049 *** (5.48)
Lev	0.000 * (1.94)	0.001 *** (10.49)	0.001 *** (14.39)
Size	-0.076 *** (-50.25)	-0.004 *** (-2.97)	-0.010 *** (-5.47)
Roa	0.009 *** (35.36)	0.000 ** (2.17)	-0.006 *** (-21.23)
Growth	0.143 *** (56.88)	0.012 *** (5.44)	-0.012 *** (-3.91)
Loss	0.058 *** (11.63)	-0.013 *** (-3.14)	-0.043 *** (-7.05)

续表

变量	(1) *ADA*	(2) *RM*1	(3) *RM*2
Cycle	0. 018 *** (11. 11)	0. 014 *** (11. 08)	-0. 026 *** (-14. 75)
*Big*4	-0. 004 (-1. 42)	-0. 005 ** (-1. 98)	-0. 003 (-0. 72)
Age	-0. 002 *** (-7. 58)	-0. 001 *** (-6. 31)	-0. 001 *** (-3. 20)
ADA	—	0. 043 *** (7. 10)	0. 252 *** (31. 62)
Industry	已控制	已控制	已控制
year	已控制	已控制	已控制
_cons	1. 708 *** (50. 25)	0. 085 *** (2. 91)	0. 282 *** (6. 80)
Adj_R^2	0. 4366	0. 1341	0. 1258
F	373. 315	78. 818	84. 389

注：表中 * 、** 、*** 分别表示在 10% 水平、5% 水平和 1% 水平显著。

6. 4. 4　控制年份固定效应

本章控制了年份固定效应来解决制度嵌入度量方法的不足，我们参照和借鉴了 DeFond（2015）和杨理强等（2017）的做法，将公司样本区别不同的年份，控制其年份固定效应，进行了重新回归，回归结果见表 6 - 23，回归结果仍然支持本章的结论。

表 6 - 23　　制度嵌入、管理层权力与盈余管理（固定效应）

变量	(1) *ADC*	(2) *RM*1	(3) *RM*2
Power	0. 006 ** (2. 14)	-0. 002 (-0. 76)	-0. 006 (-1. 35)
PG × *Power*	-0. 008 (-1. 24)	-0. 001 (-0. 27)	0. 012 ** (1. 97)
*RM*1	-0. 016 (-1. 36)	—	—

续表

变量	(1) *ADC*	(2) *RM*1	(3) *RM*2
*RM*2	-0.119 *** (-18.10)	—	—
MB	-0.008 (-1.32)	0.010 * (1.90)	0.014 (1.48)
Lev	-0.000 (-1.32)	0.000 ** (2.09)	0.000 *** (3.31)
Size	-0.056 *** (-21.48)	0.036 *** (17.07)	0.049 *** (13.70)
Roa	0.003 *** (12.35)	-0.002 *** (-8.31)	-0.002 *** (-7.19)
Growth	0.055 *** (22.50)	-0.023 *** (-12.20)	-0.099 *** (-30.37)
Loss	0.058 *** (14.19)	-0.027 *** (-8.25)	-0.036 *** (-5.75)
Cycle	-0.001 (-0.49)	0.046 *** (24.83)	-0.033 *** (-10.13)
*Big*4	0.015 (1.32)	0.001 (0.06)	0.037 ** (2.31)
Age	-0.000 (-0.08)	-0.006 *** (-9.00)	0.001 (1.50)
ADA	—	-0.051 *** (-9.56)	0.289 *** (32.98)
_cons	1.297 *** (24.74)	-0.964 *** (-22.80)	-1.008 *** (-13.46)
Sigma_u	0.1086	0.0947	0.1956
Sigama_e	0.1032	0.0778	0.1601
F	143.329	138.467	92.773

注：表中 *、**、*** 分别表示在 10% 水平、5% 水平和 1% 水平显著。

6.5 本章小结

本章检验了制度嵌入对管理层权力与盈余管理之间关系的影响，研究结论说明了管理层权力越大，越有动机通过盈余管理来操纵公司盈余以谋取个人私利，使权力成为管理层寻租的工具。而党的十八大以来权力约束的制度嵌入对管理层权力进行制约和监督，抑制了管理层利用权力实施应计盈余管理的机会主义行为，但也导致了管理层尝试实施更为隐蔽的真实活动盈余管理。同时，本章进一步检验了产权性质的影响，发现制度嵌入抑制管理层权力滥用所产生的应计盈余管理，且这一监督效应在国有企业中更加明显。制度嵌入对真实活动盈余管理没有明显抑制效应的原因可能是真实活动盈余管理比较隐蔽，难以被发现。本章的研究结果表明了国家政策制度的变革影响了管理层盈余管理的策略选择，对管理层权力滥用所引发的应计盈余管理的机会主义行为起到了一定的治理作用。

第 7 章 企业制度嵌入、管理层权力与在职消费

过度在职消费行为被认为是腐败的重要体现，在上市公司呈蔓延态势。国家制度嵌入可以渗透到任何经济组织行为中，从而对整个社会网络产生影响。本章考察制度嵌入是否对管理层的过度在职消费问题产生影响，检验管理层权力对在职消费的影响，并在此基础上检验制度嵌入对管理层权力与在职消费之间关系的影响。

7.1 理论分析与研究假说

我国上市公司招待费超额日益严重的现象引起了舆论界、实务界和学术界的广泛关注。在职消费也称职务消费，指公司管理层在履行职责的过程中，利用职务的便利获取其他与职务无关或有关的非直接性额外收益(卢锐等，2008)。在职消费包括办公费、差旅费、业务招待费、通信费、出国培训费、董事会费、小车费和会议费等（陈冬华，2005)。根据委托代理理论，由于现代公司所有权和经营权相分离，公司所有者不直接参与

公司的经营管理活动，管理层接受公司所有者委托，经营和控制着公司的各项活动。即便管理层付出最大的努力去经营管理，也要与股东分享由自身努力带来的全部剩余收益，管理层可能产生付出与回报不平衡的心理，这就滋生了管理层利用权力侵占公司财产为自己谋取私利的动机。特别是在内外监督机制较薄弱的环境下，国有企业"所有者缺位"的内部控制人现象和非国有企业"一股独大"的股权结构导致企业控制权转移到管理者手中，根据管理层权力理论，管理层成为企业的实际控制者，甚至"俘获"董事会，弱化了董事会的有效谈判能力，有能力利用权力来攫取更大的私人收益，这种私人收益包括货币薪酬和非货币薪酬。权小峰等（2010）发现高管权力越大，管理层薪酬操纵行为越严重。过高的显性货币薪酬最终会引起投资者不满，甚至会造成管理层声誉受损。为了避免外部投资者的不满，管理层会采取一些伪装策略，寻求一种新的更加隐蔽的方式来弥补货币薪酬的不足。在职消费的非货币性薪酬在事前很难被估计，并很难被外部人观察到，便成为管理层青睐的一种谋取个人收益的捷径（卢锐等，2008）。傅欣和汪祥耀（2013）发现显性货币薪酬和在职消费具有替代效应。

薪酬契约的不完全性导致管理层可以利用这种不完全性进行过度在职消费。在现实经济中，在职消费被认为是对管理层的一种重要激励方式，与高管的经营管理工作的成本密不可分。在职消费包含了高管在经营管理工作中必要的成本，例如办公条件、招待费、培训费和差旅费等，高管在完成工作的过程中享受了在职消费，同时也得到了自我满足。高管在经营管理过程中不可避免地伴随着在职消费现象，但与生产经营相关的必须成本很难和额外的在职消费区分开来，因此，在职消费无法像货币薪酬那样在薪酬激励契约中进行明确规定，具有一定的隐蔽性，管理层可以轻易将本应由个人承担的私人支出通过报销转嫁为公司费用。在管理层和股东之间存在严重信息不对称的情况下，管理层相对于股东具有更多的信息优势，管理层不会总是按照股东利益最大化原则行事。管理层权力越大，受到的监督程度越弱，谋取私利的动机越强，越倾向于享受更多的类似在职消费的各种非货币性福利，实现个人效用最大化（卢锐，2008）。此外，尽管上市公司管理层持有一部分公司股份，但其持股比例往往比股东低很多，管理层获取额外在职消费只需承担该成本的一部分，而大部分在职消费的成本却转嫁给股东，致使股东利益受损，因此，管理层较低的在职消费的内在成本会诱发管理层在经营决策过程中侵蚀公司利益，增加过多的职务消费。根据以上分析，提出假说 7.1。

假说 7.1：其他条件不变的情况下，管理层权力越大，在职消费情况越严重。

非经营努力所获得的额外在职消费会对企业价值产生负面经济后果。詹森和迈克林（1976）发现过度在职消费会产生新的代理成本，降低企业价值。哈特（1980）认为管理者获取在职消费的财务成本超过了所带来的增量效应。Gul 等（2011）发现较高的在职消费水平会降低公司财务报告质量，而在职消费较低的公司股价信息含量更高。Yermack（2006）发现给高管配备专机的奢侈消费并没有提高公司价值，市场反而对该类事件做出了负面反应。我国学者也发现上市公司管理层在职消费程度影响了公司绩效，认为额外的在职消费和公司业绩负相关（罗宏和黄文华，2008；卢锐，2008），削弱了薪酬激励效应（傅欣和汪祥耀，2013），过度的在职消费具有显著的负面效应。我国尚未完善的公司治理机制和薪酬激励机制使管理层利用权力获得额外在职消费的控制权收益成为较普遍的现象。很多上市公司高管的在职消费远远超出其薪酬，甚至处于失控状态，在其工作收入的 10 倍以上（李旭红，2003）。高额的在职消费不仅浪费了企业大量资源，而且影响企业经营效率，降低了企业价值。因此，治理管理层权力滥用所引发的在职消费行为应当被高度重视，也就是说，需要进一步加强对管理层权力的制约。

在职消费同时也是隐性腐败的一种表现形式，本质上被认为是权力寻租的一种社会现象，是权力滥用的结果（徐细雄，2013）。权力运行过程的混乱无序必将导致权力越轨，因此，要从源头上抑制在职消费，需要用制度来限制管理层权力，将权力关进制度的笼子里，即通过权力制衡机制来降低管理层权力滥用的可能性。内部治理机制对在职消费的监督往往是有限的，因此需要从外部治理环境寻求约束高管的在职消费行为的办法。党的十八大以来权力约束的制度嵌入正是这样一种制度安排，对外公开办事内容、办事程序和办事结果，保证权力运行的公开、公平和公正。在对权力运行过程严格监督的情况下，对权力越轨行为进行严厉的惩戒。在职消费属于隐性腐败之一，国有企业的在职消费更是直接被监管部门列为重点监督和查处的对象，在当前严格的政治环境下国有企业高管进行侵占国家财产的过度在职消费行为成本较高，被查处的风险较大。同时，国有企业高管还具有“政治人”身份，政治人往往更加关注政治利益，而放弃经济利益，在高压的权力运行监督的政治环境下，国有企业高管为了自己的政治前途和声誉，会降低侵占公司资源的过度在职消费行为，提高经营管理效率。权力约束的制度嵌入直接对国有企业高管权力进行了限制和约束，实现了国有企业内部的权力结构监督，缓解了管理层和股东的代理冲突。在职消费也正是代理冲突中的一种类型（罗宏和黄文华，2008），制度嵌入能够直接降低国有企业管理层利用权力获得超额在职消费的能力，减少国有企业管理层权力所产生的过度在职消费现象。

文化的内涵十分丰富，中国的文化博大精深，主要以传统文化为核心，中国优秀传统文化是中华各民族祖先在漫长悠久的社会生产、生活实践过程中所创造的，是中华民族世世代代所继承发展的文明成就的汇集和升华，传统文化在人们社会生活的各个方面发挥着重要作用。文化通过影响管理层个人的认知，从而逐渐地影响到管理层的经营决策（DiMaggio，1997）。戴亦一等（2017）发现，共产主义文化的价值观念会渗透到民营企业董事长的思维模式中，从而减少损害他人利益的财务违规行为。根据嵌入理论，文化氛围会顺其自然地嵌入高管的个人思维模式，并影响其决策行为。由于长期受到共产主义文化的熏陶，国有企业高管和党员身份的非国有企业高管为了建立良好的形象，愿意将先进模范、严于律己、勇于奉献等良好的形象展现给社会公众。过度在职消费行为被认为是腐败的重要体现，会引起更多的社会大众关注，因此，权力约束的制度嵌入会导致管理层自觉减少权力过大带来的过度在职消费行为。于是提出假说 7.2。

假说 7.2：其他条件不变的情况下，制度嵌入抑制了管理层权力滥用所引发的在职消费行为。

党的十八大以来高压权力约束的制度嵌入使政府官员权力受到制衡和监督，不敢随意滥用权力，减少了给非国有企业提供的各种“方便”，资源通过市场分配给非国有企业，促进了企业间的公平竞争。而产品市场竞争程度越大越能降低信息不对称程度，对管理层进行更好的监督，迫使管理层减少权力滥用的额外在职消费行为（蒋蓉和陈丽蓉，2007；陈震和汪静，2014）。激烈的产品市场竞争环境可以提供更多关于同行业的在职消费水平的情况，通过同行业在职消费的比较可以发现管理层的过度在职消费行为，起到抑制管理层在职消费的作用。此外，非国有企业无法再过度依赖政府提供的各种资源便利，需要自食其力在竞争中立于不败之地，特别是权力较大的高管基于维护声誉的目的，会减少损害公司价值的在职消费行为。从关联关系的角度来看，对于非国有企业来说，为了能够在市场上与国有企业竞争，与政府建立密切联系已经成为普遍现象（罗党论和唐清泉，2009）。非国有企业与政府建立密切联系有利于企业规避政府的监管，获得各种税收优惠和更多的外部资金支持（张敏等，2010）。企业拥有政治关联更是向外界传递了一种良好声誉和保障的信号，政治关联的存在使政府与企业之间密切联系和深度互动，对企业的发展至关重要。然而，党的十八大以来高压权力约束的制度嵌入导致那些滥用权力的政府官员落马，随着政府官员接连落马，企业与政府之间的关联关系被切断，而短时间内重新搭建政治联系存在一定难度。政企的政治关联关系的断裂使企业失去政府的“庇护”，迫使管理层为了企业在市场竞争中立足，减少损害公司价值的过度在职消费行为。根据以上分析，提出假说 7.3。

假说 7.3：其他条件不变的情况下，制度嵌入抑制管理层权力滥用所引发的在职消费行为在国有企业更加明显。

7.2 研究设计

7.2.1 模型设计

国内目前有两种在职消费的计量方法，第一种方法是将财务报表附注中管理费用的明细科目加以汇总，包括办公费、差旅费、业务招待费、通信费、出国培训费、董事会费、小车费和会议费等明细（陈冬华，2005）。第二种方法是用残差绝对值的方式来刻画企业超额的在职消费（Luo 等，2011；权小锋等，2010）。借鉴权小锋等（2010）的方法，本书的在职消费变量以实际在职消费超出由经济因素决定的高管预期正常的在职消费差额表示，即高管的非正常在职消费（*Abperks*）来表示。

$$\frac{Perks_{it}}{Assets_{it-1}} = \beta_0 + \beta_1 \frac{1}{Assets_{it-1}} + \beta_2 \frac{\Delta Sales_{it-1}}{Assets_{it-1}} + \beta_3 \frac{PPE_{it}}{Assets_{it-1}} + \beta_4 \frac{Inventory_{it}}{Assets_{it-1}} + \beta_5 \ln Employee_{it} + \varepsilon \quad (7-1)$$

其中，*Perks* 表示管理层的在职消费，采用管理费用扣除除了董事、高管以及监事会成员薪酬、计提的坏账准备、存货跌价准备以及当年的无形资产摊销额等明显不属于在职消费的项目之外的金额，*Assets* 表示资产总额，$\Delta Sales$ 表示本期主营业务收入的变动额，*PPE* 为本期固定资产净值，*Inventory* 表示本期存货总额，$\ln Employee$ 表示本年度企业雇佣的员工总数的自然对数。计算超额在职消费的过程为将方程 7-1 进行分年度和分行业回归，模型回归得到的预测值即表示正常的在职消费，实际在职消费与预期正常在职消费的差额即非正常在职消费 *Abperks*。

为了检验上述假说，本章节在以上学者研究模型的基础上进行了拓展，构建如下方程。

$$Abperks_{it} = \beta_0 + \beta_1 \times Power_{it} + \beta_2 \times Age_{it} + \beta_3 \times Size_{it} + \beta_4 \times Roa_{it} + \beta_5 \times Lev_{it} + \beta_6 \times Growth_{it} + \beta_7 \times Salary_{it} + \beta_8 \times \ln Employee_{it} + \beta_9 \times Big4 + \beta_{10} \times Ret_{it} + \sum Year + \sum Industry + \varepsilon \quad (7-2)$$

$$Abperks_{it} = \beta_0 + \beta_1 \times Power_{it} + \beta_2 \times PG + \beta_3 \times PG \times Power_{it} + \beta_4 \times Age_{it} + \beta_5 \times Size_{it} + \beta_6 \times Roa_{it} + \beta_7 \times Lev_{it} + \beta_8 \times Growth_{it} + \beta_9 \times Salary_{it} + \beta_{10} \times \ln Employee_{it} + \beta_{11} \times Big4 + \beta_{12} \times Ret_{it} + \sum Year + \sum Industry + \varepsilon \quad (7-3)$$

7.2.2　变量定义

（1）因变量

因变量为超额在职消费（*Abperks*），为实际在职消费超出由经济因素决定的高管预期正常的在职消费的差额，借鉴权小锋（2010）的做法。

（2）自变量

自变量为管理层权力（*Power*），具体方法在之前的章节已经详细论述。自变量为制度嵌入（*PG*）。制度嵌入为虚拟变量，2013 年前取 0，之后取 1。书中主要关注制度嵌入（*PG*）与管理层权力（*Power*）的交乘项系数。

（3）控制变量

控制人性质（*Soe*），用来控制企业产权性质。非国有企业为 1，国有企业为0。不同的产权性质存在不同的代理成本，可能产生不同的在职消费。卢锐（2008）发现非国有企业的在职消费高于国有企业的在职消费，预期该变量符号为正。

公司规模（*Size*），将公司总资产取对数得出。罗宏和黄文华（2008）在检验现金分红政策对在职消费的影响时控制了公司规模变量。陈冬华（2005）发现公司规模和在职消费存在显著的正相关关系，表明公司规模越大，在职消费水平越高，预期该变量符号为正。

资产负债率（*Lev*），詹森和迈克林（1976）认为，负债融资方式可以减少委托人和代理人之间的代理冲突，使代理人受破产成本的约束。因此负债融资方式能发挥一部分对管理层的监督作用，从而减少管理层的在职消费行为。罗宏和黄文华（2008）在检验现金分红政策对在职消费的影响时控制了该变量，预计该变量符号为负。

净资产收益率（*Roa*），用净利润与平均总资产之比表示，用来控制企业的盈利水平。公司的经营绩效越好，管理层获得的在职消费越多。周美华等（2016）研究管理层权力对隐性腐败的影响时控制了该变量，预期该变量符号为正。

公司成长机会（*Growth*），用来控制公司的成长性。张铁铸和沙曼（2014）研究管理层权力及能力对在职消费的影响时控制了该变量。一般情况下，成长性较好的公司经营现金流也多，管理层在职消费的可能性也较高，因此预期该变量符号为正。

上市公司年份（*Age*），用公司成立年数表示。卢锐（2008）在研究管理层权力与在职消费时控制了该变量。一般情况下，公司年龄越大，表示公司越成熟。成熟公司的公司治理较刚设立的公司更加完善，能起到对管理层的监督作用，因此预期该变量符号为负。

员工人数（ln*Employee*），用公司职工的自然对数表示。张铁铸和沙曼（2014）研究管理层权力以及能力对在职消费的影响时控制了该变量。一般情况下，企业员工人数越多，企业规模越大，代理问题越严重，管理层的在职消费行为也越多，预期该变量符号为正。

高管报酬（*Salary*），用公司前三名高管薪酬的平均值取对数表示。卢锐（2008）在研究管理层权力与在职消费时控制了该变量。陈冬华等（2005）认为薪酬契约具有刚性特征，会导致在职消费成为管理层的替代选择，因此，预期该变量符号为负。

年度股票回报率（*Roa*），用来衡量公司业绩。卢锐（2008）在研究管理层权力与在职消费时控制了该变量。

公司是否发生亏损（*Loss*）。若公司发生亏损取值为 1，否则为 0。周美华等（2016）研究管理层权力对隐性腐败的影响时控制了该变量。

经营活动现金流量（*Cfo*），张铁铸和沙曼（2014）研究管理层权力以及能力对在职消费的影响时控制了该变量。一般情况下，公司经营活动现金流量越多，管理层进行在职消费的机会也越大，预期该变量符号为正。

审计单位（*Big*4），用是否聘请国际四大会计师事务所来衡量，如果上市公司聘请了国际四大会计师事务所审计师进行审计，取值为 1，否则取值为 0。张铁铸和沙曼（2014）研究管理层权力以及能力对在职消费的影响时控制了该变量。审计是一种有效的外部监督机制，我们预期高质量的审计师能降低在职消费，预期该变量符号为负。

此外，为了更准确地考察管理层权力对在职消费的影响，本书进一步控制了不同行业和年份对在职消费的影响。表 7－1 为各变量定义。

表 7－1　　变量定义表

变量		变量含义及计算方法	文献依据
因变量	*Abperks*	超额在职消费，用超出由经济因素决定的高管预期正常在职消费的差额表示	权小锋，2010
自变量	*Power*	管理层权力，采用主成分分析计算得出	Finkelstein，1992；卢锐，2008
	PG	制度嵌入，将 2013 年及以后定义为 1，之前定义为 0	—
控制变量	*Soe*	控制人性质，非国有企业取 1，国有企业取 0	罗宏和黄文华，2008
	Size	公司规模，用公司当年总资产的自然对数表示	罗宏和黄文华，2008
	Lev	资产负债率，负债总额除以资产总额	罗宏和黄文华，2008
	Roa	总资产收益率，净利润与资产总额的比	张铁铸和沙曼，2014；周美华等，2016
	Growth	公司成长机会，用本期期末主营业务收入总额减去期初营业收入总额得到的数值除以期初营业收入总额表示	张铁铸和沙曼，2014

续表

变量		变量含义及计算方法	文献依据
控制变量	*Age*	上市公司年份，用公司上市年份距离样本期间的时间长短的差表示	卢锐，2008
控制变量	ln*Employee*	员工人数，用公司职工的自然对数表示	张铁铸和沙曼，2014
控制变量	*Salary*	员工报酬，用公司前三名高管薪酬的平均值取对数表示	卢锐，2008
控制变量	*Ret*	年度股票市场回报率	卢锐，2008
控制变量	*Cfo*	公司期末经营活动现金流量	张铁铸和沙曼，2014
控制变量	*Big*4	审计单位变量，当审计单位为国际四大会计师事务所，取值为1，否则为0	张铁铸和沙曼，2014
控制变量	$\sum$ *Year*	年度虚拟变量，用来控制宏观经济的可能影响	—
控制变量	$\sum$ *Industry*	行业虚拟变量	—

7.2.3 数据选择和样本来源

样本选择过程基本和前述章节相同，这里不再赘述。为了排除异常值影响，本书对回归模型中使用的所有连续变量在1%和99%的水平上进行了缩尾处理。

7.3 实证结果分析

7.3.1 描述性统计

主要变量描述性统计见表7－2，表7－2展示了各变量的均值、标准差、最小值、最大值、中位数等。从表中可知，管理层的超额在职消费（*Abperks*）均值为0.071，最大值为7.213，最小值为0.001，表明当前上市公司可能存在比较严重的超额在职消费问题。

表 7－2　　　　主要变量描述性统计

变量	均值	中位数	标准差	最小值	最大值
Abperks	0.071	0.069	0.188	0.001	7.213
Power	－0.111	－0.146	0.226	－1.090	3.826
Salary	12.930	12.970	0.764	10.930	14.880
Size	21.410	21.320	1.464	13.08	28.510
Soe	0.487	0	0.500	0	1
Roa	9.059	7.264	8.920	－17.07	44.10
Growth	0.214	0.068	0.628	－0.457	4.547
Lev	0.455	0.460	0.207	0.048	0.897
*Big*4	0.064	0	0.244	0	1
Age	8.459	8.569	6.311	－3.177	21.058
ln*Employee*	7.781	7.746	1.540	3.638	11.81
Ret	0.523	0.294	0.991	－0.873	19.51
Cfo	0.077	0.048	0.189	－0.587	1.207
Loss	0.075	0	0.264	0	1

表 7－3 展示了党的十八大以来权力约束的制度嵌入实施前后各变量的均值和中值差异性检验结果，从表中看出在制度嵌入前后超额在职消费变量均值差异性不大，但中位数差异 *T* 值在 1% 水平显著，说明了制度嵌入前后上市公司超额在职消费存在显著差异；超额在职消费在制度嵌入后有所下降，均值从 0.073 下降为 0.070，中位数从 0.034 下降为 0.029。其他变量在前述章节已经进行了分析，这里不再赘述。

表 7－3　　　　单变量对比分析 *T* 检验和 *Z* 检验

变量	*PG*＝0		*PG*＝1		差异值	
	均值	中位数	均值	中位数	*T* 值	*Z* 值
Abperks	0.073	0.034	0.070	0.029	1.536	4.856***
Power	0.001	0.001	－0.046	－0.127	0.046**	2.577**
Salary	12.935	12.979	12.936	12.957	－0.021*	0.241
Size	0.466	21.539	0.449	21.815	0.017***	－32.519***
Soe	0.554	1	0.414	0	0.140***	51.906***

续表

变量	PG = 0		PG = 1		差异值	
	均值	中位数	均值	中位数	T 值	Z 值
Roa	21.681	6.646	22.001	5.456	−0.319***	32.808***
Growth	7.739	0.083	6.261	0.052	1.478***	30.328***
Lev	0.412	0.480	0.450	0.444	−0.038***	11.988***
Big4	4.991	0	5.148	1	−0.157***	−47.654***
Age	0.377	8.553	0.547	9.003	−0.170***	−34.979***
ln*Employee*	7.586	7.880	7.446	7.532	0.140***	24.112***
Ret	0.483	0.251	0.573	0.370	−0.091***	−21.478***
Cfo	0.091	0.054	0.067	0.038	0.023***	17.598***
Loss	0.151	0	0.099	0	0.052***	−7.582***

注：表中*、**、***分别表示在10%水平、5%水平和1%水平显著。

7.3.2 相关性分析

表7－4展示了本章各变量间的相关系数关系，图表下三角表示皮尔森（*pearson*）相关系数，上三角表示斯皮尔曼（*spearman*）相关系数。管理层权力变量差额与在职消费呈现显著正相关的关系，相关系数为0.019，并在10%水平显著，方向与预期一致，初步支持了管理层权力越大，超额在职消费越严重的假说。主要解释变量制度嵌入与管理层权力的交乘项系数与在职消费显著负相关，支持制度嵌入降低管理层权力滥用所引发的在职消费的结论，但也可能是没有控制其他因素的影响，尚需进一步检验。此外，我们进一步考察了模型是否存在共线性问题，通过相关系数表看出各变量间的相关系数基本小于50%，表明了各变量间不存在严重的多重共线性关系。书中还采用方差膨胀因子检验了各变量的多重共线性，从检验结果看出，方差膨胀因子均小于5，进一步说明模型各变量的多重共线性问题不严重。

7.3.3 多元回归分析

表7－5展示了制度嵌入、管理层权力与超额在职消费的多元回归结果，从表中的第（1）栏可以看出管理层权力变量（*Power*）与超额在职消费（*Abperks*）的系数为0.015，在10%水平显著正相关，与预期结果一

表 7－4　　各变量间的相关系数

变量	Abperks	Power	PG × Power	Salary	Size	Soe	Roa	Growth	Lev	Big4	Age	Employee	Ret
Abperks	1	0.033 *	0.180 ***	0.067 ***	0.002	－0.054 ***	0.153 ***	－0.036 ***	－0.132 ***	0.007	－0.067 ***	0.049 ***	0.022 ***
Power	0.019 *	1	0.15 ***	1	－0.160 ***	－0.180 ***	0.039 ***	－0.006	－0.046 ***	－0.025 ***	－0.039 ***	－0.130 ***	0.023 ***
PG × Power	－0.032 *	0.359 *	1	0.359 *	－0.029 ***	－0.220 ***	0.020 ***	－0.004	－0.110 ***	－0.042 ***	0.0019	－0.101 ***	0.090 ***
Salary	0.047 ***	0.014 **	－0.001	0.027 ***	0.340 ***	0.058 ***	0.191 ***	0.096 ***	0.019 ***	0.260 ***	－0.067 ***	0.360 ***	－0.073 ***
Size	0.045 ***	0.108 ***	－0.028 ***	－0.202 ***	1	0.410 ***	－0.13 ***	－0.012 **	0.330 ***	0.390 ***	0.270 ***	0.590 ***	－0.210 ***
Soe	－0.008	0.023	－0.22 ***	－0.241 ***	0.410 ***	1	－0.220 ***	－0.140 ***	0.190 ***	0.190 ***	0.290 ***	0.270 ***	－0.170 ***
Roa	0.038 ***	0.095 *	0.028 ***	0.091 ***	－0.170 ***	－0.220 ***	1	0.430 ***	－0.290 ***	0.052 ***	－0.330 ***	0.017 ***	0.050 ***
Growth	－0.005	－0.414 **	0.073 ***	0.010	－0.047 ***	－0.150 ***	0.281 ***	1	－0.055 ***	0.009 *	－0.290 ***	0.072 ***	0.021 ***
Lev	－0.100 ***	0.046 *	－0.12 ***	－0.056 ***	0.310 ***	0.190 ***	－0.280 ***	－0.044 ***	1	0.032 ***	0.180 ***	0.180 ***	－0.060 ***
Big4	0.019 **	－0.008 **	－0.042 ***	－0.021 ***	0.440 ***	0.191 ***	0.025 ***	－0.051 ***	0.038 ***	1	－0.051 ***	0.310 ***	－0.110 ***
Age	－0.094 ***	0.057 **	0.012 **	－0.123 ***	0.210 ***	0.292 ***	－0.320 ***	－0.170 ***	0.180 ***	－0.049 ***	1	－0.012 **	－0.034 ***
lnEmployee	0.063 ***	－0.009 **	－0.081 ***	－0.100 ***	0.620 ***	0.251 ***	0.005	－0.044 ***	0.182 ***	0.350 ***	－0.074 ***	1	－0.170 ***
Ret	－0.002	－0.024 *	0.086 ***	0.009	－0.193 ***	－0.150 ***	0.070 ***	0.033 ***	－0.043 ***	－0.092 ***	－0.047 ***	－0.140 ***	1

注：*、**、*** 分别表示在 10% 水平、5% 水平和 1% 水平显著。

致，初步验证了本节的假说7.1，说明了管理层权力越大，超额在职消费水平越高。实证结果与权小锋（2010）的结果一致，表明了我国上市公司确实存在管理层利用权力获取隐性在职消费的非货币性薪酬现象。从第（2）栏可以看出管理层权力变量（*Power*）和制度嵌入（*PG*）的交乘项系数是 -0.020，在1%水平显著负相关，初步验证了假说7.2，说明党的十八大以来，高压权力约束制度嵌入抑制了管理层权力所诱发的超额在职消费行为。

同时，我们还发现控制变量中公司规模（*Size*）、员工人数（ln*Empolyee*）与超额在职消费的回归系数显著为正，可能是公司规模越大，公司员工也越多，代理成本大，对管理层的监督难度大，超额在职消费水平的机会也越多。公司总资产回报率（*Roa*）、公司成长机会（*Growth*）与超额在职消费回归系数为正，说明了公司业绩越好，超额在职消费越严重。公司年龄（*Age*）与超额在职消费的回归系数为正，可能是公司成立时间越长，管理越成熟，公司治理机制更加完善，能对高管的在职消费起到一定的抑制作用。我们发现资产负债率（*Lev*）与在职消费的回归系数为负，说明了公司负债起到了一定的治理作用，减少了管理层的在职消费行为。此外，我们发现国际四大会计师事务所与在职消费的回归系数为负，说明高质量的审计师能对高管的在职消费行为起到抑制作用。

表7-5　　制度嵌入、管理层权力与超额在职消费

变量	(1) *Abperks*	(2) *Abperks*
Power	0.015* (1.77)	0.006* (1.85)
PG	—	-0.003 (-0.43)
PG × *Power*	—	-0.020*** (-2.74)
Salary	-0.001 (-0.23)	-0.000 (-0.04)
Size	0.008*** (4.03)	0.007*** (4.99)
Roa	-0.003*** (-8.48)	-0.001*** (-4.47)

续表

变量	(1) *Abperks*	(2) *Abperks*
Growth	0.003 (0.66)	-0.004 (-1.59)
Lev	-0.002*** (-13.99)	-0.001*** (-18.51)
Big4	-0.014** (-2.48)	-0.016*** (-4.22)
Age	-0.005*** (-12.22)	-0.004*** (-14.72)
ln*Employee*	0.007*** (3.90)	0.009*** (6.75)
Ret	0.007*** (3.45)	0.003** (2.23)
Cfo	0.045*** (4.49)	0.030*** (4.05)
Loss	-0.054*** (-7.67)	-0.027*** (-5.81)
Industry	已控制	已控制
year	已控制	已控制
_cons	-0.109** (-2.48)	-0.150*** (-5.01)
Adj_R^2	0.0358	0.0349
F	17.835	25.668

注：表中 *、**、*** 分别表示在 10% 水平、5% 水平和 1% 水平显著。

本书进一步检验了不同产权性质下制度嵌入对管理层权力与在职消费之间关系的影响，回归结果见表 7-6。从表中看出，在国有企业样本中，制度嵌入与管理层权力的交乘项系数为 -0.230，在 5% 水平显著，而在非国有企业样本中没有达到显著水平，说明了制度嵌入对管理层权力与在职消费之间关系的影响在国有企业中更加明显，可能是国有企业高管具有“政治人”的特点，权力约束的制度嵌入直接约束了国有企业高管权力滥用所引发的在职消费行为，支持了制度嵌入降低国有企业管理层权力滥用所产生的在职消费行为的结论。

表 7-6　不同产权性质下的制度嵌入、管理层权力与在职消费

变量	国有企业 *Abperks*	非国有企业 *Abperks*
Power	0.101* (1.85)	0.048 (0.87)
PG	0.214*** (2.63)	0.007 (0.10)
PG × *Power*	-0.230** (-1.98)	-0.188 (-1.62)
Salary	0.002 (0.70)	0.001 (0.22)
Size	-0.128*** (-6.07)	-0.025 (-1.40)
Roa	0.007* (1.85)	-0.011*** (-4.66)
Growth	-0.090* (-1.95)	-0.071*** (-3.05)
Lev	-0.001*** (-3.97)	-0.000** (-1.96)
Big4	-0.003 (-0.36)	0.013 (0.67)
Age	-0.003*** (-6.94)	-0.004*** (-4.72)
ln*Employee*	0.003 (1.18)	0.009** (2.12)
Ret	0.001 (0.67)	0.002 (0.42)
Cfo	0.118*** (8.66)	0.047*** (2.59)
Loss	-0.020** (-2.53)	0.013 (0.78)
Industry	已控制	已控制
year	已控制	已控制
_cons	1.340*** (2.99)	-0.281 (-0.74)
Adj_R^2	0.1266	0.2446
F	22.34	36.38

注：表中*、**、***分别表示在10%水平、5%水平和1%水平显著。

7.3.4　进一步检验：政治关联的影响

为了进一步检验制度嵌入影响管理层权力与在职消费的关系，本书引入政治关联变量，借鉴杜兴强等（2009）的做法，书中将公司管理层曾经或现在担任党代表、人民代表大会代表或政协委员定义为具有政治关联（*PC*），赋值为 1，否则定义为 0。由于具有政治关联关系的企业可以规避政府严格的监管，并获得更多的商业优势和优惠条件，弱化外部监管机制，与政府缔结政治联系的高管可能由于受到更弱的监督存在超额在职消费行为。党的十八大以来权力约束的制度嵌入减少了政治关联关系，可能造成由政治关联带来的超额在职消费行为随之减少。因此，本书进一步检验了政治关联、制度嵌入与在职消费之间的关系，结果见表 7 – 7。从表 7 – 7 的第（1）栏可以看出，政治关联与超额在职消费的系数为 0.021，并在 10% 水平显著正相关，表明了政治关联关系造成了管理层更多在职消费的负面行为。从第（2）栏看出，制度嵌入与在职消费的系数为 –0.018，在 10% 水平显著。说明了制度嵌入可能降低了政治关联所带来的在职消费的负面影响。进一步分样本检验的结果见表 7 – 8，和表 7 – 7 的结果差异不大。因此，根据上述实证分析，我们推导出可能是制度嵌入对官员权力的限制减少了政治关联关系，同时减少了政治关联关系所带来的在职消费行为。

表 7 – 7　　　政治关联、制度嵌入与在职消费

变量	(1) *Abperks*	(2) *Abperks*
PC	0.021* (1.96)	0.006 (0.74)
PG	—	–0.001 (–0.22)
PC × *PG*	—	–0.018* (–1.98)
Salary	0.025*** (4.67)	0.009*** (2.80)
Size	0.080*** (19.30)	0.017*** (6.86)

续表

变量	(1) *Abperks*	(2) *Abperks*
Soe	0.004 (0.41)	0.009 * (1.70)
Roa	0.002 *** (2.78)	0.002 *** (6.04)
Growth	0.017 ** (2.43)	-0.017 *** (-4.20)
Lev	0.001 *** (4.80)	-0.001 *** (-9.73)
Big4	0.094 *** (5.45)	-0.034 *** (-3.76)
Age	-0.001 * (-1.73)	-0.005 *** (-11.07)
Employee	0.019 *** (5.07)	0.002 (0.81)
Ret	-0.006 (-1.35)	-0.009 *** (-3.63)
Cfo	-0.014 (-0.75)	0.043 *** (3.35)
Loss	0.031 ** (2.07)	0.020 ** (2.31)
Industry	已控制	已控制
year	已控制	已控制
_cons	-2.164 *** (-23.48)	-0.403 *** (-7.85)
Adj_R^2	0.1744	0.0655
F	50.401	34.079

注：表中 *、**、*** 分别表示在 10% 水平、5% 水平和 1% 水平显著。

表 7-8 制度嵌入、管理层权力与在职消费（政治关联的影响）

变量	PC = 0 Abperks	PC = 1 Abperks
Power	0.009 * (1.75)	0.015 * (1.81)
PG	0.015 (1.58)	0.035 (1.54)
PG × Power	-0.023 (-1.64)	-0.036 * (-1.69)
Salary	0.002 (0.71)	-0.002 (-0.47)
Size	0.004 * (1.83)	-0.010 ** (-2.43)
Roa	0.003 *** (7.03)	0.002 *** (4.33)
Growth	-0.023 *** (-5.28)	-0.015 *** (-2.60)
Lev	-0.001 *** (-6.64)	-0.000 (-1.31)
Big4	-0.011 (-1.29)	-0.002 (-0.16)
Age	-0.004 *** (-10.70)	-0.002 *** (-2.87)
Employee	0.005 ** (2.51)	0.010 ** (2.55)
Ret	-0.003 (-1.21)	-0.002 (-0.44)
Cfo	0.051 *** (4.32)	0.109 *** (5.98)
Loss	0.012 (1.61)	-0.016 (-0.98)
Industry	已控制	已控制
year	已控制	已控制
_cons	-0.137 *** (-2.67)	0.132 (1.62)
Adj_R^2	0.0727	0.1431
F	12.973	5.578

注：表中 *、**、*** 分别表示在 10% 水平、5% 水平和 1% 水平显著。

7.4 稳健性检验

7.4.1 考虑内生性问题

由于管理层权力与在职消费可能存在内生性问题，为了结论能更加可靠，我们进一步对模型进行了赫克曼二阶段重新回归。由于管理层权力变量计量还存在很大的困难，至今尚未统一，为了更加准确地估计变量，本书借鉴刘星等（2012）的做法，将管理层权力的8个变量求平均值作为管理层权力的替代变量进行重新回归，重新回归后的结果见表7-9。可以看出，在考虑了内生性问题之后，管理层权力与制度嵌入的交乘项系数与在职消费的回归系数基本和前述结果一致，表明结论没有发生实质性改变，其控制变量的细微变化不影响结果的稳健性。

表7-9　　制度嵌入、管理层权力与在职消费（二阶段）

变量	(1) *Abperks*	(2) *Abperks*
Power	0.044** (2.01)	0.007 (0.84)
PG	—	0.030* (1.74)
PG×Power	—	-0.050*** (-2.63)
Salary	-0.004 (-0.46)	-0.004 (-0.58)
Size	-0.010** (-1.98)	-0.010*** (-2.68)
Roa	-0.009*** (-10.73)	-0.006*** (-9.70)

续表

变量	(1) *Abperks*	(2) *Abperks*
Growth	0.021 ** (2.29)	0.016 ** (2.04)
Lev	-0.003 *** (-8.97)	-0.002 *** (-10.82)
Big4	-0.028 ** (-2.00)	-0.027 ** (-2.43)
Age	-0.007 *** (-7.68)	-0.007 *** (-8.93)
ln*Employee*	0.033 *** (6.42)	0.029 *** (7.08)
Ret	0.006 (1.14)	0.008 ** (2.00)
Cfo	0.159 *** (5.91)	0.120 *** (5.73)
Loss	-0.092 *** (-4.78)	-0.061 *** (-4.02)
Industry	已控制	已控制
year	已控制	已控制
_cons	0.109 (0.76)	0.147 (1.40)
lambda	-0.016 (-0.21)	-0.026 (-0.52)
rho	-0.049	-0.091
sigma	0.320	0.288

注：表中 * 、** 、*** 分别表示在 10% 水平、5% 水平和 1% 水平显著。

为了排除由于模型自变量之间可能存在的异方差问题而造成结果偏误，本书采取了 robust 检验，消除异方差对研究模型系数估计的偏误。另外，为了消除模型中各变量的自相关性，我们进行了稳健标准误聚类调整，对研究模型进行了 cluster 公司层面的回归，回归结果见表 7-10，从表中我们发现除了第（3）栏外，robust 回归和 cluster 层面的回归结果几乎没有太大变化，第（3）栏的结果不影响结果的稳健性，检验结果和前述结果没有太大区别，仅在 t 值上有细微变化。

表 7-10 制度嵌入、管理层权力与在职消费 robust 与 cluster 回归

变量	Robust		Cluster	
	(1) *Abperks*	(2) *Abperks*	(3) *Abperks*	(4) *Abperks*
Power	0.015 ** (2.53)	0.006 *** (2.84)	0.019 (1.12)	0.006 (0.71)
PG	—	0.031 *** (4.52)	—	0.031 *** (4.76)
PG × *Power*	—	-0.020 * (-1.89)	—	-0.020 ** (-2.52)
Salary	-0.001 (-0.21)	-0.000 (-0.03)	0.003 (0.51)	-0.000 (-0.01)
Size	0.008 ** (2.14)	0.007 *** (2.65)	0.010 (1.10)	0.007 (1.00)
Roa	-0.003 (-1.62)	-0.001 (-0.95)	-0.003 (-0.87)	-0.001 (-0.46)
Growth	0.003 (0.31)	-0.004 (-0.90)	0.001 (0.06)	-0.004 (-0.62)
Lev	-0.002 *** (-3.95)	-0.001 *** (-5.59)	-0.001 (-1.59)	-0.001 ** (-2.55)
*Big*4	-0.014 ** (-2.05)	-0.016 *** (-3.89)	-0.017 (-0.97)	-0.016 (-1.77)
Age	-0.005 *** (-6.15)	-0.004 *** (-8.41)	-0.004 ** (-2.40)	-0.004 *** (-3.40)
ln*Employee*	0.007 ** (2.14)	0.009 *** (3.88)	0.001 (0.24)	0.009 * (2.18)
Ret	0.007 *** (4.75)	0.003 ** (2.37)	0.006 * (1.92)	0.003 (1.07)
Cfo	0.045 *** (2.61)	0.030 ** (2.09)	0.039 (0.94)	0.030 (0.77)
Loss	-0.054 *** (-4.36)	-0.027 *** (-3.44)	-0.061 ** (-1.97)	-0.027 (-1.04)
Industry	已控制	已控制	已控制	已控制
year	已控制	已控制	已控制	已控制
_cons	-0.109 ** (-2.44)	-0.150 *** (-4.01)	-0.141 (-1.12)	-0.150 * (-2.02)
Adj_R^2	0.0299	0.0361	0.0360	0.0363
F	23.826	32.586	20.574	50.010

注：表中 *、**、*** 分别表示在 10% 水平、5% 水平和 1% 水平显著。

7.4.2 改变样本区间和在职消费的估计方法

由于在职消费具有较强的隐蔽性，很难和政策经营支出区分开来，学术界对在职消费的刻画方法至今没有统一的标准。陈冬华（2005）认为办公费、差旅费、业务招待费、通信费、出国培训费、董事会费、小车费和会议费八项费用比较容易成为被管理层利用获取私人利益的途径，但由于该项衡量方法数据获取有一定的困难，本书进一步采用树林友（2011）的做法，采用销售管理费用率作为在职消费的替代变量。Sign 和 Davidson（2003）认为，由于销售管理费用本质上反映了管理层可以自由处置的花费，很大程度上可以理解为代理成本的一个近似表征，很可能是管理层用来掩饰在职消费的支出。本章节采用管理费用加上销售费用之和除以营业收入作为在职消费的替代变量代入方程进行再次检验，回归结果见表7-11，得出的结果依然和前述结果一致，主要结论没有太多改变，说明了我们的结果依然稳健。

表7-11　　制度嵌入、管理层权力与在职消费

变量	(1) *Abperks*	(2) *Abperks*
Power	0.024*** (8.32)	0.009*** (7.23)
PG	—	0.022*** (6.07)
PG × *Power*	—	-0.009*** (-2.80)
Salary	-0.000 (-0.36)	-0.002*** (-2.92)
Size	-0.027*** (-43.42)	-0.028*** (-53.76)
Roa	0.000*** (3.02)	-0.000*** (-4.80)
Growth	-0.016*** (-13.73)	-0.013*** (-14.94)
Lev	-0.001*** (-17.88)	-0.001*** (-33.72)

续表

变量	(1) *Abperks*	(2) *Abperks*
Big4	0.048 *** (22.38)	0.046 *** (26.04)
Age	0.003 *** (22.49)	0.003 *** (31.56)
ln*Employee*	0.008 *** (13.14)	0.008 *** (16.70)
Ret	0.000 (0.42)	0.001 ** (2.30)
Cfo	0.022 *** (6.62)	0.018 *** (6.47)
Loss	0.050 *** (20.87)	0.048 *** (24.34)
Industry	已控制	已控制
year	已控制	已控制
_cons	0.680 *** (47.28)	0.667 *** (56.17)
Adj_R^2	0.2714	0.2814
F	81.160	133.47

注：表中 **、*** 分别表示在5%水平和1%水平显著。

此外，为了结果的稳健，我们还采用第三种方法刻画在职消费变量，由于在职消费可以被看作一种隐性腐败现象，借鉴周美华（2016）的做法，本书采用公司首次被处罚的情况来刻画超额在职消费，当公司受到中国证监会和交易所的首次处罚时，取值为1，否则为0，将其作为替代变量再次代入方程采用 Probit 回归。同时，采用和前述章节相同的方法，缩短样本时间，剔除2012年，选择2013年、2014年为事件后的时间窗口，定义为1，选择2010年、2011年为事件前的时间窗口，定义为0，重新检验以上结果，以此减少样本时间的延长，检验结果受到其他政策或事件影响。回归结果如表7-12所示，仍然支持管理层权力越大，在职消费越严重，党的十八大以来严格的权力约束制度嵌入抑制了管理层权力滥用的在职消费行为。

表 7－12　制度嵌入、管理层权力与在职消费（缩短时间窗口）

变量	(1) Abperks	(2) Abperks
Power	0.262 *** (3.63)	0.075 * (1.94)
PG	—	0.123 ** (2.17)
PG × *Power*	—	−0.235 *** (−2.81)
Salary	−0.017 (−0.67)	−0.031 (−1.63)
Size	−0.089 *** (−4.50)	−0.080 *** (−5.45)
Roa	0.000 (0.05)	−0.003 (−1.44)
Growth	−0.002 (−0.05)	−0.037 (−1.40)
Lev	0.006 *** (5.76)	0.007 *** (9.23)
Big4	−0.194 * (−1.90)	−0.224 *** (−3.05)
Age	0.005 (1.22)	0.001 (0.31)
ln*Employee*	0.001 (0.05)	−0.013 (−0.98)
Ret	−0.017 (−0.88)	−0.012 (−0.78)
Cfo	−0.208 ** (−2.34)	−0.181 *** (−2.60)
Loss	0.140 ** (2.04)	0.127 ** (2.56)
Industry	已控制	已控制
year	已控制	已控制
_cons	0.681 * (1.65)	1.075 *** (3.29)
Pseudo R^2	0.0705	0.0576
LR chi^2	425.43	697.38
Prob > Chi^2	0.0000	0.0000

注：表中 *、**、*** 分别表示在 10% 水平、5% 水平和 1% 水平显著。

为了进一步分析实施了权力约束政策以后，管理层是否减少了滥用权力而产生过度在职消费行为，本书进行了继续检验。如果制度嵌入确实减少了管理层权力所产生的超额在职消费行为，那么超额在职消费的下降行为应该具有一定的持续性。如果是将在职消费转入其他科目，由于这些处理方法违反了会计准则的规定，管理层会面临被审查和处罚的风险，那么这种操做下，在职消费金额很难一直维持在一个较低的水平，将会出现本期在职消费下降而下期上升的现象。如果确实是在职消费水平下降了，并不是转入其他科目进行了操控，那么管理层权力与上期在职消费变化额的交互项目与当年度在职消费的变化金额应该不显著。这里管理层权力变量 *Power* 为虚拟变量，就是在管理层权力较大的公司中，上期在职消费的变化不影响当年度在职消费的变动。表 7 - 13 展示了回归结果，表中 *Dperk* 代表在职消费当年变化额，*Lperk* 代表上一年度在职消费的变动。从表中我们发现 *Power* × *Lperk* 的系数并不显著，说明当年在职消费的变动并不是转入其他费用进行操控的结果，而是在职消费确实减少所致。

表 7 - 13　　在职消费的持续性分析

变量	*Dperk*
Power × *Lperk*	10.393 (0.08)
Power	-17.039 (-1.05)
Lperk	0.006 (0.07)
Industry	已控制
_cons	-1.618 (-0.09)
Adj_R^2	0.0014
F	0.096

7.4.3　控制年份固定效应

为了检验结果的稳健性，我们采用和前述章节相同的做法，控制了年份固定效应来解决制度嵌入度量方法的不足，我们参照和借鉴了 DeFond（2015）和杨理强等（2017）的做法，将公司样本区分不同的年度，控制其年份固定效应，进行了重新回归，回归结果见表 7－14，回归结果仍然支持本章的结论。

表 7－14　制度嵌入、管理层权力与在职消费（固定效应）

变量	全样本 *Abperks*	非国有企业 *Abperks*	国有企业 *Abperks*
Power	0. 008 ** (2. 06)	0. 005 (1. 40)	0. 007 (0. 91)
PG × *Power*	－0. 024 *** (－2. 65)	－0. 011 (－1. 24)	－0. 036 * (－1. 90)
Pay	－0. 015 *** (－4. 14)	－0. 014 *** (－3. 60)	－0. 014 ** (－2. 15)
Size	－0. 020 *** (－6. 04)	－0. 032 *** (－8. 80)	－0. 004 (－0. 72)
Roa	0. 000 (1. 42)	－0. 001 *** (－3. 28)	0. 002 *** (3. 25)
Growth	－0. 026 *** (－7. 73)	－0. 019 *** (－5. 39)	－0. 041 *** (－6. 71)
Loss	0. 003 (0. 59)	－0. 012 ** (－2. 20)	0. 014 (1. 33)
Big4	0. 003 (0. 24)	－0. 003 (－0. 23)	0. 011 (0. 38)
Age	0. 000 (0. 09)	0. 002 ** (2. 48)	－0. 003 (－1. 64)
Cfo	0. 004 (0. 42)	0. 017 (1. 64)	0. 005 (0. 34)
Employee	－0. 019 *** (－6. 57)	－0. 009 *** (－3. 30)	－0. 034 *** (－6. 46)
year	已控制	已控制	已控制
_cons	0. 784 *** (9. 47)	0. 948 *** (10. 53)	0. 539 *** (3. 88)
Sigma_u	0. 1743	0. 1487	0. 4513
Sigma_e	0. 1013	0. 0739	0. 2789
F	150. 990	130. 678	75. 957

注：表中 *、**、*** 分别表示在 10% 水平、5% 水平和 1% 水平显著。

7.4.4 替代变量检验

由于权力约束政策的有效实施可能会导致一部分领导干部滥用权力的违纪违规行为被查处，本书选取国内各省市领导人违纪违规被查处的情况作为替代变量，即将每个地区被查处领导干部的数量取对数代入模型进行重新检验。从表 7 - 15 可以看出，在全样本回归中，*Power* 与 *PG* 的交乘项系数为 -4.04，在 1% 水平显著；在国企样本中系数为 -2.08，在 5% 水平显著；非国企样本中的系数为 -0.031，没有显著关系，和前述结果没有太大差别，再次说明了结果是稳健的。

表 7 - 15 制度嵌入、管理层权力与在职消费（代替变量检验）

变量	全样本 *Abperk*	国企 *Abperk*	非国企 *Abperk*
Power	0.026** (2.41)	0.023* (1.72)	0.016 (1.01)
PG	-0.018*** (-3.65)	-0.011** (-2.14)	-0.001 (-1.05)
Power × *PG*	-0.087*** (-4.04)	-0.052** (-2.08)	-0.031 (-0.77)
Pay	0.004 (1.14)	-0.002 (-0.68)	0.011* (1.79)
Size	-0.002 (-1.03)	0.002 (0.87)	-0.005 (-1.04)
Roa	0.002*** (4.41)	0.001 (1.30)	0.004*** (5.12)
Growth	0.024*** (4.42)	-0.000 (-0.05)	0.043*** (4.28)
Lev	-0.001*** (-5.44)	-0.001*** (-6.51)	-0.001*** (-2.59)
Big4	0.002 (0.19)	-0.004 (-0.50)	0.012 (0.56)
Age	-0.005*** (-11.03)	-0.002*** (-4.54)	-0.007*** (-7.01)

续表

变量	全样本 Abperk	国企 Abperk	非国企 Abperk
Employee	0.006*** (2.68)	0.008*** (3.70)	0.001 (0.13)
Ret	0.003 (1.47)	-0.001 (-0.38)	-0.001 (-0.16)
Cfo	0.078*** (7.20)	0.062*** (5.77)	0.083*** (4.06)
Loss	0.020*** (2.61)	-0.005 (-0.73)	0.049*** (2.99)
Industry	已控制	已控制	已控制
year	已控制	已控制	已控制
_cons	-0.005 (-0.08)	-0.000 (-0.00)	-0.016 (-0.16)
Adj_R^2	0.1658	0.1809	0.2249
F	16.857	10.338	10.410

注：表中*、**、***分别表示在1%水平、5%水平和10%水平显著。

7.5 本章小结

在职消费支出很难和公司经营管理成本区分开来，很容易被管理层滥用来满足个人的消费欲望。近年来，频频曝光的天价招待费更是让社会各界人士唏嘘不已，引起了学术界的广泛研究。鉴于此，本章考察了管理层权力对在职消费的影响，检验结果发现管理层权力越大，超额在职消费越容易成为管理层获取私人收益的一种谋利手段。本章在此基础上进一步考察了制度嵌入对管理层权力滥用的治理效应，结果发现，制度嵌入抑制了管理层权力滥用所产生的在职消费行为，说明了外部政治监管和限制使管理层权力滥用的超额在职消费现象有所收敛。同时，本章进一步检验了产权性质的影响，发现制度嵌入对管理层权力所引发的在职消费行为的监督效应在国有企业更加明显。

第 8 章

企业制度嵌入、管理层权力与违规行为

在中国经济发展得到大幅提升的同时，企业违规行为也伴随而来。企业违规主体归根结底还是上市公司管理层，制度嵌入影响到广泛的社会主体和经济主体，从而影响上市公司管理层违规行为。本章检验制度嵌入对管理层权力与违规行为的影响。具体通过检验管理层权力对企业违规行为的影响，检验权力约束的行政规制对管理层权力与企业违规之间关系的影响。

8.1 理论分析与研究假说

近年来，中国证券市场在不断发展的同时，也伴随着大量上市公司接连不断的违规丑闻，“银广夏”“科龙电器”“万福生科”等一系列违规事件使投资者蒙受了巨大损失，对证券市场造成了严重的危害和冲击，给我国的市场经济带来了不利影响。根据 CCER 数据库（色诺芬）统计，2008—2016 年上市公司发生信息披露违规、违法减持、内幕交易、推迟披露等违规行为达到 900 多起，并且呈现不断增长的趋势。上市公司这些屡禁不止的违规行为的发生极大挫伤了投资者积极性，严重影响着资本市场的配置效率，因此，分析企业违规行为的原因和治理对策，对保护投资者权益至关重要，这无论是在实务界还是理论界都是值得进一步探讨的问题。

上市公司的违规行为引发了国内外学者们的广泛关注。大多数文献从公司治理结构和契约动机方面探讨了上市公司的违规动因，Dechow 等（1996）认为上市公司管理层财务违规的主要动机在于避免各种契约条款的约束。Beasley（1996）认为管理层违规的目的是获取期权分红，通过内幕交易牟利。无论出于何种原因，从本质上来说，上市公司的违规行为与管理层有着密切关系，管理层在违规行为中的作用不容忽视。管理层是最大化个人利益的理性经济人，更是公司违规行为的实施主体，因此，从管理层权力配置角度来探索企业违规现象的发生具有重要意义。本章不同于以前的研究，从管理层权力的视角研究了上市公司的违规动因，并从行政规制的角度检验了制度嵌入是否能缓解管理层权力所引发的企业违规行为。

企业违规行为是管理层的一种决策行为，是管理层在权衡可能获得的收益与成本后决定实施违规决策的行为（Dyck 等，2008）。本章参考中国证监会对公司违规类型的规定，将信息披露违规、经营违法违规和公司管理层违法违规行为均作为公司违规对象。违规行为尽管能为公司和管理层带来短期利益，但违规行为一旦被监管部门揭露，公司需要付出沉重代价。公司违规行为受到多种因素影响，目前主要分为两个方面：一方面是外部环境的影响，另一方面是公司内部环境的影响。学者发现企业违规行为与外部经济环境存在密切关系，更是受到来自行业投资信心和情绪的影响（Povel 等，2007；Wang 等，2010）。内部环境的影响因素主要表现在股权结构、董事会结构、公司治理结构、薪酬机制等方面（蔡志岳和吴世农，2007；杨杰飞和李银珠，2022）。股权集中度较高、管理层持股比例较高的公司财务报表舞弊行为均有所下降，而在国有持股比例较高的公司存在严重的财务报表舞弊行为（梁杰等，2004；路瑶，2016）。

现代企业制度下，股东通过签订契约合同来观察管理层的努力程度，双方存在信息不对称和效用函数不一致的问题，导致契约不能尽善尽美，无法完全监督管理层。Fan 和 Wong（2002）发现上市公司代理问题越严重，越可能发生企业违规行为。因此，由于代理冲突的存在，管理层可能为了追求自身效应最大化，实施不利于企业的违规行为。如通过财务舞弊粉饰财务报表、虚增利润、内幕交易等违规行为获取个人私利。根据管理层权力理论，管理层处于企业重要位置，拥有企业经营活动的决策权力，随着管理层权力的不断膨胀，在很大程度上可能俘获董事会，导致董事会治理失效。实际上，尽管公司按期召开了董事会会议，但实际决策仍然由公司管理层一手操控，包括各项议案的提出和重大决算方案的制定，使董事会流于形式。而中小股东不参与公司的经营活动，加之法律赋予他们的权力较小，很难有发言权，无法对管理层实施应有的监督，导致管理层拥有更多决策裁量权。Grinstein 和 Hribar（2004）认为管理层权力越大，越可能影响董事会决策。管理层权力越大，越有权决定是否实施违规决策。例如，管理层可能通过违规担保或违规关联交易掩盖大股东的掏空行为；管理层也可能为了获得 IPO 资格和避免被特别处理或退市处理，采用虚增利润和虚列资产等信息披露违规手段进行财务舞弊；甚至可能通过操纵股价以谋求个人私利；通过会计造假的欺诈行为掩盖公司真实业绩以实现契约目标（屈文洲和蔡志岳，2007）。因而，在各种利益驱动下，管理层权力越大，发生违规行为的现象更加严重。

从我国外部法律环境的角度分析，我国的资本市场尽管在不断发展，法制建设也取得了一定成效，但我国的法律环境仍然不容乐观（Jiang 和 Kim，2015）。不太健全的法律环境导致管理层受到的外部监督较弱，给管理层的违规行为提供了一定的空间。我国对企业违规行为的监管和处罚力度仍然有待加强，企业违规受到的处罚成本并不高。我国的证监会虽然在调查能力和执法力度上有了较大的提升，但存在事后的执法效率低下和处罚标注不一致现象，导致违规企业并未真正受到严格的惩罚。杜煊君（2000）发现，中国证监会对上市公司进行稽查的概率明显小于纳什均衡的最优概率，对违规上市公司的查证概率也明显低于最优概率。韩德宗和陈启欢（2002）发现，我国上市公司中违规公司及其高层管理人员所受处罚量与其欺诈行为量的相关度很差，处罚的公平性值得商榷。外部法律监管制度还不健全和惩罚力度的不够，导致违规预期成本降低，使管理层违规所获得的收益远远大于违规所付出的损失，较低的预期违规成本对管理层的约束力有限。Khanna 等（2015）运用美国数据分析得出，高管权力较大会显著提高公司违规的可能性。综上所述，管理层权力越大，越有可能利用权力谋取自身利益，而产生企业违规行为。根据以上分析，提出假说 8.1。

假说 8.1：其他条件不变的情况下，管理层权力越大，公司违规行为越严重。

企业违规行为掩盖了企业经营运转情况，误导了投资者对企业投资情况的判断，严重影响着资本市场的健康发展。因此，管理层权力所引发的企业违规行为是一个亟待解决的问题。如果不对管理层所拥有的权力施加限制和约束，便会滋生管理层谋取私利的个人动机。公司内部出现多种违规现象，体现了公司制度的缺陷，因此，要减少管理层权力所引发的违规问题，关键是设计出一种有效的制度抑制管理层违规行为，降低管理层权力引发的代理成本。公司内部治理机制固然是制约管理层违规行为的重要手段（Goldman 和 Slezak，2006；陆瑶等，2012），但除了内部治理因素外，公司外部制度嵌入手段也是制约管理层的有效手段，从而降低公司违规现象（Kedia 和 Rajgopal，2011）。

党的十八大以来的权力约束政策是对党员领导干部的政治监督与约束，促使领导干部在岗位上自我净化、自我完善、自我革新、自我提高，促进企事业单位不断完善制度。根据嵌入理论，权力约束制度的嵌入对经济活动和治理主体也会产生一定的影响。这种行政权力的监督会嵌入上市公司中，尤其国有企业高管会加强自我权力约束、自我监督和自我审查，落实党中央的指示，从而及时发现和纠正企业存在的违纪违规行为。

党的十八大以来，权力约束的制度嵌入以严格的法律制裁力度作为后盾，进行强制性处罚。党的十八大以来权力约束的制度嵌入通过加大司法执行力度，提升执法效率，约束政府官员的违规违纪行为。根据中央纪委国家监委网站发布的数据统计，从党的十八大到 2015 年，已有 64 名央企领导违规被查处。[①] 网站数据显示了党的十八大以来，我国司法查处力度正在不断增强，法律环境正在不断改善。良好的法律环境可以提高违规被发现和查处的可能性，从而对管理层权力所引发的违规行为产生一定的约束作用（曹春芳等，2017）。在权力约束的制度嵌入环境下，一旦管理层将违规动机付诸实践，被监管部门稽查和处罚的可能性更大，因而，党的十八大以来的制度嵌入对管理层滥用权力而产生的违规行为有一定的震慑作用。企业违规行为不仅是管理层决策的思量，也是一种对成本和收益的

---

① 数据来源：中共中央纪律检查委员会、国家监察委员会官方网站 https：//www. ccdi. gov. cn.

权衡。司法惩处力度的加大，使管理层的违规行为面临更多的法律诉讼，可能需要承担更多的赔偿金额，导致管理层的违规成本增加。在对违规成本和收益进行权衡后，管理层会减少一部分违规行为。

从政治关联的间接影响来看，党的十八大以来，高压权力约束政策使滥用权力的政府官员得到法律的制裁，官员的接连落马使企业与政府之间的关联关系被切断，而短时间内重新搭建政治联系是存在一定难度的。政企关系的断链使企业失去政府的“庇护”，违规违纪行为被发现和查处的可能性更高，使管理层减少了违纪违规行为。对于非国有企业来说，为了能够在市场上与国有企业竞争，与政府建立密切关系已经成为普遍现象（罗党论和唐清泉，2009）。政治关联已经被管理层视为获取稀缺资源的政治资本、寻求政治庇护的重要途径。郑丽婷和金雪军（2017）发现，民营企业的政治管理能够弱化行政监督效力，拥有政治关联的管理者所在的企业更容易发生违规行为，尤其在民营企业中更加明显。一方面，党的十八大以来的制度嵌入弱化了民营企业和国有企业的政治关联关系，管理层受到的政治庇护减少，企业违规被稽查处罚的可能性提高。另一方面，由于政治庇护的减少，导致企业为了在竞争中立于不败之地，将更多的精力用于公司治理制度的建设，有效的公司治理机制能够增加企业违规行为被查处的可能性。此外，权力约束的制度嵌入造成部分上市公司政治关联被切断，但仍然有一部分存在政治关联的企业，而高强度处罚措施会对这些存在政治关联的企业产生震慑效应，官商勾结的寻租行为会有所降低，减少对企业违规行为的袒护，使管理层自觉降低违规行为。根据以上分析，提出假说 8.2。

假说 8.2：其他条件不变的情况下，制度嵌入抑制了管理层权力所引发的违规行为。

党的十八大以来的权力约束政策的制度嵌入通过直接明晰各项行政权力的职责，对政府官员权力进行限制和约束，直接影响国有企业高管权力。已有文献表明，国家制度嵌入可以被视为保护投资者利益的有效替代机制（陈冬华等，2008）。我国是以公有制为主体的社会主义国家，国有资产所有权归全体人民共同所有，国家代表公民行使国有资产的所有权。所有权和控制权的分离，使国家委托管理层对国有企业进行经营管理，尽管进行了市场化改革，但政企不分依然是我国大部分国有企业的普遍常态，而国有企业高管往往具有“似官非官”和“亦官亦商”的身份（赵璨等，2015）。我们有理由相信，国有企业存在的这种“半市场化”现象和国企高管的“两栖”身份，有利于政府和其他监管部门更好监督国有企业。党中央权力约束的制度嵌入通过实施一系列权力约束和监督政策，对国有企业管理层权力进行限制和约束，缓解管理层权力所引发的违规行为。管理层的违规行为本质上也可以认为是一种腐败行为，赵璨等（2015）将管理层擅自改变资金用途、占用公司资产、违规买卖股票和操纵股价等违规行为而受到处罚的现象定义为企业高管腐败行为。党的十八大以来，全国上下全力正风肃纪，从严治党，杜绝各种违纪违规行为是党的十八大以来党中央权力约束政策的目标之一，企业违规行为更是相关监管部门关注和监管的重要对象，给管理层违规行为形成一定的压力。制度嵌入通过对管理层权力进行限制和约束，使国企高管在法规允许的范围内进行合法经营，减少违规行为。特别是国企高管违规被曝光和查处后，将直接影响其政治升迁。因此，权力约束的制度嵌入能够降低国有企业的管理层权力所引发的违规行为。根据以上分析，提出以下假说 8.3。

假说 8.3：其他条件不变的情况下，相对于非国有企业，制度嵌入对管理层与违规行为的影响在国有企业更加明显。

8.2 研究设计

8.2.1 模型设计

关于企业违规行为的计量方法，我们借鉴 Khanna 等（2009）、陆瑶和胡江燕（2016）的做法，采用 Probit 模型进行估计，拓展后的模型如下。

$$Fraud_{it} = \beta_0 + \beta_1 \times Power_{it} + \beta_2 \times Size_{it} + \beta_3 \times Lev_{it} + \beta_4 \times Roa_{it} + \beta_5 \times Growth_{it} + \beta_6 \times Big4 + \beta_7 \times Age_{it} + \beta_8 \times Compete_{it} + \sum Year + \sum Industry + \varepsilon \tag{8-1}$$

$$Fraud_{it} = \beta_0 + \beta_1 \times Power_{it} + \beta_2 \times PG + \beta_3 \times PG \times Power_{it} + \beta_4 \times Size_{it} + \beta_5 \times Lev_{it} + \beta_6 \times Roa_{it} + \beta_7 \times Growth_{it} + \beta_8 \times Big4 + \beta_9 \times Age_{it} + \beta_{10} \times Compete_{it} + \sum Year + \sum Industry + \varepsilon \quad (8-2)$$

8.2.2 变量定义

（1）因变量

因变量为企业违规行为（*Fraud*）。将被证券监督管理委员会发现并进行处罚的违规行为均视为企业违规，包括信息披露违规、重大遗漏、虚增利润、内部交易违规等行为。该变量为虚拟变量，将上市公司出现违规行为定义为1，否则为0。

（2）自变量

自变量为管理层权力（*Power*），具体方法在前面章节已经详细论述。

自变量为制度嵌入（*PG*）。制度嵌入为虚拟变量，同前述章节。

（3）控制变量

为了得出更准确的研究结论，本章节参考已有文献，将公司违规因素的可能因素纳入控制变量。参考 Hambrick、Hambrick 和 Mason（1984）、唐松和孙铮（2014）的做法，选取控制变量如下。

公司规模（*Size*），是由公司总资产取对数得出。资产负债率（*Lev*）。总资产收益率（*Roa*），用来控制企业的盈利水平。公司成长机会（*Growth*），用营业收入的增长率来表示，用来控制公司的成长性。上市公司年份（*Age*），用公司上市年限取自然对数表示。审计师质量（*Big4*），用是否国际四大会计师事务所审计表示。行业竞争程度（*Complete*），其中 n 为该行业中公司数量，Xi 表示行业中第 i 个公司的营业收入，表示行业总收入。该值越接近于0，表明行业中竞争者数量越多，竞争越激烈；该值越接近1，则相反。此外，为了更准确地判断企业违规的影响，本书进一步控制了不同行业和年份对企业违规的影响。表8－1所示为各变量定义。

表8－1　　变量定义表

变量		变量含义及计算方法	文献依据
因变量	*Fraud*	企业违规，被证券监督管理委员会发现并进行处罚的违规行为均视为企业违规。如果出现违规取值为1，否则为0	路瑶和胡江燕，2016

续表

变量		变量含义及计算方法	文献依据
自变量	*Power*	管理层权力，采用主成分分析计算得出	*Finkelstein*，1992；卢锐，2008
	PG	制度嵌入，将 2013 年及以后定义为 1，之前定义为 0	—
控制变量	*Soe*	控制人性质，非国有企业取 1，国有企业取 0	魏志华等，2017
	Size	公司规模，用公司当年总资产的自然对数表示	李世辉等，2021；张庆君等，2021
	Lev	资产负债率，负债总额除以资产总额	魏志华等，2017
	Roa	总资产收益率，净利润与资产总额的比	李世辉等，2021
	Growth	公司成长机会，用本期期末主营业务收入总额减去期初营业收入总额得到的数值除以期初营业收入总额表示	李世辉等，2021
	Age	上市公司年份，用公司上市年份距离样本期间的时间长短的差表示	魏志华等，2017
	Salary	员工报酬，用公司前三名高管薪酬的平均值取对数表示	李世辉等，2021
	Compete	行业竞争程度，用赫芬达尔指数表示，行业内所有上市公司营业收入占行业总收入的平方和	全怡和陈冬华，2017
	Big4	审计单位变量，当审计单位为国际四大会计师事务所，取值为 1，否则为 0	全怡和陈冬华，2017
	Cfo	公司经营活动现金流量，经营活动现金流量净值与总资产的比值	张庆君等，2021
	∑*Year*	年度虚拟变量，用来控制宏观经济的可能影响	—
	∑*Industry*	行业虚拟变量	—

8.2.3　数据来源和样本选择

由于我国上市公司从 2007 年开始全面实施现行会计准则，因此，本书选取 2008—2016 年沪深两市 A 股上市公司数据进行研究，本书相关数据均来自 CCER、国泰君安数据库和 Wind 资讯金融数据库。然后，我们对样本进行如下筛选得到所需样本。第一，剔除金融类上市公司样本。由于金融类公司与一般上市公司财务指标和会计制度存在很大差别，因此剔除金融类公司。第二，剔除控制变量缺失数据。第三，剔除 ST 公司。被“ST”的公司是被中国证监会特别处理的公司，财务状况不符合相关标准。第四，剔除当年首次公开募股的公司。当年首次公开募股的公司无法获得前后年度财务数据，盈余管理计量模型需要用到公司前后年度财务指标的变化数据，因此，书中剔除了当年新上市的公司。经过上述步骤筛选最终得到 18320 个样本，同前述章节。

为了排除异常值影响，我们对回归模型中使用的所有连续变量在 1% 和 99% 的水平上进行了缩尾处理。本书的数据处理和分析采用 Stata 12.0 软件。

8.3 实证结果分析

8.3.1 描述性统计

主要变量描述性统计见表 8-2，表 8-2 展示了各变量的均值、标准差、最小值、最大值、中位数等。从表中可知，企业违规行为（*Fraud*）均值为 0.096，最大值为 1，最小值为 0，表明了当前上市公司管理层可能存在比较严重的违规行为。

表 8-2 主要变量描述性统计

变量	均值	中位数	标准差	最小值	最大值
Fraud	0.096	0	0.294	0	1
Power	-0.004	0.231	0.970	-2.218	3.293
Size	9.059	7.264	8.920	-17.07	44.10

续表

变量	均值	中位数	标准差	最小值	最大值
Lev	0.455	0.460	0.207	0.048	0.897
Roa	0.455	0.460	0.207	0.048	0.897
Growth	0.214	0.068	0.628	-0.457	4.547
Big4	0.064	0	0.244	0	1
Age	8.459	8.569	6.311	-3.177	21.058
Compete	0.003	0.002	0.006	0.001	0.108

表 8-3 展示了党的十八大以来权力约束的制度嵌入前后各变量的均值和中位数差异性检验结果，从表中看出在制度嵌入前后企业违规变量均值和中位数差异性较大，*T* 值和 *Z* 值均在 1% 水平显著，说明了制度嵌入前后上市公司企业违规行为存在显著差异；同时也发现企业违规行为在制度嵌入后有所下降，均值从 0.124 下降为 0.030，中位数从 0.02 下降为 0.009。其他变量在前述章节已经进行了分析，这里不再赘述。

表 8-3　　单变量对比分析 *T* 检验和 *Z* 检验

变量	*PG*=0		*PG*=1		差异性	
	均值	中位数	均值	中位数	*T* 值	*Z* 值
Fraud	0.124	0.024	0.030	0.009	0.094***	4.856***
Power	0.001	0.001	-0.046	-0.127	0.046**	2.577**
Size	0.466	21.539	0.449	21.815	0.017***	-32.519***
Soe	0.554	1	0.414	0	0.140***	51.906***
Roa	21.681	6.646	22.001	5.456	-0.319***	32.808***
Growth	7.739	0.083	6.261	0.052	1.478***	30.328***
Lev	0.412	0.480	0.450	0.444	-0.038***	11.988***
Big4	4.991	0	5.148	1	-0.157***	-47.654***
Age	0.377	8.553	0.547	9.003	-0.170***	-34.979***
Compete	0.002	0.019	0.003	0.056	-0.001***	-51.730***

注：表中**、***分别表示在 5% 水平和 1% 水平显著。

8.3.2　相关性分析

表 8-4 展示了本章各变量间的相关系数关系，图表下三角表示皮尔森（pearson）相关系数，上三角表示斯皮尔曼（spearman）相关系数。

表 8-4　各变量间的相关系数表

变量	*Fraud*	*size*	*Lev*	*Roa*	*Growth*	*Big4*	*Age*	*Compete*	*Power*	*PG*
Fraud	1	0.77***	0.75***	0.76***	0.76***	0.88***	0.78***	0.77***	0.031*	-0.026
Power	0.028*	0.075***	0.044***	0.0093*	0.0081	0.013**	0.026***	0.074***	1	-0.11***
PG	-0.024	0.088***	-0.032***	-0.024***	-0.032***	-0.0021	0.056***	0.064***	-0.084***	1
Size	0.63***	1	0.86***	0.73***	0.77***	0.87***	0.84***	0.97***	0.090***	0.079***
Lev	0.63***	0.77***	1	0.64***	0.75***	0.86***	0.85***	0.86***	0.057***	-0.029***
Roa	0.53***	0.57***	0.42***	1	0.84***	0.85***	0.68***	0.75***	-0.0073	-0.021***
Growth	0.55***	0.64***	0.61***	0.74***	1	0.85***	0.72***	0.80***	-0.0059	-0.029***
Big4	0.79***	0.79***	0.76***	0.74***	0.74***	1	0.85***	0.87***	0.017***	-0.0020
Age	0.68***	0.75***	0.76***	0.48***	0.57***	0.75***	1	0.83***	0.052***	0.050***
Compete	0.67***	0.95***	0.77***	0.60***	0.68***	0.79***	0.73***	1	0.086***	0.057***

注：*、**、*** 分别表示在 10% 水平、5% 水平和 1% 水平显著。

企业违规行为变量与管理层权力呈现显著正相关的关系，相关系数为0.028，并在10%水平显著，方向与预期一致，初步支持了管理层权力越大，企业违规行为越严重的假说。主要解释变量制度嵌入与管理层权力的交乘项系数与企业违规行为显著负相关，得出了制度嵌入降低管理层权力滥用所引发的企业违规行为的结论，但也可能是没有控制其他因素的原因，尚需进一步检验。此外，我们进一步考察了模型是否存在共线性问题，通过相关系数表看出各变量间的相关系数基本小于50%，表明了各变量间不存在严重的多重共线性关系。书中还采用方差膨胀因子检验了各变量的多重共线性，从检验结果看出，方差膨胀因子均小于5，进一步说明模型各变量的多重共线性问题不严重。

8.3.3　多元回归分析

表8－5展示了制度嵌入、管理层权力与企业违规行为的多元回归结果，从表中的第（1）栏中可以看出管理层权力变量（*Power*）与企业违规行为（*Fraud*）的系数为0.001，在1%水平显著正相关，与预期结果一致，初步验证了假说8.1，说明了管理层权力越大，企业发生违规行为的可能性越高。实证结果与魏志华等（2010）的结果一致。从第（3）栏可以看出管理层权力变量（*Power*）和制度嵌入（*PG*）的交乘项系数是－0.99，在1%水平显著负相关，初步验证了假说8.2，说明了党的十八大以来的高压权力约束的制度嵌入抑制了管理层权力所诱发的企业违规行为。

表8－5　制度嵌入、管理层权力与企业违规行为的多元回归结果

变量	(1) *Fraud*	(2) *Fraud*	(3) *Fraud*
Power	0.001*** (3.37)	0.001*** (3.37)	0.002** (2.16)
PG	—	－31.809*** (－4.59)	－4.012*** －131.809
PG×*Power*	—	—	－0.99*** (－3.67)
Size	0.004*** (3.90)	0.004*** (3.90)	0.004*** (3.94)

续表

变量	(1) *Fraud*	(2) *Fraud*	(3) *Fraud*
Lev	0. 000 (0. 15)	0. 000 (0. 15)	0. 000 (0. 14)
Roa	0. 005 *** (4. 90)	0. 005 *** (4. 90)	0. 005 *** (4. 90)
Growth	0. 002 ** (2. 33)	0. 002 ** (2. 33)	0. 002 ** (2. 32)
Big4	0. 077 *** (41. 73)	0. 077 *** (41. 73)	0. 077 *** (41. 64)
Age	0. 007 *** (6. 89)	0. 007 *** (6. 89)	0. 007 *** (6. 93)
Compete	0. 001 *** (7. 54)	0. 001 *** (7. 54)	0. 001 *** (7. 53)
_cons	23. 755 *** (4. 01)	23. 755 *** (4. 01)	14. 251 *** (3. 92)
R^2	0. 8670	0. 8467	0. 8465
F	62. 873	62. 873	57. 046

注：表中 **、*** 分别表示在 5% 水平和 1% 水平显著。

本书进一步检验了不同产权性质下制度嵌入对管理层权力与企业违规行为之间关系的影响，回归结果见表 8－6。从表中看出，在国有企业和非国有企业样本中，管理层权力变量均达到显著水平，说明国有企业和非国有企业均存在企业违规行为。从第（3）栏和第（4）栏看出，管理层权力与制度嵌入的交乘项在国有企业存在 5% 水平的显著，而在非国有企业存在 10% 水平的显著，说明了制度嵌入对管理层权力与企业违规行为之间关系的影响在国有企业中更加明显，可能是国有企业高管具有“政治人”的特点，权力约束的制度嵌入直接约束了国有企业高管权力滥用所引发的企业违规行为，支持了制度嵌入降低国有企业管理层权力滥用所产生的违规行为的结论。

表 8-6　不同产权性质下制度嵌入对管理层权力与企业违规行为

变量	国企（1） *Fraud*	非国企（2） *Fraud*	国企（3） *Fraud*	非国企（4） *Fraud*
Power	0.002** (2.31)	0.001** (2.04)	0.004*** (2.60)	0.001* (1.86)
PG	—	—	61.263** (2.34)	25.621** (2.89)
PG × *Power*	—	—	-0.003** (-2.71)	-0.002* (-1.84)
Size	0.000 (0.12)	0.001 (0.87)	0.001 (0.23)	0.001 (0.86)
Lev	0.007*** (3.08)	-0.002 (-1.58)	0.007*** (3.01)	-0.002 (-1.58)
Roa	0.008*** (3.37)	0.005*** (4.08)	0.008*** (3.31)	0.005*** (4.08)
Growth	0.004* (1.79)	0.002** (1.98)	0.004* (1.80)	0.002** (1.98)
Big4	0.066*** (17.34)	0.085*** (38.65)	0.066*** (17.21)	0.085*** (38.61)
Age	0.010*** (4.08)	0.005*** (3.77)	0.010*** (4.22)	0.005*** (3.76)
Compete	0.000** (2.55)	0.000*** (9.56)	0.000*** (2.59)	0.000*** (9.56)
_cons	-31.118 (-1.03)	-19.813 (-0.08)	-95.020 (-1.29)	-64.936* (-1.74)
R^2	0.8524	0.8472	0.8526	0.8479
F	43.256	51.155	41.222	57.919

注：表中*、**、***分别表示在 10% 水平、5% 水平和 1% 水平显著。

8.3.4　进一步检验：政治关联的影响

现有研究普遍发现，公司管理层的政治身份，尤其是创业者或者实际控制人具有政治身份有助于帮助公司获取组织合法性，接触到更多的稀缺资源和各种融资便利，解决融资难的问题（杜兴强，2009）。企业在获取公司政治资源的同时，作为回报必然会通过积极配合响应权力约束的政策号召，帮助政府部门进一步提升政绩水平，从而降低违纪违规行为。同时，在权力约束的制度嵌入背景下，上市公司如果发生各项违规行为，管理层也可能面临遭受行政处罚的风险，甚至需要承担连带责任及遭受声誉损失。

为了进一步检验制度嵌入影响管理层权力与企业违规行为的关系，本书引入政治关联变量，本章节根据前面章节做法，借鉴杜兴强等（2009）的方法，将公司管理层曾经或现在担任党代表、人民代表大会代表或政协委员定义为具有政治关联（*PC*），赋值为1，否则定义为0。由于具有政治关联关系的企业可以规避政府严格的监管，并获得更多的商业优势和优惠条件，弱化外部监管机制，因此，与政府缔结政治联系的高管可能由于受到更弱的监督存在更多的违纪违规行为。党的十八大以来权力约束的制度嵌入减少了政治关联关系，可能使由政治关联带来的违纪违规行为会随之减少。因此，本书进一步检验了政治关联、制度嵌入与企业违纪违规行为之间的关系，结果见表8－7。从表8－7的第（1）栏可以看出，在国有企业样本中，政治关联与企业违规的系数为0.095，没有表现出显著关系，表明了更多的政治关联关系并没有导致国有企业产生更多的违规行为，可能是国有企业高管更注重自己声誉问题，更多考虑了自己的升迁前途，从而减少了企业违规行为。从第（2）栏看出，政治关联关系变量与企业违规变量的系数为0.216，在10%水平显著，说明了非国有企业获得一定的政治关联关系后，存在一定的企业违规行为。

表8－8分样本检验了在存在政治关联关系的样本和非政治关联样本中制度嵌入对管理层权力与企业违规的影响，结果发现，政治关联样本中制度嵌入与管理层权力和企业违规关系的系数为－0.001，在1%水平显著，说明了权力约束的制度嵌入可能约束了管理层权力，减少了更多的违规行为，而在非政治关联样本中，系数为－2.04，在5%水平显著，说明制度嵌入的治理作用在政治关联样本中更加明显。进一步分样本检验了制度嵌入对管理层权力与企业违规的影响，结果见表8－8，和表8－7的结果差异不大。因此，根据上述实证分析，我们推导出可能是制度嵌入对官员权力的限制产生影响，减少了政治关联关系，同时减少了政治关联关系所带来的企业违规行为。

表 8 - 7　　政治关联、管理层权力与企业违规

变量	国企（1） *Fraud*	非国企（2） *Fraud*
Power	0.014 * (1.96)	0.002 *** (3.67)
PC	0.095 (0.14)	0.216 * (1.76)
Age	0.005 *** (4.66)	0.005 *** (4.66)
Size	0.003 *** (2.65)	0.003 *** (2.71)
Soe	21.141 (1.25)	27.655 (1.53)
Growth	0.002 * (1.87)	0.002 * (1.90)
Lev	-0.000 (-0.35)	-0.000 (-0.34)
Big4	0.080 *** (42.35)	0.080 *** (42.18)
Roa	0.006 *** (6.20)	0.006 *** (6.24)
Salary	-87.263 *** (-9.00)	-87.548 *** (-9.03)
Compete	0.000 *** (10.29)	0.000 *** (10.24)
Industry	已控制	已控制
year	已控制	已控制
PC	—	-20.216 (-1.04)
_cons	45.675 *** (8.59)	49.277 *** (8.65)
Adj_R^2	0.8438	0.4834
F	74.22	72.03

注：表中 *、*** 分别表示在 10% 水平和 1% 水平显著。

表 8－8　制度嵌入、管理层权力与企业违规（政治关联的影响）

变量	政治关联关系（1） *Fraud*	非政治关联关系（2） *Fraud*
PG	－6.630*** （－4.27）	－0.395 （－0.11）
PG × Power	－0.001*** （－2.60）	－0.001** （－2.04）
Age	0.005*** （4.53）	0.001 （0.44）
Size	0.003** （2.31）	0.008*** （3.05）
Growth	0.001 （1.04）	0.008*** （3.55）
Lev	－0.001 （－1.35）	0.005** （1.98）
Big4	0.082*** （38.13）	0.071*** （17.71）
Roa	0.006*** （5.57）	0.003 （1.35）
Salary	－74.896*** （－6.76）	－34.058 （－1.47）
Compete	0.000*** （12.58）	－0.000*** （－5.62）
Soe	35.626* （1.66）	16.898 （0.50）
Industry	已控制	已控制
year	已控制	已控制
_cons	98.445*** （8.38）	33.866*** （3.44）
Adj_R^2	0.8509	0.8443
F	47.817	33.844

注：表中*、**、***分别表示在10%水平、5%水平和1%水平显著。

8.4 稳健性检验

8.4.1 考虑内生性问题

由于管理层权力与企业违规行为可能存在内生性问题，为了结论能更加可靠，我们进一步对模型进行了赫克曼二阶段重新回归。由于管理层权力变量计量还存在很大的困难，至今尚未统一，为了更加准确地估计变量，本书借鉴刘星等（2012）的做法，将管理层权力的 8 个变量求平均值作为管理层权力的替代变量进行重新回归，重新回归后的结果见表 8－9。可以看出，在考虑了内生性问题后，带入逆米尔值 lambda 后，管理层权力与制度嵌入的交乘项系数与企业违规中的回归系数基本和前述结果相差不大，表明结论没有发生实质性改变，其控制变量的细微变化不影响结果的稳健性。

表 8－9　　制度嵌入、管理层权力与企业违规（二阶段）

变量	(1) *Fraud*	(2) *Fraud*
Power	0.029** (1.97)	0.084*** (4.46)
PG	—	−0.629*** (−5.71)
PG × *Power*	—	−0.001*** (−6.30)
Age	0.000*** (30.38)	0.000*** (25.67)
Size	−0.000*** (−8.74)	−0.000*** (−10.36)
Growth	−0.000*** (−13.89)	−0.000*** (−13.54)

续表

变量	(1) *Fraud*	(2) *Fraud*
Lev	0.000 *** (12.95)	0.000 *** (16.66)
Big4	-0.000 *** (-6.15)	-0.000 *** (-5.94)
Roa	-0.000 *** (-16.43)	-0.000 *** (-13.11)
Salary	0.033 *** (4.39)	-0.046 *** (-5.64)
Compete	0.000 *** (27.96)	0.000 *** (27.13)
Soe	-0.619 *** (-49.11)	-0.518 *** (-39.40)
lambda	0.086 (0.79)	0.097 (1.06)
Industry	已控制	已控制
year	已控制	已控制
_cons	-1.499 *** (-26.00)	-1.755 *** (-29.19)
Pseudo R^2	0.0783	0.0975
LR chi^2	452.51	576.16

注：表中 **、*** 分别表示在5%水平和1%水平显著。

为了排除模型自变量之间可能存在的异方差问题而造成结果的偏误，本书采取了 robust 检验，消除异方差对研究模型系数估计的偏误。另外，为了消除模型中各变量的自相关性，我们进行了稳健标准误聚类调整，对研究模型进行了 cluster 公司层面的回归，检验结果和前述结果没有太大区别，仅在 t 值上有细微变化，为节省篇幅未做报告。

8.4.2 改变样本区间的估计方法

为了检验结果的稳健，同前述章节做法相同，缩短样本时间，剔除 2012 年样本作为制度嵌入 *PG* 的替代变量，选择 2013 年、2014 年为事件后的时间窗口，定义为 1，选择 2010 年、2011 年为事件前的时间窗口，定义为 0，重新检验以上结果，详见表 8－10，以此排除随着样本时间的延长，书中结果受到其他政策或事件的影响。

表 8－10　制度嵌入、管理层权力与企业违规（改变样本区间）

变量	全样本 *Fraud*	非国企 *Fraud*	国企 *Fraud*
Power	0.002 *** (4.01)	0.002 * (1.90)	0.002 *** (3.25)
PG	－22.850 ** (－2.63)	－28.757 (－1.96) **	－15.244 (－0.34)
PG × *Power*	－0.002 (－1.78) *	－0.001 * (－1.76)	－0.003 ** (－2.76)
Age	0.005 *** (4.61)	0.007 *** (3.14)	0.003 *** (2.97)
Size	0.003 ** (2.55)	－0.000 (－0.21)	0.003 *** (2.62)
Growth	0.002 * (1.88)	0.006 *** (2.61)	0.001 (1.15)
Lev	－0.000 (－0.27)	0.006 *** (2.79)	－0.002 * (－1.76)
Big4	0.080 *** (42.34)	0.071 *** (18.52)	0.084 *** (38.05)
ROA	0.006 *** (6.19)	0.007 *** (3.03)	0.006 *** (5.07)
Salary	－27.280 *** (－8.98)	－22.100 ** (－1.97)	－27.658 *** (－7.91)
Compete	0.000 *** (10.28)	－0.000 (－1.43)	0.000 *** (11.60)
Soe	21.751 (1.28)	—	—
Industry	已控制	已控制	已控制
year	已控制	已控制	已控制
_cons	43.933 *** (8.49)	30.943 *** (2.71)	37.487 *** (7.32)
R^2	0.843	0.847	0.844
F	63.986	98.365	98.443

注：表中 *、**、*** 分别表示在 10% 水平、5% 水平和 1% 水平显著。

8.5 本章小结

公司行为和表现很大部分受到外部制度环境的影响，因此，本章节从企业制度嵌入的视角研究了外部制度嵌入对管理层权力和违规行为的影响，结果发现，管理层权力过大会增加管理层的违规行为，但企业制度嵌入会抑制管理层权力所引发的违规行为。同时，本章进一步检验了产权性质的影响，发现制度嵌入对管理层权力所引发的管理层违规行为的监督效应在国有企业更加明显。本章的研究为公司违规的治理提供了新的视角，为相关监管部门提供了新的思路。

第 9 章

结论与启示

党的十八大以来，国家实施了一系列严格的权力约束政策，对权力的运行进行制约和监督，这不仅体现政府的意志和动机，还使上市公司的权力配置的经济问题得到一定程度的解决，减少了上市公司的管理层权力滥用行为。本书选取了 2008—2018 年中国上市公司 A 股数据，围绕制度嵌入对权力滥用的影响路径展开经验研究。本章将对全书的研究结果进行分析和总结，同时指出本书的不足之处和未来的研究方向。

9.1 主要研究结论

本书通过构建管理层权力变量的八个维度，包括总经理与董事长是否两职兼任、高管任期、董事会规模、独立董事比例、管理层持股比例、独立董事工作地点与上市公司办公地点的一致性、高管薪酬份额和股权分散度，考察了管理层权力对过度投资、盈余管理和在职消费的影响，并进一步检验了制度嵌入对管理层权力与过度投资、盈余管理及在职消费之间关系的影响，主要研究结论如下。

第一，权力约束的制度嵌入能够抑制管理层权力过大所产生的过度投资行为，且这一现象在非国有企业更加明显。可能是由于权力约束政策限制了权力运行，限制了国有上市公司管理层的投资自由裁量权，从而减少了管理层权力滥用产生的过度投资行为。对于非国有企业而言，权力约束政策减少了官员权力的寻租行为，加剧了外部市场的竞争程度，增加了非国有企业的外部融资难度，非国有企业为了和国有企业竞争，减少了管理层权力滥用所产生的过度投资行为。

第二，权力约束的制度嵌入减少了管理层权力过大所引发的应计盈余管理活动，同时也导致了管理层转而实施更为隐蔽的真实活动盈余管理，这一现象在国有企业更加明显。由于权力约束政策对权力运行进行了制约，直接减少了国有企业管理层拥有的财务报告自由裁量权，从而减少了管理层权力滥用所引发的应计盈余管理行为。对非国有企业而言，权力约束政策减少了其具有的政治关联关系，改善了资源分配效率，使市场资源的分配具有竞争性，变得更有效率。这种良好的市场竞争能对非国有企业管理层进行更好的监督，迫使管理层减少权力滥用所产生的容易被监管部门发现的应计盈余管理活动。实证结果发现，制度嵌入并未产生对管理层权力与真实活动盈余管理的抑制效应，可能是真实活动盈余管理很难和企业真实经营活动区分开来，很难被监管部门识别的原因所致。

第三，权力约束的制度嵌入抑制了管理层权力过大所产生的在职消费行为，且这一现象在国有企业更加明显。权力约束政策限制了国有企业管理层在职消费的自由裁量权，从而减少了管理层权力滥用所引发的在职消费行为。对于非国有企业而言，权力约束政策促进了企业间的公平竞争，减少了非国有企业的政治关联关系，从而减少了因政治关联关系而产生的在职消费。

第四，权力约束的制度嵌入抑制了管理层权力过大所产生的违纪违规行为，且这一现象在国有企业更加明显。权力约束背景下，国有企业管理层更注重声誉问题，从而减少了管理层权力过大所引发的违纪行为。对于非国有企业而言，权力约束政策促进了企业间的公平竞争，减少了非国有企业的政治关联关系，从而减少了因政治关联关系所产生的在职消费。

本书的研究结论表明了权力约束政策能抑制上市公司管理层权力过大所产生的负面行为，发挥对管理层的外部监督功能，起到公司治理的作用，是外部市场手段的有益补充。但是，一些比较隐蔽的经营活动从外部是无法观测到的，还需要内部治理机制发挥有效防护作用，实现内外兼治，综合治理管理层权力滥用现象，达到改善公司未来业绩的目的。从政治关联的检验中，我们发现政府的特殊地位以及它所掌握的重要资源在一定程度上会导致企业竞相寻租，使企业主动与政府缔结关联关系。企业与政府的政治关联关系是一把双刃剑，一方面，为企业赢得政府扶持，获取更多资源便利；另一方面，却为企业带来了由于政府官员权力寻租而造成的负面效应。

9.2 政策启示

在现阶段的经济体制和政治体制下，政府的各项作为让我们看到了在今天更为自由的市场经济下，政府依旧在经济活动和社会生活中扮演重要角色，制度嵌入是影响我国上市公司经营发展的重要因素。权力约束政策影响了上市公司的治理环境、经营环境，并影响企业高管行为，进而影响企业的长远发展。对于政策制定者来说，应该正确看待我国制度嵌入背后的深层次影响，相关政治制度的制定除了从根本上对经济体制进行调整外，也应重视政府机构权力配置问题的经济后果。进一步完善权力约束机制，加强对政府官员权力运行过程的监督，防止公职人员权力异化，从严治理，坚决抵制政企勾结等腐败行为。例如，在考核官员显性政治绩效的同时，还要重点考察官员作风、政治素质和品行等方面，建立起一套有效的政绩考核制度，从制度上约束官员，弱化政府官员对企业的寻租行为，使其更公正、公平地履行政府职责。对于权力使用不当的官员，应及时追究责任，依纪依法严惩。

政府“扶持之手”和“掠夺之手”的双重特征，可能使政府对企业的影响存在一定的限度，造成其制度嵌入的“本质两难”，因此，以市场经济为主，以政府宏观调控为辅的经济改革仍然是我国国有企业发展的方向。对于企业来说，在选择公司治理方式和设置公司治理结构时可以结合更多的外部政治制度环境因素，进一步提高对公司内部权力配置问题的重视，建立严格的内部制度对管理层权力进行牵制和制衡，防止管理层权力膨胀。同时，企业应对管理层的权力运行过程进行全面公开，增加权力运行的透明度，对管理层的权力运行情况进行定期考核和评价，以便监督、检查，及时追究相关责任。

9.3 研究局限及未来研究展望

随着研究范畴的扩展，很多新的问题和新的交叉领域不断涌现，更多问题有待进一步研究。由于笔者的研究能力有限，本书的研究还存在一些不足之处，具体表现在以下几个方面。

一是本书对管理层权力的研究更多基于相对负面的视角，然而，股东授予管理层适度的权力对企业的正常生产经营是必要的，也能在一定程度上激发管理层生产经营的积极性。因此，可以将高管权力在一个合理的范围内进行控制。本书仅将管理层权力配置作为一个强度特征变量来刻画，可能削弱了研究的深度和应用价值。在后续研究过程中，可以考虑权力配置的适度和过度之间的划分，思考权力配置的细分问题，进一步对研究问题进行拓展。

二是本书对管理层权力变量的刻画还存在一定局限性。管理层权力的计量方法较多，也较为复杂，至今仍未统一。由于影响管理层权力的因素较多，本书仅从九个方面入手，并不能精确捕捉到管理层权力变量的本质特征，其他影响权力的因素有也可能影响实证结果的可靠性。笔者在后续研究中将寻求更加科学合理的计量方法，改进变量的刻画。

三是制度嵌入这一关键指标的度量还需继续深化。制度嵌入的计量较为复杂，不仅是企业运行所处的外部环境，而且是一种无形的政府干预手段和外部监督机制，加之制度嵌入受到的影响因素也较多，无法精确直观地衡量。笔者拟在以后的研究中寻求更加科学合理的计量方法，选择更加合理的变量来科学刻画制度嵌入变量。另外，尽管本书采用双重差分模型控制治理政策来解释变量所存在的内生性问题，但内生性问题无法完全克服，可能削弱研究结论的可靠性，未来的研究可以探寻多种计量方法检验制度嵌入效应。除此之外，制度嵌入影响管理层权力的逻辑推演思路可能不够深入，可以从其他层面考虑，进一步分析制度嵌入对管理层权力滥用所引发的公司负面行为的影响。

上述局限性可能对本书结论的稳定性造成一定的影响。以上不足之处将是笔者未来研究努力的方向。

参考文献

[1] 白重恩，刘俏，陆洲，宋敏，张俊喜．中国上市公司治理结构的实证研究 [J]．经济研究，2005 (2)：81—91.

[2] 鲍学欣，曹国华，王鹏．真实盈余管理与现金股利政策——来自中国上市公司的经验证据 [J]．经济与管理研究，2013 (2)：96—104.

[3] 薄仙慧，吴联生．国有控股与机构投资者的治理效应：盈余管理视角 [J]．经济研究，2009 (2)：81—91.

[4] 陈长琪．中国古代国家与政治 [M]．北京：文物出版社，2002.

[5] 陈冬华，陈信元，万华林．国有企业中的薪酬管制与在职消费 [J]．经济研究，2005 (2)：92—101.

[6] 陈刚．管制与创业——来自中国的微观证据 [J]．管理世界，2015 (5)：89—98.

[7] 陈小悦，肖星，过晓燕．配股权与上市公司利益操纵 [J]．经济研究，2000 (1)：30—36.

[8] 陈震，汪静．产品市场竞争、管理层权力与高管薪酬——规模敏感性 [J]．中南财经政法大学学报，2014 (4)：135—142.

[9] 崔伟，陆正飞．董事会规模、独立性与会计信息透明度——来自中国资本市场的经验证据 [J]．南开管理评论，2008，11 (2)：22—27.

[10] 杜兴强，陈韫慧，杜颖洁．寻租、政治联系与真实业绩：非国有企业上市公司的经验证据 [J]．金融研究，2010 (10)：135—137.

[11] 董世明．习近平关于用制度约束权力问题的理论贡献 [J]．华东师范大学学报（哲学社会科学版），2015 (6)：62—66.

[12] 方红星，施继坤．自愿性内部控制鉴证与权益资本成本 [J]．经济管理，2011 (12)：128—134.

［13］傅颀，邓川．高管控制权、薪酬与盈余管理［J］．财经论丛，2013（4）：66—72．

［14］傅欣，汪祥耀．所有权性质、高管货币薪酬与在职消费——基于管理层权力的视角［J］．中国工业经济，2013（12）：104—116．

［15］范经华，张雅曼，刘启亮．内部控制、审计师行业专长、应计与真实盈余管理［J］．会计研究，2013（4）：81—88．

［16］高雷，宋顺林．高管人员持股与企业绩效——基于上市公司2000—2004年面板数据的经验证据［J］．财经研究，2007，33（3）：134—143．

［17］龚启辉，吴联生，王亚平．两类盈余管理之间的部分替代［J］．经济研究，2015（6）：175—188．

［18］顾署生，刘杨晖．管理层权力、高质量审计与盈余价值相关性［J］．江西社会科学，2014（11）：209—213．

［19］黄新建，段克润．中国上市公司并购与盈余管理研究［J］．软科学，2007，21（6）：66—69．

［20］姜付秀．管理者背景特征与企业过度投资行为［J］．管理世界，2009（1）：130—139．

［21］蒋荣，陈丽蓉．产品市场竞争治理效应的实证研究：基于CEO变更视角［J］．经济科学，2007（2）：102—111．

［22］金雪军，王永剑．我国资本配置效率影响因素的实证分析［J］．上海金融，2011（9）：23—27．

［23］孔东民，冯曦．股利政策与公司过度投资行为研究［J］．投资研究，2012，6（31）：29—44．

［24］雷光勇，刘慧龙．市场化进程、最终控制人性质与现金股利行为——来自中国A股公司的经验证据［J］．管理世界，2007（7）：120—128．

［25］李后建，马朔．官员更替、政府管制与企业贿赂，公共行政评论，2016（3）：125—189．

［26］李龙．“治理”一词的沿革考略——以语义分析与语用分析为方法［J］．法制与社会发展（双月刊），2014（4）：5—25．

［27］李明辉，杨鑫，刘力涵．真实盈余管理研究回顾与展望［J］．证券市场导报，2014（11）：37—45．

［28］李明辉，刘笑霞．政府审计在国家治理中的作用［J］．政治学

研究，2013（3）：35—50.

[29] 李涛．政府管制、法治、银行发展与中小企业发展［J］．经济学（季刊），2004（1）：83—100.

[30] 李青原．会计信息质量与公司资本配置效率［J］．南开管理评论，2009（2）：115—124.

[31] 李维安，姜涛．企业治理和企业过度投资行为研究——来自中国上市公司的证据［J］．财贸经济，2007（12）：56—61.

[32] 李鑫．中国上市公司过度投资行为、程度与形成机理［J］．山西财经大学学报，2007（6）：107—112.

[33] 李鑫，孙静．公司治理对上市公司过度投资约束效应的实证研究［J］．宁夏大学学报，2008，30（1）：127—130.

[34] 李旭红，国企老总要拿年薪了［N］．市场报，2003－9－12.

[35] 李延喜，包世泽，高锐．薪酬激励、董事会监管与上市公司盈余管理［J］．南开管理评论，2007（6）：55—61.

[36] 李增福，董志强，连玉君．应计项目盈余管理还是真实活动盈余管理？——基于我国2007年所得税改革的研究［J］．管理世界，2011（1）：121—134.

[37] 李增福，周婷．规模、控制人性质与盈余管理［J］．南开管理评论，2013（16）：81—94.

[38] 李增泉．激励机制与企业绩效：一项基于上市公司的实证研究［J］．会计研究，2000（1）：24—30.

[39] 黎文靖，卢锐．管理层权力与会计信息质量——来自中国证券市场的经验证据［J］．山西财经大学学报，2007（8）：108—115.

[40] 连玉君，苏治．融资约束、不确定性与上市公司投资效率［J］．管理评论，2009，21（1）：19—26.

[41] 林芳，冯丽丽．管理层权力视角下的盈余管理研究——基于应计及真实盈余管理的检验［J］．山西财经大学学报，2012（7）：96—104.

[42] 林舒，魏明海．中国A股发行公司首次公开募股过程中的盈利管理［J］．中国会计与财务研究，2000（2）：87—130.

[43] 刘峰．制度安排与会计信息质量［J］．会计研究，2001（7）：664—670.

[44] 刘剑，谈传生．管理层持股与公司绩效：来自深圳股票市场的

经验证据［J］．中国软科学，2005（10）：112—119.

［45］刘瑞明，白永秀．晋升激励、宏观调控与经济周期：一个政治经济学框架［J］．南开经济研究，2007（5）：19—31.

［46］刘少华，夏子傑，雷龚鸣．十八大后中国在监督中前行［N］．人民日报海外版，2016－8－10.

［47］刘星，徐光伟．政府管制、管理层权力与国有企业高管薪酬刚性［J］．经济科学，2012（1）：86—102.

［48］刘星，代彬，郝颖．高管权力与公司治理效率——基于国有上市公司高管变更的视角［J］．管理层工程学报，2012（1）：1—12.

［49］卢锐．管理层权力、薪酬与业绩敏感性分析——来自中国上市公司的经验证据［J］．当代财经，2008（7）：107—112.

［50］卢馨，吴婷，张小芬．管理层权力对企业投资的影响［J］．管理评论，2014，26（8）：168—180.

［51］马丁．权力社会学［M］．丰子义，张宁，译．上海：三联书店，1992.

［52］陆建桥．中国亏损上市公司盈余管理的实证研究［J］．会计研究，1999（9）：25—35.

［53］罗宏，黄文华．国有企业分红、在职消费与公司业绩［J］．管理世界，2008（9）：139—148.

［54］罗琦，王悦歌．真实盈余管理与权益资本成本——基于公司成长性差异的分析［J］．金融研究，2015（5）：178—191.

［55］罗婷，薛健，张海燕．解析新会计准则对会计信息价值相关性的影响［J］．中国会计评论，2008（2）：129—140.

［56］罗进辉，万迪昉，蔡地．大股东治理与管理层过度投资行为研究——来自中国上市公司的经验证据［J］．证券市场导报，2008（12）：44—50.

［57］吕长江，赵宇恒．国有企业管理者激励效应研究——基于管理层权力的解释［J］．管理世界，2008（11）：99—109.

［58］马晨，张俊瑞．管理层持股、领导权结构与财务重述［J］．南开管理评论，2012，15（2）：143—150.

［59］马庆钰．如何认识从“管理”到“治理”的转变［N］．人民日报，2013－3－24.

[60] 孟德斯鸠. 论法的精神（上册）[M]. 张雁深，译. 北京：商务印书馆，1961：154.

[61] 权小锋，吴世农. CEO权力强度、信息披露质量与公司业绩的波动性——基于深交所上市公司的实证研究 [J]. 南开管理评论，2010，13（4）：142—153.

[62] 任春艳. 从企业投资效率看盈余管理的经济后果——来自中国上市公司的经验数据 [J]. 财经研究，2012（2）：61—70.

[63] 石大林，路文静. 管理者权力、投资机会与公司非效率投资间的动态关系——基于动态面板 System GMM 模型的实证研究 [J]. 金融纵横，2014（5）：62—70.

[64] 树友林. 高管权力、货币报酬与在职消费关系实证研究 [J]. 经济学动态，2011（5）：86—89.

[65] 史普博. 管制与市场 [M]. 余晖，何帆，钱家骏，周维富，译. 上海：上海人民出版社，1999：28—45.

[66] 苏忠秦，沈中华，黄登仕. 政治关联、终极控制人性质与权益资本成本 [J]. 南方经济，2012（10）：74—101.

[67] 谭庆美，李敏. 管理层权力对过度投资影响的实证研究 [J]. 武汉理工大学学报，2014（36）：571—580.

[68] 谭鹏. 习近平关于权力制约的思想 [J]. 中共云南省委党校学报，2014（5）：19—23.

[69] 唐雪松，周晓苏，马如静. 上市公司过度投资行为及其制约机制的实证研究 [J]. 会计研究，2007（7）：44—97.

[70] 王福胜，程富，吉姗姗. 阈值处的盈余分别断层：盈余管理解释的实证检验 [J]. 会计研究，2013（5）：19—26.

[71] 汪健，卢煜，朱兆珍. 股权激励导致过度投资吗？来自中小企业制造业上市公司的经验证据 [J]. 审计与经济研究，2013，28（5）：70—79.

[72] 王克敏，王志超. 高管控制权、报酬与盈余管理——基于中国上市公司的实证研究 [J]. 管理世界，2007（7）：111—118.

[73] 王亮亮. 真实活动盈余管理与权益资本成本 [J]. 管理科学，2013（5）：87—99.

[74] 王茂林，何玉润，林慧婷. 管理层权力、现金股利与企业投资

效率［J］．南开管理评论，2014，17（2）：13—22.

［75］王浦劬．国家治理、政府治理和社会治理的基本含义及其相互关系辨析［J］．社会学评论，2014（3）：12—19.

［76］王艳林，薛鲁．董事会治理、管理者过度自信与投资效率［J］．投资研究，2014（3）：93—106.

［77］王跃堂，贡彩萍，王亮亮．所得税改革、盈余管理及经济后果［J］．经济研究，2009（3）：86—98.

［78］王曾，符国群，黄丹阳，汪剑锋．国有企业CEO“政治晋升”与“在职消费”［J］．管理世界，2014（5）：157—171.

［79］王宗礼，史小宁．政治、语境与历史：意识形态概念的变迁［J］．南京师范大学学报（社会科学版），2012（1）：5—10.

［80］魏刚．高级管理层激励与上市公司经营绩效［J］．经济研究，2000（3）：32—39.

［81］王锐，倪星．政党引领的权力监督模式：生产逻辑与内置机制［J］．政治学研究，2022（2）：70—81.

［81］魏明海，谭劲松，林舒．盈余管理研究［M］．北京：中国财政经济出版社，2000.

［82］吴文锋，吴冲锋，刘晓薇．中国民营上市公司高管的政府背景与公司价值［J］．经济研究，2008（7）：130—141.

［83］辛清泉，林斌，王彦超．政府控制、经理薪酬与资本投资［J］．经济研究，2007（8）：110—122.

［84］夏立军，杨海斌．注册会计师对上市公司盈余管理的反应［J］．审计研究，2002（4）：28—34.

［85］熊风华．公司领导权结构与公司绩效——基于中国上市公司的实证分析［J］．经济评论，2008（3）：78—82.

［86］许耀桐．习近平的国家治理现代化思想分析［J］．上海行政学院学报，2014（14）：17—22.

［87］徐大伟，蔡锐，徐鸣雷．管理层持股比例与公司绩效关系的实证研究——基于中国上市公司的MBO［J］．管理科学，2005，18（4）：40—47.

［88］徐矛．中华民国政治制度史［M］．上海：上海人民出版社，1992.

［89］颜恩点．寻租、制度变革与公司价值——基于“八项规定六项

禁令”的实证检验［J］. 上海财经大学学报，2016，18（5）：66—78.

［90］杨理强，陈爱华，陈菡. 反腐与企业经营绩效——基于业务招待费的研究［J］. 经济管理，2017（7）：45—66.

［91］杨清香，俞麟，胡向丽. 不同产权性质下股权结构对投资行为的影响——来自中国上市公司的经验数据［J］. 中国软科学，2010（7）：142—150.

［92］杨清香，张翼，张亮. 董事会特征与盈余管理的实证研究——来自中国上市公司的经验证据［J］. 中国软科学，2008（11）：133—140.

［93］杨瑞龙，王元，聂辉华. “准官员”的晋升机制：来自中国央企的证据［J］. 管理世界，2013（3）：23—33.

［94］杨兴全，石芳. 董事会特征与盈余管理控制实证研究，重庆科技学院学报［J］. 2007（30）：71—72.

［95］杨忠莲，谢香兵. 我国上市公司财务报告舞弊的经济后果——来自证监会与财政部处罚公告的市场反应［J］. 审计研究，2007（1）：67—73.

［96］叶康涛，陆正飞，张志华. 独立董事能否抑制大股东的掏空？经济研究［J］. 2007（4）：101—111.

［97］叶康涛，臧文佼. 外部监督与企业费用归类操纵，管理世界，2016（1）：121—138.

［98］于李胜，王艳艳. 政府管制是否能提高审计市场绩效？管理世界［J］. 2010（8）：7—19.

［99］余明桂，潘红波. 政治联系、制度环境与非国有企业银行贷款［J］. 管理世界，2008（8）：9—21.

［100］余怒涛，沈中华，黄登仕，刘孟晖. 董事会规模与公司价值关系的进一步检验——基于公司规模的门槛效应分析［J］. 中国会计评论，2008（3）：237—254.

［101］于蔚，汪淼军，金祥荣. 政治关联和融资约束：信息效应与资源效应［J］. 经济研究，2012（9）：125—139.

［102］袁春生，杨淑娥. 经理管理防御与企业非效率投资［J］. 经济问题，2006（6）：77—83.

［103］张必武，石金涛. 董事会特征、高管薪酬与薪绩敏感性——中国上市公司的经验分析［J］. 管理科学，2005（4）：32—39.

［104］张顺．试论政治环境的内涵与意义［J］．长白学刊，2001（4）：19—22．

［105］张俊瑞，赵进文，张建．高级管理层激励与上市公司经营绩效相关性的实证分析［J］．会计研究，2003（9）：29—34．

［106］张丽平，杨兴全．管理者权力、管理层激励与过度投资［J］．软科学，2012，26（10）：107—112．

［107］詹姆斯·罗西瑙．没有政府的治理：世界政治中的秩序与变革［M］．南昌：江西人民出版社，2001．

［108］张鹏，谭庆美，李胜楠，董小芳．CEO权力对盈余管理的实证研究［J］．武汉理工大学学报（信息与管理工程版），2015（5）：640—644．

［109］张洽，袁天荣．CEO权力、私有收益与并购动因［J］．财经研究，2013（4）：101—110．

［110］张铁铸，沙曼．管理层能力、权力与在职消费［J］．南开管理评论，2014，17（5）：63—72．

［111］章卫东．定向增发新股与盈余管理——来自中国证券市场的经验证据［J］．管理世界，2010（1）：54—63．

［112］赵息，许宁宁．管理层权力、机会主义动机与内部控制缺陷信息披露［J］．审计研究，2013（4）：101—109．

［113］赵息，张洗栓．高管权力及其对内部控制的影响——基于中国上市公司的实证研究［J］．科学学与科学技术管理，2013（1）：114—122．

［114］支晓强，童盼．盈余管理、控制权转移与独立董事变更——兼论独立董事治理作用的发挥［J］．管理世界，2005（11）：137—144．

［115］周杰．管理层股权结构对我国上市公司投资行为的影响［J］．天津商学院学报，2005（3）：36—40．

［116］周伟贤．过度投资还是投资不足——基于A股上市公司的经验数据［J］．中国工业经济，2010（9）：151—160．

［117］Adams R. B.，Almeida H.，Fenie D.，Powerful CEOs and Their Impact on Corporate Performance［J］．Review of Financial Studies，2005，18（4）:1403－1432．

［118］Anderson R. C.，Mansi S. A.，Reeb D. M.，Board Characteristics，Accouting Report Integrity，and the Cost of Debt［J］．Journal of Accunting & Econcmics, 2003, 37 (3): 315 -342.

[119] Aggarwal R. K. , Samwick A. A. Empire Builders and Shirkers: Investment, Firm Performance, and Managerial Incentives [J]. Journal of Corporate Finance, 2006, 12 (3): 489 -515.

[120] Akerlof G. A. The Market for "Lemons": Quality Uncertainty and the Market Mechanism [J]. The Quarterly Journal of Economics, 1970, 84 (3): 488 -500.

[121] Alchian B. O. P. , Demsetz H. Production, Information Costs and Economic Organization [J]. American Economic Review, 1972, 62 (5): 777 -795.

[122] Ahamoy J. , Lin C. J. , Loeb M. P. Initial Public Offerings, Accounting Choices, and Earnings Management [J]. Contemporary Accounting Research, 1993, 10 (1): 61 -81.

[123] Amzaleg Y. , Azar O. H. , Ben - Zion U. , Rosenfeld A. CEO Control, Corporate Performance and Pay - performance Sensitivity [J]. Journal of Economic Behavior & Organization, 2014, 106 (10): 166 -174.

[124] Balmaceda F. Merges and CEO Power [J]. Journal of Institutional and Theoretical Economics, 2009, 3 (165): 454 -486.

[125] Bantel K. A. , Jackson S. E. Top Management and Innovations in Banking: Does the Composition of the Top Team Make a Difference? [J]. Strategic Management Journal, 1989, 10 (S1): 107 -124.

[126] Baum C. F. , Talavera O. On the Sensitivity of Firms' Investment to Cash Flow and Uncertainty [J]. Oxford Economic Papers, 2006, 62 (2): 286 -306.

[127] Baum C. F. , Caglayan M. , Ozkan N. , Talavera O. The Impact of Macro - economic Uncertainty on Non - financial Firms' Demand for Liquidity [J]. Review of Financial Economics, 2002, 15 (4): 289 -304.

[128] Bebchuk L. A. , Jesse M. , Fried J. M. , Walker D. I. Managerial Power and Rent Extraction in the Design of Executive Compensation [J]. University of Chicago Law Review, 2002, 69 (3): 751 -846.

[129] Bebchuk L. A. , Fried J. Executive Compensation as an Agency Problem [J]. Journal of Economic Perspectives, 2003, 17 (3): 71 -92.

[130] Berle A., Means G. The Modern Corporate and Private Property [M]. New York: McMillian, 1932.

[131] Gorton G., Schmid F. Corporate Governance, Ownership Dispersion and Efficiency: Empirical Evidence from Austrian Cooperative Banking [J]. Journal of Corporate Finance, 1999, 5 (2): 119 -140.

[132] Ghosal V., Loungani P. Product Market Competition and the Impact of Price Uncertainty on Investment: Some Evidence from US Manufacturing Industries [J]. The Journal of Industrial Economics, 1996, 44 (2): 217 -228.

[133] Beasley M. An Empirical Analysis of the Relationship between Board of Director Composition and Financial Statement Fraud [J]. The Accounting Review, 1996, 71 (4): 443 -465.

[134] Bertrand M., Mullainathan S. Enjoying the Quiet Life? Corporate Governance and Managerial Preferences [J]. Journal of Political Economy, 2003, 111 (5): 1045 -1075.

[135] Biddle G., Hilary G. Accounting Quality and Firm - level Capital Investment [J]. The Accounting Review, 2006, 81 (5): 963 -982.

[136] Bolton P., Scheinkrnan J., Wei W. Executive Compensation and Short - termist Behavior in Speculative Markets [J]. Review of Economic Studies, 2006, 73 (3): 577 -610.

[137] Borokhovich K. A., Brunarski K. R., Parrino R. CEO Contracting and Anti - takeover Amendments [J]. The Journal of Finance, 1997, 52 (4):1495 -1517.

[138] Boynton C., Dobbins R., Plesko G. Earnings Management and the Corporate Alternative Minimum Tax [J]. Journal of Accounting Research, 1992, 30 (1): 131 -153.

[139] Brickley J. A., Schallheim J. S. Lifting the Lid on Closed - End Investment Funds [J]. Journal of Financial and Quantitative Analysis, 1985, 20 (1): 107 -117.

[140] Brown L. A Temporal Analysis of Earnings Surprises: Profits Versus Losses [J]. Journal of Accounting Research, 2001, 39 (2): 221 -241.

[141] Brousseau E., Grlachant J. M. The Economics of Contracts - The-

ories and Applications [J]. Ulb Institutional Repository, 2004, 519 (21): 7583 -7586.

[142] Burgstahler D., Eames M J. L. Management of Earnings and Analysts Forecasts to Achieve Zero and Small Positive Earnings Suprises [J]. Journal of Business Finance and Accounting, 2006, 33 (5): 633 -652.

[143] Burgstahler D., Dichev L. Earnings Management to Avoid Earnings Decreases and Losses [J]. Journal of Accounting and Economics, 1997, 24 (1): 99 -126.

[144] Burns N., Kedia S. The Impact of Performance - based Compensation on Misreporting [J]. Journal of Financial Economics, 2005, 79 (1): 35 -67.

[145] Carlsson G., Karlsson K. Age, Cohorts and the Generation of Generations [J]. American Sociological Review, 1970, 35 (4): 710 -718.

[146] Chang E. C., Wong S. W. Political Control and Performance in China's Listed Firms [J]. Journal of Comparative Economics, 2004, 32 (4):617 -634.

[147] Chatfield R. E., Hein S. E., Moyer R. C. Long - Term Earnings Forecasts in the Electric Utility Industry: Accuracy and Valuation Implications [J]. Financial Review, 1990, 25 (3): 421 -439.

[148] Cheng S. Board Size and the Variability of Corporate Performance [J]. Journal of Financial Economics, 2008, 87 (1): 157 -176.

[149] Chen H. L. Board Capital, CEO Power and R&D Investment in Electronics Firms [J]. Corporate Governance: An International Review, 2014, 22 (5): 422 -436.

[150] Chow G. C. Capital Formation and Economic Growth in China [J]. The Quarterly Journal of Economics, 1993, 108 (3): 809 -842.

[151] Chung H. J., Sheu H. J., Wang J. L. Do Firms' Earnings Management Practices Affect Their Equity Liquidity? [J]. Finance Research Letters, 2009, 6 (6): 152 -158.

[152] Coase R. H. The Nature of the Firm [J]. Econometrica, 1937, 4 (16): 386 -405.

[153] Cohen D. A. Real and Accrual Based Earnings Management in the

Pre and Post Sarbanes - Oxley Period [J]. The Accounting Review, 2008, 83 (3):757 -787.

[154] Cohen D. A., Zarowin P., Accrual - based and Real Earnings Management Activities around Seasoned Equity Offerings [J]. Journal of Accounting and Economics, 2010, 50 (1): 2 -19.

[155] Coles J. L., Hertzel M., Kalpathy S. Earnings Management Around Employee Stock Option Reissues [J]. Journal of Accounting & Economics, 2006, 41 (1 -2): 173 -200.

[156] Core J., Holthausen R., Larker D. Corporate Governance, Chief Executive Officer Compensation and Firm Performance [J]. Journal of Financial Economics, 1999, 51 (3): 371 -406.

[157] De Angelo L. Accounting Numbers as Market Valuation Substitutes: A Study of Management Buyouts of Public Shareholders [J]. The Accounting Review, 1997, 61 (3): 400 -420.

[158] Dechow P. M., Dichev I. D. The Quality of Accruals and Earnings: The Role of Accrual Estimation Errors [J]. The Accounting Review, 2002, 77 (Supplement): 35 -59.

[159] Dechow P., Shakespear C. Do Managers Time Securitization Transactions to Obtain Accounting Benefits? [J]. The Accounting Review, 2011, 84 (1): 99 -132.

[160] Dechow P. M., Sloan R., Sweeney A. R. Detecting Earnings Management [J]. The Accounting Review, 1995, 70 (2): 193 -225.

[161] Defond M. L., Hung M. Investor Protection and Corporate Governance: Evidence from Worldwide CEO Turnover [J]. Journal of Accounting Research, 2004, 42 (2): 269 -312.

[162] Dechow P. M., Sloan R. Executive Incentives and the Horizon Problem: An Empirical Investigation [J]. The Accounting Review, 1991, 14 (1): 51 -89.

[163] Donaldson L., Davis J. H. Stewardship Theory or Agency Theory: CEO Governance and Shareholder Returns [J]. Australian Journal of Management, 1991, 16 (16): 49 -64.

[164] Durnve A., Vihang V., Molchanov A. Property Rights Protection

Corporation Transparency and Growth [J]. Journal of International Business Studies, 2009, 40 (9): 1533 - 1562.

[165] Easterbrook F. H., Frank H. Two Agency - Cost Explanation of Dividends [J]. American Economic Review, 1984, 74 (4): 650 - 659.

[166] Efendi J., Srivastava A., Swanson E. P. Why Do Corporate Managers Misstate Financial Statements? The Role of Option Compensation and Other Factors [J]. Corporate Governance and Other Factors, 2007, 85 (3): 667 - 708.

[167] Erickson M., Shingwu W. Earnings Management by Acquiring Firms in Stock for Stock Mergers [J]. Journal of Accounting and Economics, 1999, 27 (2): 149 - 176.

[168] Fama E. F., Jensen M. C. Separation of Ownership and Control [J]. Journal of Law and Economics, 1983, 26 (2): 301 - 325.

[169] Fama E. F. Efficient Capital Markets: A Review of Theory and Empirical Work [J]. Journal of Finance, 1970, 25 (2): 383 - 417.

[170] Fama E. F., Macbeth J. D. Risk, Return and Equilibrium - Empirical Tests [J]. The Journal of Political Economy, 1973, 81 (3): 607 - 636.

[171] Fama E. F., Miller M. H. The Theory of Finance [M]. New York City: Holt, Rinehart and Winston, Inc, 1972.

[172] Fan J., Wong T. J., Zhang T. Y. Politically Connected CEOs, Corporate Governance, and Post - IPO Performance of China's Newly Partially Privatized Firms [J]. Journal of Financial Economics, 2007, 2 (84): 330 - 357.

[173] Fazzari S. M., Hubbard R. G., Petersen B. C, Financing Constraints and Corporate Investment [J]. Brookings Papers on Economic Activity, 1988, 1 (1): 141 - 206.

[174] Fahlenbrach R. Shareholder Rights, Boards, and CEO Compensation [J]. Review of Finance, 2009, 13 (1): 81 - 113.

[175] Finkelstein S. Power in Top Management Teams: Dimensions, Measurement and Validation [J]. Academy of Management Journal, 1992, 35 (3):505 - 538.

[176] Frankel R. M., McNichols G. P. Discretionary Disclosure and External Financing [J]. The Accounting Review, 1995, 70 (1): 135 - 185.

[177] Goergen M., Renneboog L. Investment PG, Internal Financing and Ownership Concentration in the UK [J]. Journal of Corporate Finance, 2001 (7): 257 - 284.

[178] Graham J., Harvey C., Rajgopal S. The Economic Implications of Corporate Financial Reporting [J]. Journal of Accounting and Economics, 2005, 40 (1): 3 - 73.

[179] Grossman S. J., Hart O. D. The Costs and Benefits of Ownership: A Theory of Vertical and Lateral Integration [J]. Journal of Political Economy, 1986, 94 (4): 58 - 84.

[180] Grundy B. D., Li H. Investor Sentiment, Executive Compensation, and Corporate Investment [J]. Journal of Banking & Finance, 2010, 34 (10):2439 - 2449.

[181] Gunny K. What are the Consequences of Real Earnings Management [J]. Dissertation Abstracts International, 2005, 6 (1): 72 - 76.

[182] Hambrick D. C., Mason P. A. Upper Echelons: The Organization as a Reflection of its Top Managers [J]. Academy of Management Review, 1984, 9 (2): 193 - 206.

[183] Hand J. R. M. Did Firms Undertake Debt - Equity Swaps for An Accounting Paper Profit or True Financial Gain? [J]. The Accounting Review, 1989, 64 (4): 587 - 623.

[184] Healy R. M. The Effect of Bonus Schemes on Accounting Decision [J]. Journal of Accounting and Economics, 1985, 7 (1): 85 - 107.

[185] Healy R. M., Wahlen J. A Review of the Earnings Management Literature and Its Implications for Standard Setting [J]. Accounting Horizons, 1999, 13 (4): 365 - 383.

[186] Heaton J. B. Managerial Optimism and Corporate Finance [J]. Financial Management, 2002, 31 (2): 3 - 45.

[187] Hermalin B., Weisbach M. Endogenously Chosen Boards of Directors and Their Monitoring of the CEO [J]. American Economics Review, 1998, 88 (1): 96 - 118.

[188] Holthausen R. W., Larcker D. F, Sloan R. G. Annual Bonus Schemes and the Manipulation of Earnings [J]. Journal of Accounting and Economics, 1995, 19 (1): 29 -74.

[189] Holmen M., Peter H. A Law and Finance Analysis of Initial Public Offerings [J]. Journal of Financial Intermediation [J]. 2004, 13 (3): 324 -358.

[190] Holmstorm B., Weiss L. Managerial Incentives, Investment and Aggregate Implications: Scale Effects [J]. The Review of Economic Studies, 1985, 52 (3): 403 -405.

[191] Hoskisson R. E., Hill M. A. Managerial Risk Taking in Diversified Firms: An Evolutionary Perspective [J]. Organization Science, 1991, 2 (3):296 -314.

[192] Hu A., Kumar P. Managerial Entrenchment and Payout Policy [J]. Journal of Financial and Quantitative Analysis, 2004, 39 (4): 759 -790.

[193] Jackson S. B., Wilcox W. E. Do Managers Grant Sales Price Reductions to Avoid Losses and Declines in Earnings and Sales? [J]. Quarterly Journal of Business & Economics, 2000, 39 (4): 3 -20.

[194] Jensen M. C., Mecking W. H. The Theory of Firm: Managerial Behavior, Agency Cost and Ownership Structure [J]. Journal of Financial Econnomics, 1976, 3 (4): 305 -360.

[195] Jiraporn P., Chintrakam P., Liu Y. Capital Structure, CEO Dominance, and Corporate Performance [J]. Journal of Financial Services Research, 2012, 42 (3): 1 -20.

[196] Jones J. Earnings Management During Import Relief Investigations [J]. Journal of Accounting Research, 1991, 29 (2): 193 -228.

[197] Jorgenson D. W. Capital Theory and Investment Behavior [J]. The American Economic Review, 1963, 53 (2): 247 -259.

[198] Julio B., Yook Y. Political Uncertainly and Corporate Investment Cycles [J]. Journal of Finance, 2012, 67 (1): 45 -83.

[199] Kang S., Praveen K., Lee H. Agency and Corporate Investment: The Role of Executive Compensation and Corporate Governance [J]. Journal of Business, 2006, 79 (3): 1127 -1147.

[200] Keynes J. M. General Theory of Employment, Interest, and Money [M]. Cambridge: Cambridge University Press, 1936.

[201] Kim J., Sohn B. C. Real Earnings Management and Cost of Capital [J]. Journal of Accounting and Public PG, 32 (6): 518 -543.

[202] Kaplan S. N., Zingales L. Do Investment - Cash Sensitivities Provide Useful Measures of Financing Constraints [J]. Quarterly Journal of Economics, 1997, 112 (1): 169 -215.

[203] Li K. F., Liao Y. P. Directors' and Officers' Liability Insurance and Investment Efficiency: Evidence from Taiwan [J]. Pacific - Basin Finance Journal, 2014, 29 (C): 18 -34.

[204] Kothari S. P., Andrew J., Leone J., Charles E., Wasley C. E. Performance Matched Discretionary Accrual Measures [J]. Journal of Accounting and Economics, 2005, 39 (1): 163 -197.

[205] Krishnan H. A., Park D. Effects of Top Management Team Change on Performance in Downsized US Companies [J]. Management International Review, 1998, 38 (4): 303 -319.

[206] Langs L., Litzenberger R. Dividend Announcements: Cash Flow Signaling vs Free Cash Flow Hypothesis [J]. Journal of Financial Economics, 1989, 24 (1): 181 -192.

[207] Lanmbert R. A., Larcker D., Weigelt K. The Structure of Organizational Incentives [J]. Administrative Science Quarterly, 1993 (38): 438 -461.

[208] La Porta R., Lopez - de - Silanes E., Shleifer A., Vishny R. Corporate Ownership Around the World [J]. Journal of Finance, 1999 (54): 471 -517.

[209] La Porta R., Lopez - De - Silanes F., Shleifer A., et al. Law and Finance [J]. Journal of Political Economy, 1998, 106 (6): 1113 - 1155.

[210] La Porta R., Lopez - De - Silanes F., Shleifer A., et. al. Investor Protection and Corporate Governance [J]. Journal of Financial Economics, 2000, 58 (1 -2): 3 -27.

[211] Lintner J. Distribution of Incomes of Corporations among Divi-

dends, Retained Earnings, and Taxes [J]. The American Economic Review, 1956, 46 (2): 97 -113.

[212] Lipton M., Lorsch J. W. A Modest Proposal for Improved Corporate Governance [J]. Business Lawyer, 1992, 48 (1): 59 -77.

[213] May R. Power and Innocence [M]. New York: Norton Press, 1977.

[214] Mc Gregor, R. The little Red Book of Business in China [N]. Financial Times, 2001 -7 -8.

[215] Miller M. Debt and Taxes [J]. Journal of Finance, 1977 (32): 261 -275.

[216] Modigliani F. M., Miller M. H. The Cost of Capital, Corporation Finance and the Theory of Investment [J]. The American Economic Review, 1958, 48 (3): 261 -275.

[217] Ola M., Shakeri M. Corporate Governance and Investment Efficiency [R]. Connecticut: University of Connecticut, 2014.

[218] Morck R., Shleifer A, Vishny R. Management Ownership and Market Valuation: An Empirical Analysis, 1988, 20 (1 -2): 293 -315.

[219] Moyer S. E. Capital Adequacy Ratio Regulations and Accounting Choices in Commercial Banks [J]. Journal of Accounting and Economics, 2008, 13 (2): 423 -445.

[220] Murphy K. Executive Compensation [J]. Handbook of Labor Economics, 1999, 3 (3): 2485 -2563.

[221] Myers S. C. The Determinants of Corporate Borrowing [J]. Journal of Financial Economies, 1977, 5 (2): 147 -175.

[222] Myers S. C, Majluf N. S. Corporate Financing and Investment Decisions When Firms Have Information that Investors Do Not Have [J]. Journal of Financial Economics, 1984, 13 (2): 187 -221.

[223] Narayanan M. P. Managerial Incentives for Short - Term Results [J]. Journal of Finance, 1985, 40 (5): 1469 -1484.

[224] North D. C., Alt J. Institutions, Institutional Change, and Economic Performance [J]. Journal of Economic Behavior & Organization, 1990, 18 (1): 142 -144.

[225] Perry S, Williams T. Earning Management Preceding Management Buyout Offers [J]. Journal of Accounting and Economics, 1994, 18 (2): 157 - 179.

[226] Pfeffer J. Power in Organizations [M]. Marshfield: Pitman Pub, 1981.

[227] Pindado J., De La Torre C. Effect of Ownership Structure on Underinvestment and Overinvestment: Empirical Evidence from Spain [J]. Accounting and Finance, 2009, 48 (2): 363 - 383.

[228] Prevost A. K., Rao R. P., Skousen C. J. Earnings Management and the Cost of Debt [R]. University of Ohio, University of Utah State and University of Oklahoma, 2008.

[229] Rabe W. F. Managerial Power [J]. California Management Review, 1962, 4 (3): 31 - 39.

[230] Rajan R., Wulf J. Are Perks Purely Managerial Excess? [J]. Journal of Financial Economics, 2006, 79 (1): 1 - 33.

[231] Schipper K. Commentary on Earnings Management [J]. Accounting Horizons, 1989, 3 (4): 91 - 102.

[232] Schumpeter J. A. The Theory of Economic Development: The Business Cycle [M]. Cambridge: Harvard University Press, 1939.

[233] Shin T. Fair Pay or Power Play? [J]. Journal of Management, 2013, 2 (22): 419 - 448.

[234] Sweeney A. Debt Covenant Violations and Managers' Accounting Responses [J]. Journal of Accounting and Economics, 1994, 17 (3): 281 - 308.

[235] Tao Y. F. Rationalization of Political Business Cycle in China [R]. Working Paper, 2004.

[236] Teoh S., Welch I., Wong T. J. Earnings Management and the Long - Run Market Performance of Initial Public Offerings [J]. Journal of Finance, 1998a, 53 (6): 1935 - 1974.

[237] Teoh S., Welch L., Wong T. J. Earnings Management and the Underperformance of Seasoned Equity Offering [J]. Journal of Financial Economics, 1998b, 50 (1): 63 - 99.

[238] Rozeff M. S. Growth Beta and Agency Costs as Determinants of Dividend Payout Ratios [J]. Journal of Financial Research, 1982, 5 (3): 249-259.

[239] Roychowdhury S. Earnings Management through Real Activities Manipulation [J]. Journal of Accounting and Economics, 2006, 42 (3): 335-370.

[240] Sawant R J. Asset Specificity and Corporate Political Activity in Regulated Industries [J]. Academy of Management Review, 2012, 37 (2): 194-210.

[241] Scott F. Evidence on the Importance of Financial Structure [J]. Financial Management, 1972, 1 (2): 45-50.

[242] Shleifer A., Vishny R. W. A Survey of Corporate Governance [J]. Journal of Finance, 1997, 52 (2): 737-783.

[243] Kang S. H., Kumar P., Hyunkll L. Agency and Corporate Investment: the Role of Executive Compensation and Corporate Governance [J]. Journal of Business, 2006, 79 (3): 1127-1148.

[244] Smith A. A Inquiry Into the Nature and Causes of the Wealth of Nations [M]. Chicago: University of Chicago Press, 1976.

[245] Stiglitz J. E., Weiss A. Credit Rationing and Markets with Imperfect Information [J]. American Economic Review, 1981, 71 (3): 393-411.

[246] Stiglitz J. E. Some Aspects of the True Theory of Corporate Finance: Bankruptcies and Take-Overs [J]. The Bell Journal of Economics and Management Science, 1972, 3 (2): 458-482.

[247] Stulz R. Managerial Control of Voting Rights: Financing Policies and the Market for Corporate Control [J]. Journal of Financial Economics, 1988, 20 (1-2): 25-54.

[248] Stulz R. Managerial Discretion and Optimal Financing Policies [J]. Journal of Financial Economies, 1990, 26 (1): 3-27.

[249] Thomas J. K., Zhang H. Inventory Changes and Future Returns [J]. Review of Accounting Studies, 2002, 7 (2): 163-187.

[250] Vogt S. The Cash Flow Investment Relationship Evidence from

U. S. Manufacturing Firms [J]. Financial Management, 1994, 23 (2): 3 -20.

[251] Watts R. L. , Zimmerman J. L. Positive Accounting Theory [M]. New Jersey: Prentice Hall, 1986.

[252] Watts R. L. , Zimmerman J. L. Towards a Positive Theory of Determination of Accounting Standards [J]. Social Science Electronic Publishing, 1978, 43 (1): 112 -134.

[253] Williamson O. The Economics of Discretionary Behavior: Managerial Objectives in a Theory of the Firm [M]. New Jersey: Prentice - Hall, 1964.

[254] Yermack D. Good Timing: CEO Stock Option Awards and Company News Announcements [J]. Journal of Finance, 1997, 52 (2): 449 -476.

[255] Qian Yingyi. Enterprise Reform in China: Agency Problems and Political Control [J]. Economics of Transition, 1996, 4 (2): 427 -447.

[256] Yonce A. Uncertain Growth Cycles, Corporate Investment and Dynamic Hedging [R]. UC Berkeley: Business Administration, Ph. D. Program, 2010.

[257] Yukl G. Leadership in Organizations [J]. Transactional Analysis Journal, 2002, 16 (2): 85 -94.

[258] Zang A. Y. Evidence on the Trade - off between Real Manipulation and Accrual Manipulation [J]. The Accounting Review, 2012, 87 (2): 675 -703.